(Ré)apprendre à lire et à écrire à des publics vulnérables

Champs Didactiques Plurilingues :
données pour des politiques stratégiques

Vol. 25

Dirigée par Patrick Chardenet

Emmanuelle Canut, Céline Beaugrand,
Juliette Delahaie et Magali Husianycia

(Ré)apprendre à lire et à écrire à des publics vulnérables

De la dictée au formateur à la maitrise de l'écrit

PETER LANG
Bruxelles · Berlin · Chennai · Lausanne · New York · Oxford

Informations bibliographiques publiées par la Deutsche Nationalbibliothek
La Deutsche Nationalbibliothek répertorie cette publication dans la Deutsche Nationalbibliografie ; des données bibliographiques détaillées sont disponibles en ligne à l'adresse suivante : http://dnb.d-nb.de.

Avec le soutien de l'Association de Formation et de Recherche sur le Langage (AsFoReL)

ISSN 2593-6972
ISBN 978-3-0343-5640-4 (Print)
ISBN 978-3-0343-5641-1 (ePDF)
ISBN 978-3-0343-5642-8 (ePUB)
DOI 10.3726/b22769
Dépôt légal D/2025/5678/10

Publié par Peter Lang Editions Scientifiques Internationales -
P.I.E. SA, Bruxelles (Belgique)

info@peterlang.com

Cette publication a été évaluée par des pairs.

www.peterlang.com

Représenté dans l'UE concernant le Règlement relative à la sécurité générale des produits (RSGP) par: gpsr@peterlang.com

Nous avons opté pour une orthographe réformée (application des recommandations de 1990). Nous n'utilisons pas l'écriture inclusive.

Les références des articles/ouvrages cités se trouvent dans une bibliographie générale en fin d'ouvrage. Pour les références des communications qui n'ont pas fait l'objet de publications et pour lesquelles il n'y a pas d'équivalent publiés, nous avons opté pour des notes en bas de page.

Table des matières

Introduction
La démarche de l'oral vers l'écrit

Les formateurs et les formatrices accompagnent régulièrement des publics avec de faibles compétences à l'écrit, telles des personnes en situation d'illettrisme, ou encore des personnes migrantes peu voire pas acculturées à l'écrit[1] et ayant le français comme langue seconde[2]. Or accompagner ces publics nécessite des démarches et des outils spécifiques qui font encore défaut pour travailler à la fois l'apprentissage de l'oral et de l'écrit.

Pour aider les personnes fragilisées dans leur (ré)apprentissage du lire-écrire, nous proposons une démarche d'apprentissage de l'écrit novatrice[3], éprouvée sur le terrain, basée sur une activité spécifique : *la dictée au formateur*, socle des autres apprentissages : la production d'écrit, la compréhension

---

1 Ces termes (acculturation, illettrisme) seront définis dans le chapitre 1.

2 Nous nous intéressons ici aux apprenants ayant un niveau de français écrit en deçà de A2, selon le cadre européen commun de référence pour les langues [En ligne]. URL : <https://www.coe.int/fr/web/common-european-framework-reference-languages>. Certains auteurs désignent par « allophone » tout apprenant qui n'a pas le français pour langue première. Nous éviterons, tant que faire se peut, ce terme qui peut être sujet à discussion (Armagnague, 2019 ; Marchadour, 2023). Nous utiliserons davantage le terme de « migrant » pour désigner toute personne primo-arrivante résidant en France depuis moins de 5 ans et ayant le français comme langue seconde. Cette terminologie n'est pas entièrement satisfaisante puisque nous cherchons à décrire des situations et non à catégoriser des individus (ainsi les « migrants » ne sont pas en train de migrer mais de s'installer sur le territoire français), mais elle nous a paru la moins problématique au regard des terminologies en vigueur.

3 Si l'activité est réputée être « connue » des formateurs, elle n'est en réalité que très partiellement utilisée, principalement par manque de formation.

écrite, l'étude du code et l'étude de la langue. La *dictée au formateur* constitue un moyen d'inscrire les apprenants dans des situations d'écrits aidées, puis de plus en plus autonomes, et dans une activité réflexive sur la langue, en lien avec la langue orale.

La *dictée au formateur* (désormais DF) est une activité connue en didactique du français langue maternelle sous le nom de *dictée à l'adulte* (désormais DA), et reconnue comme essentielle par les programmes de l'Education Nationale, en particulier lors du passage du cycle 1 au cycle 2, au cours du premier apprentissage de l'écrit (c'est-à-dire de l'école maternelle vers l'école élémentaire, de la Grande Section au CP, cf. Canut & Guillou, 2017). Le présent ouvrage se propose d'intégrer les principes de la DA à l'apprentissage de l'écrit des personnes adultes peu acculturées à l'écrit en français langue première ou seconde, et d'inscrire cette activité dans une démarche globale d'apprentissage de la lecture-écriture, qui s'apparente à l'approche anglosaxonne LEA (*Language Experience Approach*, cf. Nessel & Dixon, 2008) : la mise en œuvre par les apprenants d'un oral écrivable, graphié par un formateur (expert de la langue considérée[4]), vers une production d'écrit aidée puis autonome et un travail systématique du fonctionnement des unités de la langue à partir des textes produits.

Il s'agit donc de faire de **l'activité de DF l'épicentre d'une démarche d'apprentissage du passage de l'oral vers l'écrit, un tremplin à partir duquel peuvent s'inscrire les activités de lecture, d'écriture et d'étude de la langue.**

Après avoir recontextualisé notre démarche du point de vue des processus cognitifs et langagiers de l'apprentissage du français oral et écrit et après avoir spécifié les publics visés (chapitre 1), nous exposerons les principes d'une production orale écrivable prise en charge graphiquement par le formateur-expert pour viser dans un second temps une production d'écrit aidée puis autonome (chapitres 2 et 3). À partir des écrits produits nous verrons comment articuler l'apprentissage du code et de la compréhension ainsi que l'étude de la langue (chapitre 4). Cette démarche sera illustrée par diverses situations didactiques, avec différents profils d'apprenants, et nous

---

4 C'est pour cette raison que parfois le terme de « dictée au formateur » peut aussi être substitué à celui de « dictée à l'expert ». Et c'est pourquoi nous utiliserons parfois le terme composé de formateur-expert.

décrirons en particulier un dispositif innovant mis en œuvre avec des grands adolescents et des adultes migrants (chapitre 5). Nous proposerons pour finir une ouverture vers l'utilisation du langage simplifié, comme pont entre les variantes du français parlé et les variantes écrivables, pour favoriser l'accès à la compréhension écrite des textes (chapitre 6).

Les acteurs et professionnels du champ social et éducatif pourront ainsi trouver dans cet ouvrage une réflexion didactique et des éléments pédagogiques pour amener les apprenants les plus vulnérables sur le chemin de l'écrit.

Point terminologique

Langue maternelle : Dans le langage courant, on emploie volontiers le terme de « langue maternelle » pour désigner la langue acquise dans la petite enfance au sein du milieu familial. Cependant, cette appellation est discutable car, d'une part elle est associée uniquement à la mère, et d'autre part elle présuppose l'existence d'une seule langue acquise. Or, il existe de nombreux pays où la première langue apprise n'est pas celle de la mère et l'enfant peut être confronté dès la naissance à des situations de plurilinguisme qui invalident le monolinguisme présupposé dans l'appellation « langue maternelle ». On préfèrera donc employer le terme de **langue première (L1)**, supposé plus neutre et qui peut être employé au pluriel, plusieurs langues pouvant être en présence dès la petite enfance. La L1 peut être différente de la langue officielle du pays de résidence. Elle peut être maitrisée uniquement à l'oral ; dans ce cas, on parle également de langue vernaculaire (Dabène, 1994).

Langue étrangère (LE) : Elle se définit par opposition à la langue première (est étrangère toute langue non « maternelle ») et s'acquiert par « processus plus ou moins volontaire d'appropriation » (Cuq, 2003, p. 150). La langue étrangère est donc une langue apprise après la ou les langues premières, soit dans le cadre d'un enseignement/apprentissage explicite dispensé dans un cours de langue, soit de manière informelle en situation d'immersion par contact avec des locuteurs natifs, les deux situations pouvant co-exister à certains moments. On désigne parfois par **allophone** (par opposition à **francophone** par exemple), les personnes qui parlent une autre langue que celle du pays dans lequel elles vivent mais cette catégorisation est exclusive car elle ne permet pas d'inclure la variété des situations de plurilinguisme (Armagnague, 2019 ; Marchadour, 2023).

Langue seconde (LS) : Cette notion récente, apparue dans le contexte post-colonial, désigne une langue étrangère ayant un statut particulier et des fonctions spécifiques juridiquement et/ou socialement (Cuq, 1991, p. 139), qu'il s'agisse d'une langue administrative, une langue de scolarisation ou une langue officielle. Ainsi, dans de nombreux pays, la langue officielle peut être différente de la langue parlée dans la famille ou la communauté et constituer une langue seconde pour une partie de ceux qui la parlent. Pour les **immigrés** vivant en France, on parlera de français langue seconde car son apprentissage est une nécessité vitale qui engage leur réussite scolaire et/ou professionnelle et leur intégration durable. Le terme d'immigrés étant relativement connoté politiquement, il lui est souvent préféré celui de **migrants ou de personnes en exil** afin de désigner toute personne primo-arrivante sur le territoire français depuis moins de cinq ans. Ces terminologies ne sont pas toujours satisfaisantes puisqu'elles catégorisent des groupes d'individus, là où il faudrait décrire des situations plurielles de plurilinguisme.

Langue de scolarisation (LSco) : La langue de scolarisation, désigne la langue utilisée en contexte scolaire. Elle est à la fois objet d'enseignement (la discipline « français ») et « vecteur des apprentissages » dans toutes les disciplines (Vigner, 1992, p. 40). Elle concerne donc toutes les matières, à tous les niveaux scolaires, et conditionne la réussite des élèves avec un rôle prépondérant de l'écrit. De ce point de vue, on peut discuter de l'emploi du terme *langue* puisqu'il ne s'agit pas d'une langue différente mais d'un usage spécifique de celle-ci ; le terme discours serait donc plus approprié.

CHAPITRE 1

L'accès à la littéracie pour les apprenants vulnérables

Le développement de la maitrise de l'écrit est l'un des enjeux majeurs de tous les acteurs qui participent à la lutte contre l'exclusion sociale, d'autant plus si les personnes ne maitrisent pas encore la langue du pays qui les accueille ou si elles ont des difficultés importantes pour lire et écrire leur langue première. Il est aujourd'hui essentiel que ces personnes, plus vulnérables, puissent accéder à la littéracie pour mener à bien des projets de vie (comme une poursuite d'études, une formation professionnelle), pour travailler, mais aussi exercer leurs droits et participer activement à la vie citoyenne en s'impliquant dans la sphère sociale, éducative et politique du pays.

Qui sont les personnes vulnérables ?

Les personnes dites vulnérables sont les plus touchées par l'accès aux soins de santé, à l'aide sociale, à l'éducation et à l'emploi. En atteste le plan d'action 2021-2025 sur la protection des personnes vulnérables dans le contexte des migrations et de l'asile en Europe qui a notamment pour objectifs de :

- « Promouvoir l'utilisation de ressources spécifiques et d'activités de renforcement des capacités pour soutenir l'intégration linguistique des migrants et des réfugiés.
- Soutenir la mise en œuvre pratique d'un cadre d'alphabétisation pour les migrants et les réfugiés non ou peu alphabétisés.

- Élaborer un guide pratique et une formation pour aider les éducateurs des écoles accueillant des enfants réfugiés à assurer leur intégration dans le système éducatif et la société »*.

Pour le Conseil de l'Europe, parmi les migrants, trois groupes sont considérés comme vulnérables : les mineurs non accompagnés, les réfugiés qui ont dû fuir leur pays et les personnes faiblement ou non alphabétisées qui, pour différentes raisons, ont dû interrompre leur scolarité ou n'ont pas eu accès à l'école**.

À noter que dans le droit français, la notion de personne vulnérable n'est pas clairement établie et « apparaît extrêmement plastique et susceptible de s'appliquer à des situations très diverses, sans présenter une unité solide de la catégorie » (Échappé, 2023, p. 7). Il n'existe donc pas de typologie unique des personnes dites vulnérables.

*[En ligne]. URL : <https://www.coe.int/fr/web/special-representative-secretary-general-migration-refugees/implementation-ap-vulnerable-persons> (15/12/2024)
**[En ligne]. URL : <https://rm.coe.int/linguistic-integration-of-adult-migrants-requirements-and-learning-opp/16809b93cb> (15/12/2024)

Quelques chiffres clés

<u>Dans le monde</u> :
Selon l'UNESCO, en 2020, 763 millions d'adultes, dont deux-tiers de femmes, ne possèdent pas les compétences de base[5] en littéracie. 250 millions d'enfants n'acquièrent pas les compétences de base en littéracie*.

---

[5] On désigne par compétences de base les compétences linguistiques (communication orale, lecture et écriture) ainsi que les compétences en mathématiques et les compétences cognitives (raisonnement logique, repérage dans l'espace et dans le temps, capacité à apprendre…).

En France :
Les tests de lecture réalisés lors de la journée de défense et de citoyenneté par les jeunes de nationalité française âgés de 16 à 25 ans indiquent que 11,2% ont un faible niveau de compréhension en lecture et parmi ces derniers 4,9% n'ont pas acquis les mécanismes de base du traitement de l'écrit et sont considérés en situation d'illettrisme. Le pourcentage de jeunes en difficulté de compréhension en lecture augmente de manière considérable dans les territoires ultramarins puisqu'il est de 26,4% à la Réunion, 28,9% en Martinique, 30,4% en Guadeloupe, 51,8% en Guyane et 55,7% à Mayotte (Fernandez & Giraudeau-Barthet, 2023).

En France en 2024 (Résultats de l'enquête Formation Tout au Long de la Vie**), 4% de la population âgée entre 18 et 64 ans ayant débuté sa scolarité en France peut être considérée en situation d'illettrisme, soit 1.400.000 personnes. Chez les publics qui ont réalisé leur scolarité hors de France, les proportions sont encore plus importantes (52% ont des difficultés fortes avec l'écrit). Ces chiffres recouvrent de fortes disparités selon les régions (les quartiers politiques de la ville (QPV) et les territoires d'outre-mer sont les plus en difficulté), ou encore selon les tranches d'âge (davantage de difficultés pour les 45-65 ans).

*[En ligne]. URL : <https://www.unesco.org/fr/literacy> (15/12/2024)
**[En ligne]. URL : <https://www.anlci.gouv.fr/ressources/les-nouveaux-chiffres-de-lillettrisme-en-france-avril-2024/> (15/12/2024)

1.1. L'hétérogénéité des publics en formation

Les formations linguistiques, que ce soit en contexte scolaire (dans des classes spécialisées ou non), en centre de formation ou encore dans des structures associatives, se caractérisent par une très grande hétérogénéité des apprenants regroupés au sein d'un même groupe, ce qui a une incidence directe sur les choix didactiques du formateur (Guernier et al., 2017). On peut ainsi identifier les facteurs d'hétérogénéité suivants :

Figure 1 : Les facteurs d'hétérogénéité dans l'apprentissage/enseignement d'une LS.

Ces facteurs sont communs à tout type de formation, qu'elle soit destinée à des natifs ou des migrants. Pour ces derniers, on peut ajouter d'autres critères tels que le temps de présence en France ou le projet migratoire (Adami, 2020). Dans la perspective d'une intervention didactique en lecture/écriture, nous retiendrons trois axes d'analyse de cette hétérogénéité.

1.1.1. Le répertoire langagier

Le degré de maitrise du français constitue un facteur essentiel à prendre en compte et une première distinction s'opère entre les apprenants dont le français est la L1 et ceux dont il ne l'est pas. Dans le premier cas les besoins d'apprentissage seront principalement focalisés sur l'écrit, alors que dans le second cas le formateur aura à prendre en compte la dimension orale de la langue.

Concernant les apprenants ayant été scolarisés en France et ayant le français comme L1, si l'enjeu est de pouvoir ré-apprendre à lire et à écrire, la dimension orale ne doit pas pour autant être écartée : dans certains cas, le bagage lexical peut être relativement faible, ce qui a un impact sur les capacités de compréhension à l'écrit. De même, certains apprenants maitrisent des variantes langagières relativement distantes du français normé sur lequel est basé l'écrit.

Par ailleurs, on peut relever qu'un certain nombre de personnes nées et scolarisées en France n'ont pas nécessairement le français comme L1 et disposent d'un répertoire langagier plurilingue. C'est particulièrement le cas dans les territoires ultramarins où de nombreuses langues autochtones cohabitent avec le français et où le plurilinguisme est largement dominant[6].

Pour les apprenants non natifs, les situations de plurilinguisme sont fréquentes puisqu'ils viennent le plus souvent de pays multilingues[7]. Pour le formateur, la ou les langues connues des apprenants, leur statut et le degré de maitrise qu'ils en ont, sont autant d'éléments à identifier. Si la L1 est une langue romane, la compréhension, à l'oral comme à l'écrit, s'en trouvera facilitée en raison de la proximité avec le français. A contrario, un apprenant avec une L1 éloignée du français, une langue agglutinante comme le turc par exemple, et/ou qui ne s'écrit pas en alphabet latin comme c'est le cas de l'arabe ou du dari, aura au départ moins, voire pas d'appuis permettant

[6] Voir le bilan des états généraux du multilinguisme dans les Outre-mer de 2021 [En ligne]. URL : <https://www.culture.gouv.fr/Thematiques/Langue-francaise-et-langues-de-France/Actualites/Bilan-des-Etats-generaux-du-multilinguisme-dans-les-Outre-mer> (15/12/2024)

[7] "Many adult literacy and second language learners are plurilingual because they come from multilingual countries and have been using their first language(s) at home and a lingua franca (or other languages) in the public domain, or because they have acquired languages on their migration journey. Furthermore, their plurilingual repertoires may include elements of the majority language and/or a regional language of the new country of residence, or languages of other migrant groups with which they are in contact in everyday settings, like the workplace" (*Literacy and Second Language Learning for the Linguistic Integration of Adult Migrants (LASLLIAM)*, p. 21.)

l'intercompréhension[8]. De même, un apprenant qui maitrise plusieurs langues à l'oral et à l'écrit progressera plus rapidement car, sur le plan cérébral, il a déjà dû s'adapter à plusieurs systèmes.

Concernant la maitrise du français comme LS/LE, il est fréquent, pour ne pas dire normal, que les apprenants n'aient pas le même niveau de compétence à l'oral et à l'écrit, en production et en réception. Ce phénomène est exacerbé en contexte immersif, notamment en raison d'un temps variable de présence en France et de contacts plus ou moins fréquents avec des natifs. Ainsi, il se peut que certains apprenants soient assez avancés à l'oral car ils vivent depuis plusieurs années en France mais qu'ils soient en situation d'analphabétisme à l'écrit par ailleurs.

1.1.2. Le parcours scolaire et le niveau de qualification

Ce facteur est déterminant à établir car il a des implications directes sur les choix didactiques du formateur. On constate en effet des différences importantes entre les apprenants selon leur parcours scolaire antérieur. A priori on peut considérer que les personnes ayant suivi la totalité de leur scolarité en France ont au moins bénéficié d'une instruction jusqu'à leurs 16 ans. Toutefois ce parcours scolaire peut être plus ou moins chaotique pour des raisons variées (maladie, déménagement, absentéisme voire décrochage scolaire, …). Cela peut donc avoir un impact sur les connaissances et compétences acquises et expliquer en partie les difficultés rencontrées à l'écrit. De même, le niveau de qualification est un paramètre à prendre en compte. Ainsi, les résultats aux tests de lecture lors de la JDC (voir encadré « Quelques chiffres clés ») montrent que 33,4% des jeunes ayant un niveau CAP ou BEP ont des difficultés de compréhension, ce chiffre montant à 48,7% chez les jeunes n'ayant pas dépassé le niveau collège. De plus, les personnes peu ou pas qualifiées seront moins fréquemment confrontées à l'écrit en situation professionnelle et auront donc moins d'occasions d'entretenir et renforcer leurs compétences à l'écrit.

---

[8] Pour connaitre les caractéristiques des principales langues de migration, nous renvoyons le lecteur aux documents et outils élaborés depuis plusieurs années par le groupe « Langues et grammaires du monde dans l'espace francophone » et disponibles sur le site <https://lgidf.cnrs.fr/> (15/12/2024)

Pour les personnes immigrées[9], le profil-type de l'apprenant de Français Langue Etrangère (FLE) ayant un niveau d'études supérieures avec une situation socioprofessionnelle stable est largement battu en brèche. Les apprenants adultes immigrés échappent pour la plupart à cette image stéréotypée et appartiennent plutôt aux classes dites populaires. Parmi l'ensemble des immigrés actifs sur le territoire, 42% sont peu ou pas diplômés (aucun diplôme ou niveau fin de collège)[10] et une majorité d'entre eux occupent des postes d'ouvriers et employés. On peut également souligner, pour les immigrés adultes arrivés récemment, une polarisation au niveau des diplômes, c'est-à-dire des proportions plus fortes de peu diplômés et de diplômés supérieurs. Parmi les immigrés âgés de 15 ans ou plus arrivés en France en 2018, 30 % sont titulaires au plus d'un diplôme de niveau brevet des collèges et 37 % d'un diplôme du supérieur au-delà d'un Bac + 2 (supérieur long)[11]. Cette tendance accentue l'hétérogénéité au sein des groupes d'apprenants dans les formations linguistiques.

Si les apprenants ayant suivi un parcours scolaire relativement complet peuvent s'appuyer sur leurs acquis en L1 et éventuellement dans d'autres langues apprises dans un contexte académique, certains migrants peu, voire pas du tout, scolarisés antérieurement ne maitrisent aucune langue à l'écrit et se trouvent ainsi en situation d'analphabétisme (Adami, 2007). Dans ce cas, l'apprenant va devoir engager un processus d'apprentissage de la lecture et de l'écriture dans une langue seconde qu'il maitrise plus ou moins à l'oral.

---

9 « Selon la définition adoptée par le Haut Conseil à l'Intégration, un immigré est une personne née étrangère à l'étranger et résidant en France. Les personnes nées Françaises à l'étranger et vivant en France ne sont donc pas comptabilisées. Certains immigrés ont pu devenir Français, les autres restant étrangers. Les populations étrangère et immigrée ne se recoupent que partiellement : un immigré n'est pas nécessairement étranger et réciproquement, certains étrangers sont nés en France (essentiellement des mineurs). La qualité d'immigré est permanente : un individu continue à appartenir à la population immigrée même s'il devient Français par acquisition. C'est le pays de naissance, et non la nationalité à la naissance, qui définit l'origine géographique d'un immigré » Source INSEE : [En ligne]. URL : <https://www.insee.fr/fr/metadonnees/definition/c1328> (15/12/2024)

10 Source INSEE : [En ligne].URL : <https://www.insee.fr/fr/statistiques/3640742#-titre-bloc-6> (15/12/2024)

11 Source INSEE : [En ligne].URL : <https://www.insee.fr/fr/statistiques/3633212#consulter> (15/12/2024)

L'absence de scolarisation a également des répercutions dans d'autres domaines comme les compétences en numératie[12], les compétences numériques et les compétences cognitives. Enfin, ces apprenants n'ont pas acquis les codes et les méthodologies du travail scolaire et ne sont pas en capacité d'être autonomes dans leur apprentissage ni d'utiliser les outils pédagogiques habituellement mobilisés en classe de langue (manuels, dictionnaires, grammaire, outils numériques, etc.).

1.1.3. Les représentations et les valeurs culturelles

Certaines représentations peuvent entraver le processus d'apprentissage, notamment chez les apprenants les moins scolarisés. Ainsi, pour les apprenants analphabètes, il peut exister des représentations erronées sur l'écrit et sur l'acte de lire qui vont constituer autant d'obstacles à l'apprentissage (Torunczyk, 2000). Le rapport à l'écrit qu'entretiennent des adultes faibles lecteurs et scripteurs est un phénomène complexe et multidimensionnel qui prend appui sur des composantes liées notamment aux pratiques et performances langagières, aux contextes de communication ou encore à la conception de la langue et de son apprentissage (Tiberghien et Bellegarde, 2015).

Les cultures d'origine peuvent véhiculer des valeurs morales, religieuses et éthiques différentes de celles qui existent en France et fondent notre système sociétal. Ces différences peuvent conduire à des malentendus ou à des incompréhensions si elles ne sont pas explicitées. De même, l'apprenant qui a été scolarisé dans son pays d'origine et/ou dans un pays de transit est marqué par une culture éducative qui peut être plus ou moins éloignée de celle qu'il va (peut-être) rencontrer en France. La gestion d'un travail en autonomie, le travail en groupe ou en binôme, la démarche inductive en grammaire, les activités sous forme ludique ou collaborative ou encore les interactions orales ne sont pas nécessairement familiers pour les apprenants qui ont pu être éduqués dans des systèmes plus traditionnels et descendants où la connaissance est transmise par le seul formateur, avec une approche pédagogique basée sur la répétition, le décodage et la copie.

---

[12] La numératie renvoie à la capacité de *comprendre et d'utiliser des concepts mathématiques utiles dans la vie quotidienne.*

1.2. La dimension psychologique et émotionnelle dans l'apprentissage de la littéracie

L'apprentissage de la littéracie chez les adultes, qu'il s'agisse de personnes en situation d'illettrisme ou d'apprenants immigrants, est profondément influencé par des facteurs psycho-affectifs complexes. Cette dimension émotionnelle influence les différents aspects de la cognition impliqués dans l'apprentissage (Gobin et al., 2021). Les émotions agissent sur l'attention, la mémoire ou encore la motivation des individus et leur engagement dans la formation. Plus largement, elles impactent leur intégration sociale et professionnelle et se manifestent notamment à travers des expériences concrètes d'exclusion et de stigmatisation.

L'estime de soi constitue également un déterminant majeur de l'apprentissage. Or les expériences scolaires antérieures négatives peuvent générer une estime de soi particulièrement fragile. Les échecs répétés et les processus de disqualification (Favre, 2015) dans le parcours académique construisent un rapport à l'apprentissage empreint de méfiance et d'anxiété. De même, les personnes immigrées qui n'ont pu bénéficier d'une scolarisation suffisante dans leur pays d'origine, voire qui n'ont pas eu accès à l'éducation, peuvent ressentir un sentiment d'incompétence profond qu'il est difficile de dépasser. Des mécanismes de défense psychologiques peuvent alors se manifester en évitant de situations d'apprentissage ou en étant confronté à un stress important lors des confrontations à des situations de lecture et d'écriture. Ainsi dans les démarches administratives, la difficulté avec l'écrit devient source d'une profonde anxiété. Par exemple, remplir un formulaire complexe de France Travail, comprendre une notification de la Caisse d'Allocations Familiales ou déchiffrer un courrier recommandé peuvent transformer des actes ordinaires en véritables épreuves psychologiques. Ces situations génèrent un sentiment d'impuissance et de dépendance, où l'individu doit systématiquement solliciter de l'aide, remettant en question son autonomie.

Pour les adultes migrants, l'apprentissage d'une langue seconde se complexifie par ce que Dewaele et Sevinç (2017) nomment l'« anxiété langagière ». Ce phénomène se caractérise par une tension émotionnelle spécifique liée à la communication dans une langue non maternelle. Il peut être lié à la peur de commettre des erreurs linguistiques et d'être jugé au prisme de ces erreurs, mais aussi, sur un plan plus psychologique, à la peur de perdre son identité.

De plus, la vulnérabilité linguistique d'un apprentissage en langue seconde se double d'enjeux interculturels. Prendre la parole en français, rédiger un email ou comprendre des consignes de travail devient une activité anxiogène. La peur du jugement, du ridicule ou de la stigmatisation culturelle amplifie ce sentiment de vulnérabilité.

Enfin, dans certains cas, les situations vécues dans le pays d'origine, notamment en cas de contextes de guerre, de persécution ou de déracinement (Chassin et al., 2020) peuvent générer une vulnérabilité et des traumatismes psychologiques qui interfèrent directement avec les capacités des apprenants en altérant les mécanismes d'apprentissage et de mémorisation.

Sans entrer dans une approche psychologisante à outrance, il importe de connaitre l'apprenant en tant que personne et d'avoir une idée de son parcours personnel. Les compétences psychosociales deviennent alors aussi importantes que les compétences langagières elles-mêmes dans le processus d'apprentissage en langue seconde (Guedat-Bittighoffer et Dat, 2021). Il s'agit de créer un environnement sécurisant où l'apprenant peut se reconstruire et reprendre confiance.

1.3. Profils d'apprenants et maitrise de la langue

Si l'on se place dans une perspective d'intervention didactique en lecture/écriture, il est possible d'établir une typologie des différents profils d'apprenants en se basant sur le degré de maitrise de la langue à l'oral et/ou à l'écrit. On peut ainsi considérer trois profils-types d'apprenants :

- **Les personnes en situation d'analphabétisme**, c'est-à-dire qui n'ont appris à lire et à écrire dans aucune langue que ce soit, essentiellement parce qu'elles n'ont pas ou très peu été scolarisées antérieurement. C'est par exemple un apprenant exilé qui n'est jamais allé à l'école (ou vraiment trop peu) dans son pays d'origine et qui est non lecteur et non scripteur. Il doit alors apprendre les principes de base de la lecture-écriture dans la langue du pays d'accueil qu'il peut par ailleurs maitriser à des degrés variables à l'oral. Contrairement à une personne qui a déjà fréquenté l'école, il apprend à (parler-)lire-écrire dans la langue seconde en n'ayant pas de représentation mentale de ce qu'est le fonctionnement de l'écrit.

Mamadou est né dans un village au Mali. Sa première langue est le Bambara. Il a travaillé aux champs et n'a jamais été scolarisé. Il arrive en France à 17 ans. Il sait uniquement graphier son prénom en capitales d'imprimerie qu'il trace de manière approximative sans pouvoir nommer les lettres qui le composent. Il n'a aucune représentation visuelle de l'espace scriptural. À l'oral, il ne connait que quelques mots de français qu'il a appris lors de son voyage. Il démarre un apprentissage initial de la lecture et de l'écriture en même temps que le français oral.

– **Les personnes en situation d'illettrisme**, c'est-à-dire qui ne maitrisent pas suffisamment la lecture-écriture bien qu'elles aient été scolarisées en France, le français pouvant être soit leur langue première, soit leur langue seconde. Cela peut ainsi être une personne française dont le français est la L1 mais aussi un Français parlant mahorais à Mayotte ou issu de la communauté des gens du voyage et parlant romani. On peut également inclure dans cette catégorie une personne qui a été à l'école dans son pays d'origine mais qui n'a pas suffisamment réussi à apprendre à lire et écrire dans sa langue ; elle doit donc réapprendre à lire-écrire dans une autre langue, celle du pays d'accueil.

Dans tous ces cas de figure, les apprenants ont déjà eu une première expérience scolaire du fonctionnement de l'écrit et ont déjà des compétences écrites mais qui restent incomplètes ou erronées. Leur maitrise de l'oral (en L1 ou en LS) peut-être très variable, ce qui est un facteur à prendre en compte.

Franck est né en France en 1989. Il a été à l'école dès la maternelle. En CP, il éprouve des difficultés à lire : s'il arrive à décoder, il peine à mettre du sens dans ce qu'il déchiffre péniblement. Les difficultés de lecture se poursuivent tout au long de sa scolarité. Orienté en SEGPA, il va en apprentissage à l'âge de 16 ans et quitte le système scolaire avec une compréhension à l'écrit très limitée. Il décidera de réapprendre à lire et à écrire à la naissance de son enfant.

Miguel est Kanak, né en Nouvelle-Calédonie, et sa L1 est le nemi. Il est scolarisé à l'école française. Il peine à apprendre à lire et à écrire en français et est souvent absent. Il continue à travailler aux champs. S'il a une certaine maitrise orale du français, il n'a pas de maitrise de l'écrit, dans aucune des deux langues qu'il parle.

Mohamed est né au Maroc, sa première langue est l'arabe. Il est scolarisé dans une école rurale jusqu'à 14 ans mais la fréquente de manière irrégulière. Sa maitrise de l'écrit ne lui permet pas une lecture courante dans sa langue d'origine. En arrivant en France, il doit réapprendre à lire-écrire mais dans une LS (en français).

L'illettrisme en France
On parle d'illettrisme pour des personnes qui, après avoir été scolarisées en France, n'ont pas acquis une maitrise suffisante de la lecture, de l'écriture, et des compétences de base, pour être autonomes dans les situations simples de la vie courante. Ces personnes doivent réapprendre à lire-écrire-compter, renouer avec la culture de l'écrit, avec les formations de base, alors même qu'elles gardent souvent un souvenir douloureux de leur passage à l'école.

En France métropolitaine, 4 % de la population adulte âgée de 18 à 64 ans est en situation d'illettrisme, soit 1 400 000 personnes*. L'illettrisme touche toutes les classes d'âge, mais les difficultés augmentent avec l'âge, en raison de l'effritement des connaissances dans le temps.

Les causes sont diverses : une scolarité chaotique avec des périodes d'interruption, des situations de rupture familiale, une précarité économique, de la maltraitance, etc. Certains troubles psychologiques comme l'anxiété, des troubles du langage comme la dyslexie ou la dysorthographie ou des troubles réactionnels apparaissant suite à un traumatisme peuvent conduire un élève à se désinvestir de l'école et rendre difficile la construction des apprentissages.

La vie quotidienne des personnes illettrées est problématique : lire un courrier et y répondre, écrire un mot à son collègue, utiliser un plan pour se déplacer, faire un chèque, utiliser sa carte bleue, faire les courses, suivre la scolarité des enfants, avoir accès aux soins, etc. autant de moments qui nécessitent d'avoir des connaissances du fonctionnement de l'écrit. Il en est de même pour l'accès à l'emploi et le maintien d'un travail. S'il est difficile de rédiger un CV et une lettre de motivation, de consulter des offres d'emploi, de compléter un dossier ou de passer un entretien d'embauche, il est tout aussi difficile, une fois en emploi de lire un planning ou des consignes et de les comprendre, de communiquer avec des clients, des collègues ou sa hiérarchie ou de compléter un document. Avec l'expansion depuis les années 80 du numérique et des nouvelles technologies de l'information et de la communication, de nouvelles formes de littéracie émergent, qui compliquent l'accès à l'emploi des personnes illettrées et favorisent le développement d'une fracture numérique (on parle alors d'illectronisme ou d'illettrisme numérique, Maroun, 2022).

*[En ligne]. URL : <https://www.anlci.gouv.fr/ressources/les-nouveaux-chiffres-de-lillettrisme-en-france-avril-2024/> (16/12/2024)

– **Les personnes migrantes maitrisant peu ou pas le français**, mais qui ne relèvent pas des deux catégories précédentes (ni analphabètes, ni illettrées). Elles maitrisent la lecture-écriture dans une première (et/ou seconde) langue, mais ont un niveau débutant ou élémentaire du français à l'oral et à l'écrit (en deçà du niveau B1 du cadre commun de référence en langue, voir encadré page suivante). C'est par exemple le cas d'une personne étrangère (primo-arrivante ou pas) qui a des compétences pouvant relever d'un niveau d'étude de fin de primaire à un niveau d'études supérieures dans sa L1, mais qui a un niveau débutant en français. À l'inverse des deux autres catégories, ces apprenants ont une certaine connaissance du fonctionnement de l'écrit, mais la structure de leur langue d'origine peut être plus ou moins distante du fonctionnement du français. Ces différences peuvent concerner la morphosyntaxe, la phonologie, le système d'écriture (alphabet latin comme en français ou autre système d'écriture).

Les apprenants les plus en difficulté sont ceux qui ont un système d'écriture différent du français et ont donc des compétences écrites dans un alphabet non latin (arabe, farsi, bengali, ourdou, géorgien, …). Dans ce cas, ils vont devoir apprendre un nouveau code écrit (avec de nouvelles correspondances graphophonologiques) afin de pouvoir transférer en français les compétences écrites acquises en L1. Le niveau de qualification est également un paramètre important, car une personne qui a fait des études secondaires ou supérieures a développé des connaissances sur sa propre langue dont ne disposent pas les personnes qui ont des parcours scolaires plus courts. Nous privilégierons dans cet ouvrage les personnes ayant ce dernier profil et/ou un système d'écriture non latin.

Rosa est Tchétchène, exilée en France. Elle était enseignante de biologie en Tchétchénie. Elle est bilingue (russe et tchétchène) et écrit en Russe. En France, elle doit apprendre une 3ème langue et écrire dans un autre système d'écriture (passage de l'alphabet cyrillique à l'alphabet latin).

Bernardo est né en Angola. Il parle le portugais et a suivi une scolarité jusqu'à la fin du primaire. Il n'a donc pas construit de connaissances métalinguistiques et grammaticales solides de sa langue. À 19 ans, il s'exile en France, où il peut néanmoins mettre en œuvre une certaine intercompréhension en langue romane.

De cette singularité des situations, nous retenons les trois profils d'apprenants les plus vulnérables sur le plan linguistique[13]:

Profil 1 : Non lecteur, non scripteur (en L1 et en LS)
peu ou pas scolarisé antérieurement

Profil 2 : (Très) faible lecteur/scripteur (L1 ou LS)
scolarisé antérieurement

Profil 3 : Lecteur/scripteur en alphabet non latin (L1)
scolarisé antérieurement
Niveau LS (oral et écrit) ≤ A2 (niveau débutant à élémentaire)

[13] Ce choix est également lié au fait que les ressources didactiques et pédagogiques pour ces publics sont les moins fournies.

Évaluation initiale du profil des apprenants

La diversité des profils d'apprenants nécessite de pouvoir réaliser une évaluation diagnostique avant de démarrer toute séance avec les publics visés.

Il convient tout d'abord d'évaluer les compétences déjà acquises en français. Les adultes migrants en situation d'immersion sont en effet confrontés à la langue française dès leur arrivée et développent rapidement des compétences orales et/ou écrites. Pour les apprenants lecteurs/scripteurs dans au moins une langue (première ou seconde), les niveaux du Cadre européen commun de référence (CECR) constituent l'outil de référence, à l'oral comme à l'écrit pour déterminer un niveau de maitrise en français (voir notamment les grilles d'auto-évaluation disponibles en annexe 2 du volume complémentaire, 2018). En compréhension écrite, la lecture de documents authentiques de plus en plus complexes avec des réponses par QCM peut constituer une modalité d'évaluation collective assez simple à mettre en place avec un groupe d'apprenants. Le niveau d'écriture peut être déterminé en proposant une situation réelle de production d'écrit en L1 et en français, à partir d'une consigne assez simple qui peut être facilement traduite avec un traducteur automatique ou une IA ou encore à partir d'un support imagé comme la description d'une photographie.

En revanche, le positionnement sera d'une autre nature si l'apprenant est peu ou pas alphabétisé dans aucune langue que ce soit. On peut alors s'appuyer sur d'autres référentiels plus spécifiquement conçus pour cette typologie de public (voir 1.5.).

Par ailleurs, pour ces publics les plus fragiles à l'écrit, et qui nous intéressent plus particulièrement, l'évaluation à l'écrit sera d'une autre nature car les tests de compréhension et production écrite devront être très simples. Il nous semble pertinent d'envisager une évaluation à l'écrit en L1 quand c'est possible car, au-delà des informations sur le parcours scolaire antérieur de l'apprenant, cela permet d'établir le degré de maitrise de l'écrit dans une première langue et d'identifier les compétences sur lesquelles il sera possible de s'appuyer. À un premier stade, on pourra par exemple déterminer le niveau de lecture en faisant lire à voix haute un texte en L1 afin de voir si l'apprenant est capable de déchiffrer et d'oraliser des mots et des phrases simples. La fluidité de lecture à voix haute constitue en effet un indicateur précieux. Sans comprendre la langue, le formateur peut observer si l'apprenant a des difficultés de déchiffrage, s'il décompose les mots en syllabes, bloque sur certaines graphies, lit avec hésitation ou au contraire si sa lecture est fluide et expressive. On pourra se référer par exemple à la grille d'analyse proposée par Uzé (1984). À un stade plus avancé, lorsque l'apprenant a été un peu scolarisé, des tests de compréhension dans différentes langues peuvent être utiles au formateur. À titre d'exemple nous pouvons citer ceux conçus pour l'évaluation des élèves migrants arrivant dans le système scolaire français, dont une partie est utilisable avec un public adulte[14].

Cette phase d'évaluation diagnostique permettra au formateur d'identifier plus précisément les besoins des apprenants et d'adapter au mieux son intervention en proposant des projets d'écriture plus ou moins longs et complexes et des supports pédagogiques adaptés.

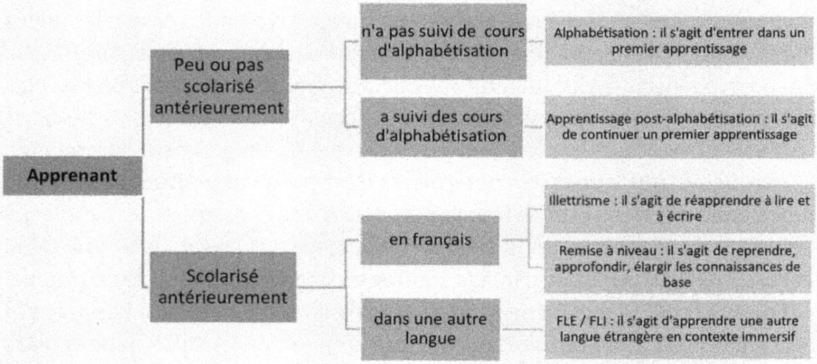

Figure 2 : Profils des apprenants de français langue seconde/étrangère.

1.4. Un point commun à la diversité des profils d'apprenants : l'accès à la littéracie

Les différents profils d'apprenants que nous avons présentés ont pour point commun d'avoir une maitrise insuffisante des compétences écrites pour être autonomes dans les différentes situations de la vie personnelle, sociale

[14] On peut ainsi utiliser un test de déchiffrage de mots simples et d'appariement mot/image à un premier niveau. Par exemple : [En ligne].URL : <https://www.pedagogie.ac-aix-marseille.fr/jcms/c_147202/la-ou-sont-nos-paires> (15/12/2024). A un niveau plus avancé, les tests conçus par Canopé, éditeur de l'éducation nationale, pour évaluer la compréhension écrite en L1 peuvent également aider le formateur. Nous recommandons toutefois de plutôt se référer au test de cycle 4, moins infantilisants. [En ligne]. URL : <https://www.reseau-canope.fr/eana-outils-devaluation-en-langue-dorigine/evaluation-en-langue-dorigine.html?tx_cndpelev> (15/12/2024).

et professionnelle. Au-delà des catégories existantes qui permettent d'identifier leurs spécificités, il nous apparait judicieux d'appréhender leurs besoins d'apprentissage en se référant à la notion de littéracie.

La littéracie : origine et définition(s) d'une notion

Ce terme n'a fait son apparition que récemment en didactique des langues et du français. Il a pour origine le terme anglais *literacy* (par opposition à *orality*) qui est la terminologie employée de manière généralisée dans les pays anglo-saxons, sans opérer de distinction entre public natif et public migrant. La traduction française de ce terme est apparue au Québec au milieu des années 1980. La notion de littéracie a notamment émergé grâce aux enquêtes et rapports effectués par l'Organisation de Coopération et de Développement Économique (OCDE) à partir des années 1990 et s'est progressivement diffusé en Europe. En France, si ce terme commence à circuler, son emploi n'est cependant pas généralisé notamment dans le secteur de la formation professionnelle où d'autres termes sont utilisés par les organismes et par les formateurs, comme « formation/savoirs/compétences de base » ou « compétences-clés » (Leclercq, 2014).

La situation est plus contrastée dans l'espace francophone : peu utilisé en Belgique, qui lui préfère le terme d'« alphabétisation » (qui n'a d'ailleurs pas la même acception qu'en France puisqu'il est utilisé ici indistinctement pour les publics natifs et les publics migrants), il est plus fréquent en Suisse ainsi qu'au Québec où il entre toutefois en concurrence avec le terme d'« alphabétisme », également utilisé par l'UNESCO.

Absent des dictionnaires usuels (le terme n'est apparu que récemment dans *Le Robert* mais il n'est référencé ni dans le Larousse, ni dans le dictionnaire de l'Académie française), sa définition peut varier selon les contextes et son orthographe même fait encore débat entre « littératie » et « littéracie ». Nous retenons ici trois définitions différentes qui nous apparaissent complémentaires.

Tout d'abord, celle proposée par Jaffré (2004) qui souligne la variabilité du savoir lire/écrire en fonction des contextes, des cultures et des époques : la littéracie est « l'ensemble des activités humaines qui impliquent l'usage de l'écriture, en réception et en production. Elle met un ensemble de compétences de bases, linguistiques et graphiques, au service de pratiques, qu'elles soient techniques, cognitives, sociales ou culturelles. Son contexte fonctionnel peut varier d'un pays à l'autre, d'une culture à l'autre, et aussi dans le temps. » (p. 31).

Cette définition est à rapprocher de celle de l'OCDE qui propose une acceptation élargie du savoir lire/écrire dans une dimension sociale et fonctionnelle en tenant compte également de la dimension personnelle : « l'aptitude à comprendre et à utiliser l'information écrite dans la vie courante, à la maison, au travail et dans la collectivité en vue d'atteindre des buts personnels et d'étendre ses connaissances et ses capacités. »

Enfin, le Conseil de l'Europe (2022), s'inscrivant explicitement dans la filiation de l'UNESCO, apporte un élargissement intéressant en tenant compte de la multimodalité et du numérique : « la capacité des individus, en tant qu'acteurs sociaux, à identifier, comprendre, interpréter et produire des textes écrits (qui peuvent être manuscrits, imprimés, numériques et multimodaux) en fonction des contextes sociaux ».

Le terme « littéracie » présente l'avantage de ne pas être stigmatisant et vient apporter une perspective positive sur la question de la maitrise de l'écrit, comme le montrent ces différentes définitions. A contrario, les termes « analphabétisme » et « illettrisme » mettent l'accent sur l'absence de maitrise de l'écrit des personnes et focalisent plutôt sur l'aspect négatif, la carence. De même, désigner les apprenants en employant les termes « analphabètes » ou « illettrés » est très stigmatisant et peut être perçu comme une véritable violence par les personnes concernées car, au-delà de la maitrise de l'écrit, des aspects sociaux, de pauvreté culturelle et/ou financière, d'exclusion viennent s'y mêler, de manière plus ou moins implicite.

De plus, la notion de littéracie permet d'opérer un élargissement et de sortir d'une vision restreinte et techniciste de l'enseignement de la lecture/écriture qui se limiterait à l'enseignement du code écrit. Enfin ce terme permet de décloisonner les didactiques respectives du Français Langue Maternelle (FLM) et du Français Langue Etrangère ou Seconde (FLE/S), et appréhende tout à la fois les apprenants natifs et non natifs, adultes, enfants ou adolescents qui ont tous en commun la même problématique de la maitrise de l'écrit, facilitant ainsi les échanges et la mutualisation des recherches et des expériences.

1.5. Spécificités de l'apprentissage de l'écrit pour les publics vulnérables

L'acte de lire-écrire est un processus complexe qui relève de l'apprentissage et non de l'acquisition naturelle. Il faut plusieurs années de scolarisation régulière pour que les enfants acquièrent les habiletés qui feront d'eux de bons lecteurs-scripteurs. Pour le français (comme dans la grande majorité des langues), cet apprentissage se construit sur un système alphabétique. Le lecteur expert a complètement automatisé tous les processus cognitifs qui lui permettent de lire et a oublié le cheminement qui l'a conduit à son expertise. Pourtant, nous sommes tous plus ou moins passés par les mêmes phases d'apprentissage qui concerneront également les apprenants qui démarrent le processus d'alphabétisation à l'âge adulte.

1.5.1. Apprendre à lire et à écrire en langue seconde à l'âge adulte

Si les recherches menées dans le domaine de l'acquisition de la lecture-écriture en L1 chez les enfants sont très nombreuses, en revanche, concernant les adultes et a fortiori ceux dont le français n'est pas la L1, force est de constater la carence dans un domaine qui reste encore largement à défricher (Tarone, 2010). Toutefois, depuis les années 2000, quelques travaux de recherche, menés en Europe mais aussi aux Etats-Unis, permettent de mieux connaitre les processus d'acquisition de l'écrit à l'âge adulte.

Il est tout d'abord important de relever que, sur le plan cérébral, il n'existe pas d'âge critique à partir duquel il ne serait plus possible d'apprendre à lire et à écrire et qu'il est donc possible d'entrer dans un apprentissage de la littéracie à tout âge (Kolinsky et al., 2017 ; Peyton & Young-Scholten, 2020). De même, la psychologie cognitive a montré que les processus cérébraux engagés en lecture sont sensiblement les mêmes pour les enfants comme pour les adultes, et qu'un apprentissage systématisé des correspondances graphophonologiques est une condition nécessaire pour entrer dans un apprentissage efficient de la lecture (Dehaene et al., 2015 ; Kolinsky et al., 2018). Les étapes de développement des compétences en lecture sont donc similaires entre enfant et adulte (Sosinski, 2020). Ces similitudes se retrouvent également dans les tâches d'écriture pour lesquelles de multiples compétences – visuelles, motrices, linguistiques, cognitives – doivent être développées (Gonzales, 2021).

Toutefois des caractéristiques spécifiques, posées par la situation de plurilinguisme, l'âge des apprenants et le contexte d'enseignement/apprentissage, doivent être prises en compte quand il s'agit d'enseigner la littéracie à des publics dont le français n'est pas la L1. On retiendra ainsi les éléments suivants :

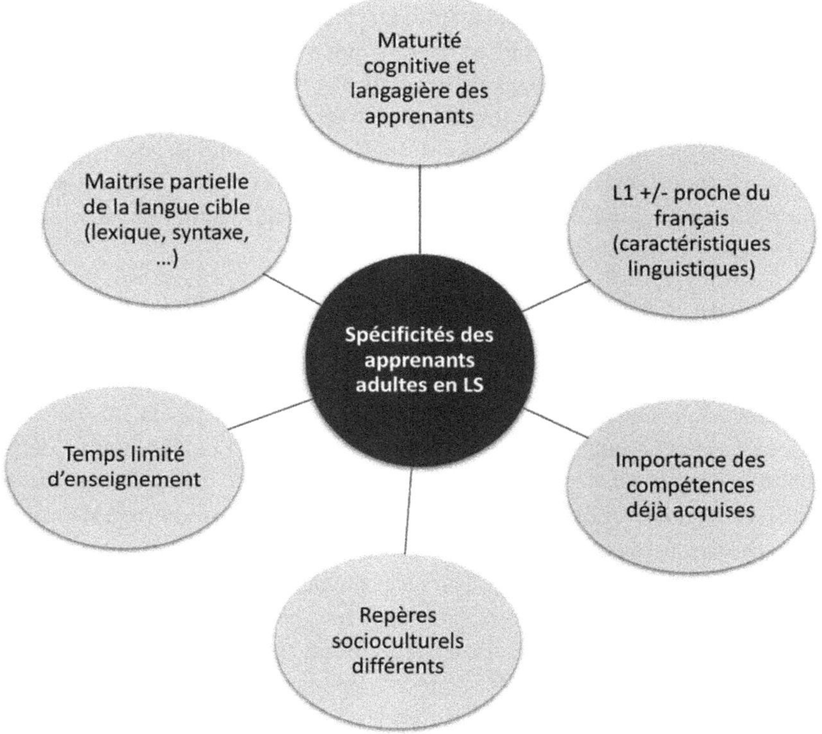

Figure 3 : Caractéristiques des apprenants adultes en langue seconde/étrangère.

L'adulte qui apprend à lire et à écrire dans une LS a le plus souvent une maitrise plus ou moins partielle de celle-ci, contrairement à un apprenant natif, ce qui complexifie le processus d'apprentissage. Les connaissances lexicales, le niveau de structuration du discours ou encore la qualité de la prononciation peuvent ainsi varier. Par ailleurs, la ou les langues déjà connues peuvent être plus ou moins proches du français. Si des langues latines comme l'italien, le roumain ou l'espagnol sont proches du français et facilitent l'intercompréhension, d'autres langues peuvent avoir des fonctionnements syntaxiques, morphologiques et phonologiques très différents du français. On pense par exemple à la prononciation des langues tonales d'Asie ou aux langues agglutinantes comme le turc qui ont une organisation syntaxique très différente. Au-delà de la dimension langagière, les repères socioculturels, que nous avons déjà évoqués dans les facteurs d'hétérogénéité, sont également à prendre en compte.

Contrairement aux enfants pour lesquels le langage est encore en construction, les adultes ont une expertise dans au moins une autre langue à l'oral et sont déjà en capacité de produire un discours élaboré, même s'ils n'ont jamais été scolarisés. Cette maturité cognitive et langagière constitue un atout sur lequel le formateur peut s'appuyer. De même, les apprenants n'arrivent jamais en formation vierge de toute connaissance à l'écrit. Leur situation d'immersion dans un pays fortement scripturalisé mais aussi leur parcours de vie dans leur pays d'origine et pendant la migration ont permis en général de construire quelques acquis à l'écrit qu'il s'agira d'identifier grâce à une évaluation diagnostique (voir encadré supra « Évaluation initiale du profil des apprenants ») et sur lesquels le formateur pourra s'appuyer.

Enfin, le temps d'enseignement dont bénéficient les apprenants adultes est sans commune mesure avec le volume horaire dispensé aux enfants dans un cadre scolaire. Cet apprentissage formel limité nécessite donc de définir des objectifs prioritaires relativement restreints. Pour autant l'apprentissage ne s'arrête pas à la sortie du cours et la part d'apprentissage informel pendant et après l'apprentissage formel constitue un paramètre important : les apprenants ont de multiples interactions en LS, orales ou écrites, dans leur vie quotidienne. Cette immersion dans la langue du pays d'accueil est cependant variable d'une personne à l'autre.

1.5.2. Les prérequis nécessaires à l'entrée dans l'écrit

Pour que l'apprentissage de la lecture et de l'écriture puisse se mettre en place de manière efficiente, il est indispensable pour l'apprenant non lecteur/non scripteur de construire préalablement un certain nombre de connaissances et de compétences. Comprendre et produire des écrits constituent un processus complexe et multidimensionnel qui ne peut se faire si ces prérequis ne sont pas mis en place. Pour des apprenants qui ont déjà été scolarisés dans une première langue, quelle qu'elle soit, ces prérequis sont déjà construits et pourront être transférés en langue cible. Pour les autres, le processus d'alphabétisation ne commence pas d'emblée par un apprentissage systématique du code comme cela peut se faire en première année d'école élémentaire pour les enfants natifs, pas plus qu'il ne doit démarrer par le seul enseignement de l'alphabet. Quatre composantes sont à travailler en phase de pré-alphabétisation. Nous allons les présenter successivement même si dans la pratique d'enseignement elles sont à appréhender de manière intégrative :

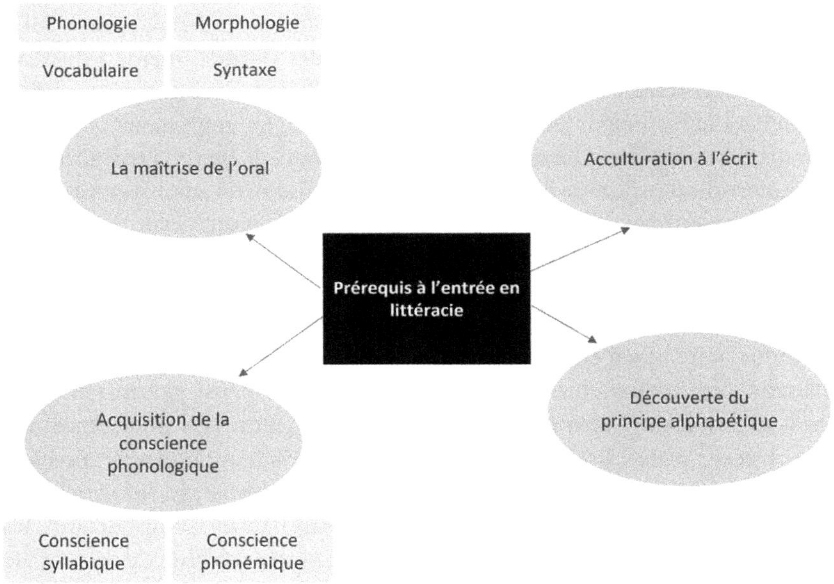

Figure 4 : Composants prérequis à l'entrée en littéracie.

– *La maitrise de l'oral :*

La littéracie est indissociable de la dimension orale du langage. Cette relation prévaut en L1 comme en LS, où la lecture et l'écriture doivent être considérées comme deux aspects complémentaires de l'accès à l'écrit en articulation avec le langage oral (Verdelhan-Bourgade, 2002). En d'autres termes, on ne peut pas apprendre à lire et à écrire une langue que l'on ne sait pas parler. Les apprenants natifs ont, dès la petite enfance, construit leur langage oral qui s'est ensuite consolidé au fil des années, en partie par les apprentissages formels réalisés à l'école maternelle puis au fil de la scolarité élémentaire et secondaire.

Mais pour les apprenants adultes non natifs la situation s'avère plus complexe puisque la maitrise du français oral fait souvent défaut. Or, la lecture ne peut s'envisager sans l'acquisition préalable d'un minimum d'éléments linguistiques.

Pour autant, les adultes ne se situent pas au même niveau que les enfants (natifs en français) puisqu'ils ont déjà construit des compétences à l'oral dans une ou plusieurs langues. L'entrée en littéracie en FLS est donc possible sans maitrise approfondie de l'oral et peut commencer rapidement, même avec des apprenants débutants, l'essentiel étant de ne rien donner à lire qui n'ait été prononcé auparavant (Abdallah-Pretceille, 1982) afin de permettre aux apprenant d'accéder au sens de l'écrit. À cet égard, il est essentiel que les supports proposés en lecture soient adaptés au niveau linguistique des apprenants à l'oral. De même, les activités de production d'écrits vont s'ancrer sur un travail préparatoire à l'oral pour permettre à l'apprenant de structurer oralement ce qui sera ensuite posé sur le papier. L'oral occupe ainsi une place primordiale au cours des séances de lecture-écriture en LS et doit intégrer trois composantes : la (morpho)syntaxe, le lexique et la phonologie (Hilton, 2022).

– *L'acculturation à l'écrit :*

L'acculturation à l'écrit se définit comme « le travail d'appropriation et de familiarisation avec la culture écrite, ses œuvres, ses codes linguistiques et ses pratiques sociales » (Goigoux, 2003)[15]. Si les apprenants scolarisés antérieurement ont bénéficié de cette acculturation à l'écrit, la situation est toute autre en alphabétisation. La lecture de la très grande variété de documents existants nécessite des compétences qui vont au-delà de l'aspect purement linguistique. Quels points communs entre une fiche de renseignement, un bulletin de paie, une note d'information de l'école des enfants, une recette de cuisine, une affiche, un ticket de caisse ? Il est donc essentiel d'accompagner l'apprenant dans une découverte des différents types d'écrits, de leur structure et de leurs fonctions pour lui permettre d'anticiper sur le contenu de ce qu'il va lire et faciliter l'accès au sens (créer un horizon d'attente). Pour cela, les documents authentiques auxquels sont confrontés quotidiennement les migrants adultes doivent occuper une place importante dans la construction de l'enseignement. Il s'agit d'aider l'apprenant à découvrir la culture de l'écrit avec les usages, les

15 [En ligne]. URL : <https://ien-dourdan.ac-versailles.fr/IMG/pdf/goigoux.pdf> (15/12/2024)

lieux, les objets et le vocabulaire qui la constituent. La lecture et l'écriture sont des activités culturelles dont l'apprenant doit comprendre les pratiques et finalités, en s'inscrivant dans un projet.

– *L'acquisition de la conscience phonologique en langue seconde :*
Pour tous les apprenants, en français L1 ou LS, les enfants comme les adultes, l'entrée dans l'écrit, et notamment dans le code graphophonologique, ne peut se mettre en place de manière efficiente si l'apprenant n'a pas préalablement développé une capacité à identifier, isoler et manipuler les unités sonores de l'oral, que l'on désigne par la conscience phonologique. Ces compétences nécessitent un enseignement explicite chez les adultes non alphabétisés qui ont, comme les enfants, des difficultés à réaliser des tâches se focalisant sur les segments du langage, que ce soit les mots, les syllabes ou les phonèmes (Tarone, 2010). Il faut pouvoir mettre à distance le langage oral et en faire un objet d'étude et non plus seulement un moyen de communication. C'est pourquoi, des objectifs spécifiques doivent être visés sur ce plan afin de permettre aux apprenants d'isoler les unités lexicales (les mots) et infra-lexicales que sont les syllabes puis les phonèmes (Beaugrand, 2024). Cette compétence doit par conséquent faire l'objet d'un travail régulier au fil des séances et doit s'appuyer sur les connaissances langagières préalables des apprenants[16].

Par ailleurs, le travail sur la langue se complexifie pour les apprenants en français LS qui doivent manipuler des phonèmes qui n'existent pas nécessairement dans leur langue. Ainsi, aux difficultés phonétiques rencontrées par tout apprenant en français LE/LS s'ajoutent celles de percevoir les unités linguistiques de la langue (mot, syllabe et phonème), communes à tous les non-lecteurs. Le travail est donc à la fois phonétique et phonologique : il s'agit pour eux d'apprendre à manipuler des éléments phonologiques alors qu'ils ont des difficultés à les percevoir et les prononcer (Beaugrand et al., 2018).

Pour pallier cette difficulté, il est plus facile dans un premier temps de travailler au niveau syllabique, avant le niveau phonémique. La conscience syllabique s'acquière en effet très rapidement car la syllabe est plus facilement isolable à l'oral. De même, le recours à la médiation graphique, en proposant la forme écrite des syllabes, facilite ce travail de discrimination. Il est également

[16] Nous reviendrons largement sur cet aspect dans les prochains chapitres, et en particulier dans le chapitre 4.

possible de s'appuyer sur la méthode phonétique et gestuelle développée initialement par Suzanne Borel-Maisonny (1960) et reprise par Clotilde Silvestre de Sacy (1960) pour les élèves en difficulté de lecture, en associant un geste à un phonème. Cela leur permet d'opérer une première distinction entre les sons, même si leur oreille n'en a pas encore perçu les traits distinctifs.

– *La découverte du principe alphabétique :*
Pour réussir l'entrée dans l'écrit, il est essentiel que l'apprenant comprenne comment fonctionne le système alphabétique qui fonde notre écriture. Il lui faut comprendre qu'il existe une relation entre la chaine orale et la chaine écrite et que l'écrit est un code arbitraire permettant de transcrire des sons et de décoder/encoder tous les mots de la langue. Ce code obéit à des règles et est constitué en système, indépendamment du sens des mots (Fayol, 2020). Ainsi le français est une langue alphabétique dans laquelle les graphèmes correspondent à des phonèmes. Là encore, la problématique est similaire pour les apprenants en français L1 et LS. On peut noter que pour des apprenants adultes non scolarisés, des compétences sont déjà souvent acquises sur ce plan dans la mesure où ils ont déjà eu des contacts avec l'écrit, que ce soit en L1 ou en LS. À un premier stade, il est fréquent que les apprenants connaissent au moins une partie des lettres de l'alphabet, sachent déjà écrire leur nom et/ou prénom et aient donc déjà appréhendé partiellement les liens entre l'oral et l'écrit. Toutefois, nommer les lettres ne suffit pas, encore faut-il comprendre qu'elles servent à transcrire des sons et qu'elles peuvent s'écrire dans trois écritures différentes (script minuscule, cursive et capitale d'imprimerie). Ce travail sur le principe alphabétique est donc étroitement lié à celui mené sur la conscience phonologique et nécessite lui aussi de se détacher du sens des mots pour se focaliser sur leurs propriétés formelles.

Comme nous l'avons précédemment souligné, il ne s'agit pas d'appréhender ces prérequis de manière cloisonnée et successive mais bien de les aborder conjointement dans une démarche intégrative où le sens est primordial et qui s'appuie sur les compétences langagières *in situ*.

1.5.3. Processus et composantes à prendre en compte dans l'enseignement de la littéracie

La compréhension des mécanismes en jeu dans les activités de lecture et d'écriture permet au formateur de faire des choix éclairés quant aux démarches d'enseignement qu'il peut mettre en place pour développer les compétences littéraciques des apprenants. Contrairement à ce que pourrait induire le terme « alphabétisation » et à ce que proposent certains manuels pour adultes migrants, cette question ne se réduit à la seule maitrise du code alphabétique. Lire et écrire sont des processus complexes pour lesquels un relatif consensus existe quant aux processus d'apprentissage et aux composantes qui entrent en jeu, ce que nous allons brièvement décrire.

Le système orthographique du français

Nina Catach, linguiste et historienne de la langue, s'est spécialisée dans l'étude de l'orthographe du français. Ses travaux, basés sur l'analyse des graphèmes et de leurs occurrences, ont largement contribué à renouveler l'approche de l'orthographe et son enseignement en mettant en avant les régularités du système plutôt qu'un répertoire de règles strictes parsemées d'exceptions. À partir de l'analyse de corpus lexicaux et discursifs, elle a ainsi étudié les graphèmes en s'appuyant sur leur fréquence, leur cohésion, leur rentabilité et leur rapport avec les phonèmes. Elle a montré que l'orthographe française était certes complexe mais qu'elle était organisée et cohérente. Selon Catach, sa complexité et son opacité proviennent de la distorsion du système. En effet, contrairement à d'autres langues qui ont un système transparent et univoque (un graphème correspond à un phonème et inversement comme en italien, en allemand ou en finnois), en français il existe 36 phonèmes pour plus de 130 graphèmes. Ainsi un graphème peut correspondre à plusieurs phonèmes (ex : le G peut être prononcé [g], [j] ou être muet en fin de mot comme dans « sang »), mais surtout un phonème peut correspondre à plusieurs graphèmes (par exemple pour le [o] les graphèmes O, AU et EAU). Elle établit par ailleurs une distinction entre les phonogrammes (des graphèmes qui transcrivent des phonèmes), qui correspondent à environ 85% des graphèmes du français, et les morphogrammes (des graphèmes qui renvoient à des marques lexicales ou grammaticales significatives comme le T de « petit » ou le « s » du pluriel) qui ne représentent que 6% des graphèmes mais ont la particularité d'être le plus souvent non sonorisés.

Quelques définitions (N. Catach, 1986, p. 16-17) :
Orthographe : « Manière d'écrire les sons et les mots d'une langue, en conformité d'une part avec le système de transcription graphique adopté à une

époque donnée, et d'autre part en suivant les rapports établis avec les autres sous-systèmes de cette langue (morphologie, syntaxe, lexique). »
Phonème : « Plus petite unité distinctive de la chaîne orale. »
Morphème : « Plus petite unité significative de la chaîne orale. Ex : *pour, chass, er* dans *pourchasser* ».
Graphème : « Plus petite unité distinctive et/ou significative de la chaîne écrite, composée d'une lettre, d'un groupe de lettres (digramme, trigramme), d'une lettre accentuée ou pourvue d'un signe particulier, ayant une référence phonique et/ou sémique dans la chaîne parlée. Ex : *p, ou, r, ch, a, ss, er* dans *pourchasser.* »
Monogramme : Graphème composé d'une seule lettre. Ex : i/b
Digramme : Graphème composé de 2 lettres. Ex : au/ou/ch
Trigramme : graphème composé de 3 lettres. Ex : eau/sch/oin

L'acquisition du code graphophonologique :
La connaissance du code graphophonologique est considérée comme une première compétence indispensable à acquérir et à automatiser. Il s'agit pour l'apprenant de maitriser l'ensemble des correspondances entre les graphèmes et les phonèmes du français dans une double perspective d'encodage (de l'oral vers l'écrit) et de décodage (de l'écrit vers l'oral). Le français écrit, comme toutes les langues alphabétiques, est en effet constitué d'un nombre limité de graphèmes, composés d'une ou plusieurs lettres, auxquels correspondent des phonèmes. La prise de conscience de la complexité du système orthographique français (Catach, 1986) permet au formateur de mesurer les difficultés rencontrées par l'apprenti lecteur natif, et plus encore par l'apprenant dont la maitrise du français est imparfaite sur le plan phonétique, syntaxique et lexical.

À un premier stade, l'apprenant est confronté à un mot qui peut appartenir à son répertoire lexical oral mais qu'il n'a pas encore mémorisé à l'écrit et qui n'est donc pas dans son répertoire orthographique. Il doit alors effectuer une série d'opérations mentales couteuses sur le plan cognitif pour décoder le mot lu : identifier les graphèmes qui composent le mot, associer chaque graphème à un phonème, assembler les phonèmes en syllabes puis les syllabes entre elles pour parvenir à la forme sonore du mot lu et, enfin, associer la forme sonore du mot à sa signification. Ce processus peut être schématisé de la manière suivante :

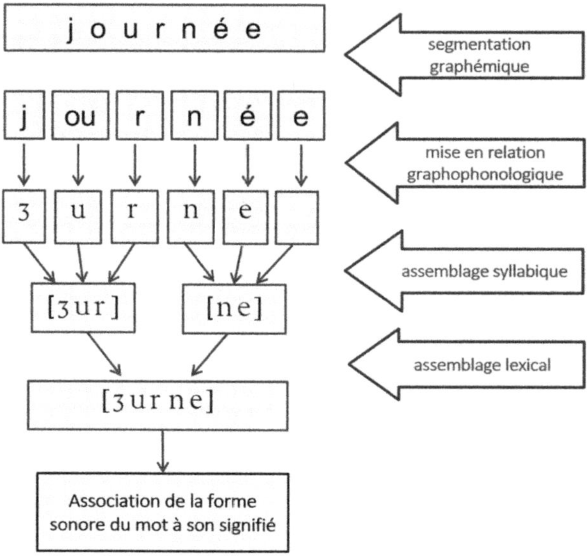

Figure 5 : Processus de décodage d'un mot par voie indirecte.

Si le mot n'est pas connu oralement par l'apprenant, le processus de déchiffrage tourne alors à vide et la compréhension ne se fait pas. De même, si une erreur se produit au cours d'une des étapes, la forme sonore produite ne correspondra à aucun mot existant ou renverra à un autre mot que celui écrit et dans ce cas, le processus de compréhension sera également entravé. Ainsi un mot écrit peut être compris lorsque les graphèmes qui le constituent, oralisés en phonèmes, permettent au lecteur d'associer le mot lu au mot qu'il connait déjà à l'oral.

De même, en production d'écrits, lorsque l'apprenant n'a pas encore mémorisé la forme orthographique du mot qu'il veut écrire, il va dans un premier temps tenter de transcrire le mot en s'appuyant sur les connaissances, le plus souvent partielles, qu'il a du système. Il lui faut tout d'abord isoler le mot dans la chaine parlée (ce qui constitue une première difficulté à ne pas négliger), décomposer le mot en syllabes puis chaque syllabe en phonèmes pour enfin trouver le graphème qui lui correspond. On mesure là l'importance des prérequis que sont la conscience phonologique et la découverte du principe alphabétique. Ce stade d'écriture, que l'on nomme le stade phonétique, ne permet le plus souvent pas de produire la forme orthographique correcte en raison de la complexité du système orthographique que nous avons déjà évoquée. En procédant de la sorte, l'apprenant ne peut en effet pas avoir conscience des graphèmes muets (lexicaux et/ou grammaticaux), des doubles consonnes éventuelles et devra éventuellement opérer un choix aléatoire parmi les différents graphèmes d'un même phonème. À cela s'ajoute, pour les apprentis scripteurs, des difficultés éventuelles dans la réalisation du geste graphique d'un point de vue moteur.

Le cout cognitif en attention et en mémoire associé à ces traitements, en perception comme en production, est tellement élevé que la compréhension ou la production d'écrits sont à des niveaux très inférieurs de ce que les apprenants réalisent à l'oral (Fayol, 2020, p. 61).

Pour les apprenants de français LS, les différences qui existent entre le système phonologique de leur langue et celui du français complexifient encore plus ces tâches de décodage et d'encodage. C'est le cas, par exemple de l'apprenant arabophone qui ne distingue pas le [i] et le [e], ou le [p]et le [b]. En outre leurs difficultés sont accrues par leurs connaissances lexicales souvent très limitées qui entravent également l'accès au sens.

Maitriser le système graphophonologique est donc la première condition indispensable dans l'apprentissage initial de l'écrit mais il est essentiel que la lecture et l'écriture des mots puisse progressivement s'automatiser pour permettre à l'apprenant d'atteindre le stade dit orthographique. En production, cela signifie que l'apprenant a mémorisé la forme orthographique du mot dans son répertoire mental et qu'il est capable de l'écrire en respectant la norme orthographique. En lecture, la mémorisation des formes orthographiques permet d'accéder à l'identification de mots par la voie directe (c'est-à-dire sans recours au déchiffrage). Le développement de l'identification de mots[17] par la voie directe constitue un paramètre déterminant pour renforcer les compétences en lecture (Royer, Abadzi & Kinda, 2004), mais aussi en écriture. Pour les apprentis lecteurs-scripteurs, cela commencera par l'apprentissage des mots outils (déterminants, prépositions, adverbes, pronoms, …) et des mots les plus fréquents dans les textes écrits, tels que certains verbes (*avoir, être, faire,*

---

[17] L'identification de mots concerne l'ensemble des opérations par lesquelles le sujet obtient l'information sur la signification et éventuellement la prononciation d'un mot. Un mot n'est donc identifié que s'il est compris.

devoir, ...). Ces mots doivent à la fois être lus et écrits par les apprenants pour leur permettre de gagner en rapidité et en efficacité dans la lecture comme dans l'écriture. Cette automatisation peut toutefois être relativement longue et elle s'avère beaucoup plus complexe en production qu'en réception, en raison de la distorsion du système orthographique du français qui en fait une langue plus difficile à écrire qu'à lire.

La compréhension de textes :
La lecture ne s'arrête pas aux mots ni à leur identification, nous lisons des phrases, des textes. Bianco (2015) a ainsi montré les composantes qui font de la compréhension une activité complexe et multidimensionnelle :

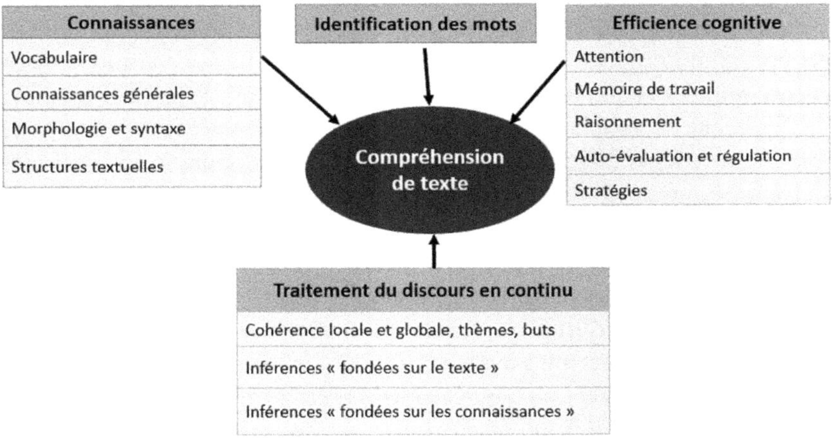

Figure 6 : Structures et mécanismes impliqués dans la compréhension des textes (Bianco, 2015, p. 28).

Quand il lit un texte, le lecteur doit mobiliser différentes connaissances liées aux éléments langagiers du texte (lexique et morphosyntaxe), à la structure spécifique du texte lu (un texte documentaire ne se structure pas comme un conte ou comme une recette de cuisine), mais aussi à des éléments extérieurs au texte qui renvoient aux connaissances sur le monde, évoquées dans le texte. Au fil de la lecture, un traitement s'opère en continu et d'autres composantes interviennent comme les substituts pronominaux et lexicaux qui permettent de suivre le ou les personnages de l'histoire, les connecteurs qui marquent les relations logiques et temporelles dans le texte. Le lecteur doit par ailleurs être capable d'inférer un certain nombre d'informations implicites qui ne sont pas dans le texte mais qu'il est nécessaire de reconstruire pour comprendre l'histoire. Pour cela, il doit disposer d'une mémoire et d'une attention suffisantes, il doit savoir hiérarchiser les informations et, en cas d'incompréhension passagère, il doit être capable de mobiliser des stratégies pour lui permettre de récupérer les informations manquantes (pause, vitesse de lecture, retour en arrière, …). Ainsi, le lecteur va pouvoir construire une représentation mentale cohérente des informations lues et mises en relation avec sa connaissance du monde, représentation qui évolue au fil de la lecture et de la découverte de nouvelles informations.

Il est par ailleurs important de souligner que les capacités de compréhension sont en grande partie amodales et transférables de l'oral à l'écrit (Sprenger-Charolles & Colé, 2006). Le lien entre le développement de l'oral et de la compréhension écrite est donc essentiel, notamment pour les apprenants de LS. En appréhendant ainsi les différentes composantes en jeu on mesure pleinement les difficultés qui peuvent se poser à ce type d'apprenants mais aussi les compétences dont ils disposent déjà. En effet, on peut considérer que des apprenants adultes ont déjà des compétences langagières en L1 et savent effectuer des inférences et mobiliser leurs connaissances sur le monde. Ce qui peut leur faire défaut, ce sont les univers référentiels convoqués qui ne leur sont pas nécessairement familiers sur le plan socioculturel. De même, les connaissances liées aux structures de texte sont en grande partie conditionnées à une première acculturation à l'écrit en L1 qui peut varier selon les pays d'origine ou faire défaut chez des apprenants peu ou pas scolarisés dans leur pays d'origine. Enfin, que ce soit à l'oral ou à l'écrit, pour les apprenants de LS, la question des connaissances morphosyntaxiques et lexicales s'avère cruciale. Il faut pouvoir travailler à l'oral et à l'écrit sur les structures langagières les plus fréquentes et permettre l'acquisition progressive du lexique.

Les chercheurs en psychologie cognitive s'accordent sur le fait que les mécanismes en jeu dans l'activité de compréhension sont complexes et nécessitent un traitement à différents niveaux pour permettre la construction du sens des textes. Giasson (1990) distingue ainsi différents niveaux de traitements des éléments d'un texte pour en construire la signification. À un premier niveau, le lecteur opère un traitement au niveau de la phrase (reconnaissance de mots, lecture de groupes de mots et identification de l'idée principale de la phrase). À un deuxième niveau le traitement s'engage pour rechercher la cohérence entre les phrases (prise en compte des reprises anaphoriques, des connecteurs et liens logiques entre les propositions, réalisation d'inférences). À un troisième niveau, le traitement du texte permet sa compréhension globale (identification des idées principales, utilisation de la structure du texte et capacité à le résumer). Pour le formateur, cette analyse présente l'avantage de pouvoir identifier à quel niveau se situe les difficultés de l'apprenti lecteur.

La production de textes :
En production d'écrits, les processus en jeu sont différents de ceux mobilisés en lecture mais ne s'avèrent pas moins simples. Quand l'apprenant produit un texte, même très court, il effectue une série d'opérations mentales complexes : il doit mobiliser ses idées, les organiser dans un énoncé, le segmenter en mots écrits (segmentation qui n'apparait pas nécessairement à l'oral) et orthographier ces mots (ou tout au moins dans un premier temps les transcrire phonétiquement). À cela s'ajoute le geste scriptural à réaliser pour former correctement les lettres et éventuellement les lier entre elles en écriture cursive. Pour Fijalkow (2003), la complexité de la tâche d'écriture est supérieure à celle de la lecture et par conséquent les bénéfices retirés par l'apprenant sont eux aussi plus importants. Elle permet une plus grande clarté cognitive car elle oblige l'apprenant à « prendre conscience de la nature langagière de l'écrit ». Elle constitue également un meilleur point d'appui pour évaluer les connaissances réelles des apprenants en donnant à voir le degré de maitrise réel du système écrit dans les productions.

Aux opérations de bas niveau[18], complexes à mettre en œuvre pour des apprenants peu ou pas alphabétisés, s'ajoutent ainsi des opérations de haut niveau[19] indispensables à la mise en texte. Le processus d'écriture a fait l'objet de nombreuses recherches en psycholinguistique et en didactique (en FLM comme en FLE/S) qui reprennent généralement les trois mêmes composantes issues du modèle de Hayes & Flower (1980) : la planification, la mise en texte et la révision. Nous le présentons ici pour montrer, s'il en était

[18] Les opérations de bas niveau correspondent aux unités minimales de la signification (relations graphophonologiques).

[19] Les opérations de haut niveau sont liées à la construction du sens. Elles renvoient à des compétences textuelles.

besoin, toute la complexité des opérations cognitives à mettre en œuvre pour l'apprenant.

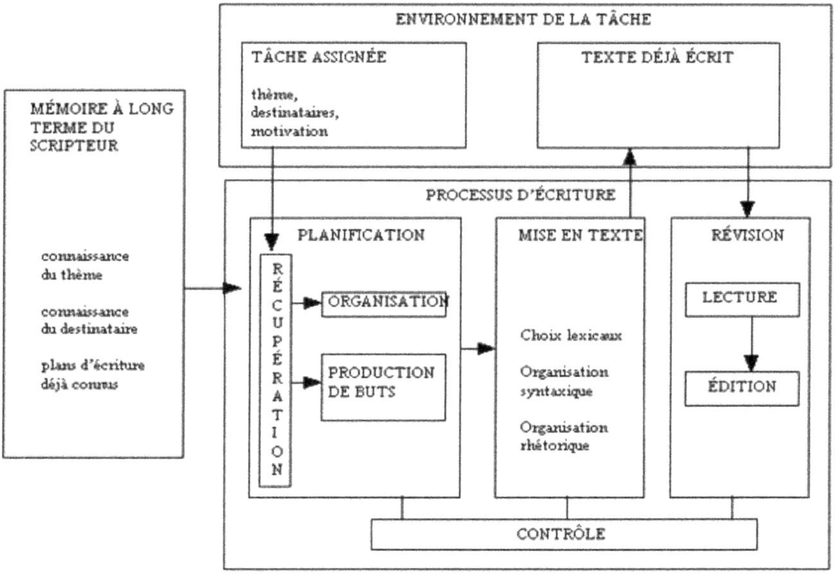

Figure 7 : Modèle de Hayes & Flower (présenté par M. Fayol & C. Garcia-Debanc, 2002, p. 297).

On notera que pour Fayol et Garcia-Debanc (2002), ce modèle met avant tout l'accent sur l'aspect conceptuel de la production et s'intéresse peu à l'analyse des traitements langagiers. Or, pour Fayol (2007), la production écrite mobilise deux types de connaissances : « les connaissances relatives au contenu évoqué (le thème du texte) et les connaissances langagières (lexique, syntaxe, agencements rhétoriques). Elle fait également intervenir une mémoire temporaire (mémoire dite de travail) susceptible à la fois de maintenir actives les informations et de les manipuler. Elle s'inscrit également dans une situation dynamique : le texte à produire dépend des conditions de production (consigne) et de ce qui a déjà été rédigé ».

Enfin, on peut souligner l'importance de l'acculturation à l'écrit, en production comme en réception, afin de pouvoir mobiliser des connaissances sur les structures de textes. Pour les apprenants peu acculturés à l'écrit notamment, il importe de pouvoir travailler en réception des écrits modélisants qui aideront à la planification et à la mise en texte dans les activités d'écriture. Adami (2020) souligne également le travail essentiel à mener sur les fonctions sociales des écrits et les codes qui les composent.

L'acquisition de la lecture et de l'écriture en LS est donc un processus lent et épineux. Il convient de souligner que les différentes composantes que nous avons présentées ne doivent pas être envisagées comme autant d'activités cloisonnées sans lien les unes avec les autres. Tout au contraire, elles doivent s'articuler entre elles, mêlant oral et écrit, lecture et écriture, dans une démarche intégrative qui doit faire sens pour l'apprenant.

1.5.4. La dimension métacognitive et l'étude de la langue

L'apprenant non scolarisé antérieurement n'a jamais étudié la langue (ou les langues) dont il fait usage pour communiquer. Il n'a donc aucune notion grammaticale et lexicale qu'il pourrait utiliser dans l'apprentissage d'une langue nouvelle, comme le font les apprenants scolarisés antérieurement. De même, l'apprenant qui n'a connu qu'une scolarisation courte axée principalement sur l'acquisition de compétences de base (lire, écrire, compter) n'a souvent pas été confronté à une approche grammaticalisée de la langue. Avec ce public, les leçons de grammaire telles qu'elles sont conçues habituellement dans les supports pédagogiques de FLE (manuels, grammaires, …) sont donc complètement inopérantes.

Au cours de l'apprentissage de la lecture/écriture, un travail de décontextualisation et de conceptualisation se met en place, qui va jouer un rôle déterminant sur le plan cognitif, y compris à l'oral. L'alphabétisation entraine en effet une modification du traitement oral sur le plan cérébral en améliorant notamment la mémoire à court terme, mais aussi sur la capacité à reformuler avec précision en respectant les formes grammaticales (Dehaene et al., 2015 ; Tarone, 2010). Un cercle vertueux s'engage donc entre l'oral et l'écrit.

Comme nous l'avons vu précédemment, l'apprenant non-lecteur et non-scripteur doit apprendre à manipuler les unités sonores de la langue et à comprendre le fonctionnement du système alphabétique. Cette réflexion se poursuit avec la découverte du fonctionnement du code écrit puis, plus largement, de l'organisation de la langue afin de développer une conscience linguistique de celle-ci. Une mise à distance s'opère donc, la langue devenant un objet d'étude :

> « [L]e fait d'apprendre à lire ou à écrire un type d'écriture quelconque constitue une leçon de métalinguistique et, indirectement, de métacognition. L'apprentissage de la lecture et de l'écriture amène une prise de conscience des structures implicites du discours oral, qu'il s'agisse de phonèmes, de mots ou de phrases. » (Olson, 2006, p. 92)

Cette conscience métalinguistique est essentielle au développement des compétences littéraciques car « la manipulation du langage écrit nécessite la connaissance consciente et le contrôle intentionnel de nombreux aspects du langage » (Gombert, 1996, p. 46). En outre, elle doit, selon nous, s'accompagner de l'acquisition d'un minimum de métalangage (*lettre, syllabe, mot, son, …*) en lien avec les phénomènes observés. Sans entrer dans une approche grammaticalisée, qui constitue « une impasse » avec ce public (Adami, 2020), nous pensons que les temps de manipulation et d'utilisation de la langue doivent être complétés par des temps d'observation réfléchie de l'écrit avec l'apport de termes spécifiques pour en éclairer les usages. Il s'agira donc de commencer « par des procédures de nature épilinguistique d'abord, métalinguistique par la suite » (Vigner, 2009, p. 122).

La notion *d'activité épilinguistique* est empruntée à Culioli (1981) qu'il définit comme une activité non-consciente, par opposition à l'activité métalinguistique consciente, puisqu'elle régit les représentations langagières auxquelles nous n'avons pas accès. Du point de vue de l'apprentissage du langage et des langues, la différence peut être caractérisée de la façon suivante :

- **Activité épilinguistique :** il s'agit d'une activité qui relève de l'apprentissage du langage, c'est-à-dire d'un travail non conscientisé sur la mise en fonctionnement du langage, via la production de discours variés dans différentes situations de communication, pour un développement de compétences linguistiques orales et littéraciques.
- **Activité métalinguistique :** il s'agit d'une activité qui mobilise la capacité de l'apprenant à réfléchir sur la structure de la langue et son fonctionnement, sur les plans phonologique, syntaxique, sémantique, pragmatique et textuel (Gombert, 1996). Elle constitue un sous-domaine de la métacognition et relève d'un travail conscientisé et délibéré sur la langue (par exemple sur le décodage graphème-phonème, l'orthographe, la grammaire).

Les termes de conscience linguistique et de métacognition sont apparentés :

- **Conscience linguistique :** ce terme désigne une connaissance intériorisée de la langue permettant une perception intuitive de l'acceptabilité des usages langagiers, ce que l'on désigne communément par le « sentiment de la langue ».
- **Métacognition :** ce terme désigne la capacité de l'apprenant à identifier les processus et connaissances liés à sa propre activité cognitive, par exemple sa façon d'apprendre et d'engendrer du savoir, de savoir comment mémoriser telle ou telle information.

Dans cette perspective, une démarche didactique intégrative et non cloisonnée s'avèrera la plus efficace : le développement initial des compétences (épi)linguistiques orales s'articule à celui des connaissances des différents types de textes afin de constituer le socle à partir duquel pourront se greffer les composantes métacognitive et métalinguistique engagées dans l'étude de la langue. L'écrit est du langage dont le sens est transmis oralement (Verdelhan-Bourgade, 2002), ce qui nécessite le développement de compétences métalinguistiques qui dépassent la seule conscience phonologique déjà évoquée. Le noyau central de cette démarche du penser-parler-lire-écrire peut s'opérer à travers la pratique de la dictée au formateur. C'est ce que nous présenterons dans les chapitres suivants.

1.6. Quel(s) référentiel(s) de compétences du langage oral et écrit ?

Dans le domaine de la formation linguistique, il existe différents référentiels sur lesquels les formateurs peuvent s'appuyer. Leclercq et Vicher (2012, p. 96) définissent le référentiel comme « un support qui répertorie et formalise les compétences ou capacités attendues à la fin de séquences de formation, qui les situe sur une échelle ou les gradue selon les niveaux de maitrise et qui mentionne les critères d'évaluation ». Si on se focalise spécifiquement sur les compétences littéraciques, on peut souligner qu'un certain clivage a longtemps prévalu entre le domaine de l'enseignement des langues, où le CECR est l'outil incontournable de référence, et le domaine de la formation de base qui ne dispose pas (encore ?) d'un outil faisant consensus. Différents référentiels co-existent ainsi dans ce champ, parmi lesquels on peut notamment relever le référentiel du niveau A1.1 et le Cadre de référence de l'ANLCI (Agence National de Lutte Contre l'Illettrisme).

Le *Niveau A1.1 pour le français* (2005) est un référentiel « pour les premiers acquis du français » qui a été élaboré en France à la demande du Ministère de la culture et de la communication afin de pallier le vide qui existait alors dans le CECRL pour évaluer et certifier des apprenants de très faible niveau pour lesquels le niveau A1 n'était pas accessible dans l'immédiat, et d'amorcer ainsi un parcours de formation conduisant par la suite à des niveaux plus élevés. Ce référentiel est spécifiquement destiné « à un public migrant ayant souvent peu de moyens économiques et une courte expérience de la scolarité, voire une absence de scolarisation » (p. 10) et s'inscrit dans une perspective de certification nationale des adultes migrants puisqu'il est adossé au DILF (Diplôme Initial en Langue Française). Depuis 2018, le volume complémentaire du CECR intègre un niveau infra A1 (le pré A1) sans toutefois cibler la même population puisque ce sont avant tout les publics scolaires, notamment au niveau primaire, qui sont associés à ce niveau minimal.

Niveaux de compétences pré-A1 à B1 du cadre commun de référence en langue (à partir du CECR, volume complémentaire, 2021, chap. 3)

Niveaux	Oral	Écrit
B1	Peut comprendre les points principaux d'une intervention dans une langue claire et standard ou une variété familière, sur des sujets familiers rencontrés régulièrement au travail, à l'école, pendant les loisirs, etc., y compris des récits courts. Peut assez aisément mener à bien une description directe et non compliquée sur des sujets variés dans son domaine en la présentant comme une succession linéaire de points. Peut exploiter avec souplesse une gamme étendue de langue simple pour faire face à la plupart des situations susceptibles de se produire au cours d'un voyage. Peut aborder sans préparation une conversation sur un sujet familier, exprimer des opinions personnelles et échanger des informations sur des sujets familiers d'intérêt personnel, ou pertinents pour la vie quotidienne (par exemple la famille, les loisirs, le travail, les voyages et les faits divers).	Peut lire des textes factuels clairs sur des sujets relatifs à son domaine et à ses intérêts avec un niveau satisfaisant de compréhension. Peut produire des textes suivis non complexes sur une gamme de sujets variés dans son domaine en liant une série d'éléments discrets en une séquence linéaire. Peut rédiger des notes et des lettres personnelles pour demander ou transmettre des informations simples d'intérêt immédiat et faire comprendre les points qu'il(elle) considère comme importants.

(Suite)

(*Suite*)

Niveaux de compétences pré-A1 à B1 du cadre commun de référence en langue (à partir du CECR, volume complémentaire, 2021, chap. 3)		
Niveaux	**Oral**	**Écrit**
A2	Peut comprendre des expressions et des mots relatifs à des domaines de priorité immédiate (par exemple, information personnelle et familiale de base, achats, géographie locale, emploi), à condition que l'élocution soit claire, bien articulée et lente. Peut décrire ou présenter simplement des gens, des conditions de vie ou de travail, des activités quotidiennes, ce qu'il(elle) aime ou non, par de courtes séries d'expressions ou de phrases faisant partie d'une liste. Peut communiquer dans le cadre d'une tâche simple et courante ne demandant qu'un échange d'information simple et direct sur des sujets familiers relatifs au travail et aux loisirs. Peut gérer des échanges de type social très courts mais est rarement capable de comprendre suffisamment pour alimenter volontairement la conversation.	Peut comprendre des textes courts et simples contenant un vocabulaire extrêmement fréquent, y compris un vocabulaire internationalement partagé. Peut produire une série d'expressions et de phrases simples reliées par des connecteurs simples tels que « et », « mais » et « parce que ». Peut rédiger de brèves notes simples toutes faites en rapport avec des besoins immédiats.
A1	Peut comprendre une intervention si elle est lente, soigneusement articulée et comprend de longues pauses qui permettent d'en assimiler le sens. Peut produire des expressions simples isolées sur les gens et les choses. Peut interagir de façon simple, mais la communication dépend totalement de la répétition avec un débit plus lent, de la reformulation et des corrections. Peut répondre à des questions simples et en poser, réagir à des affirmations simples et en émettre dans le domaine des besoins immédiats ou sur des sujets très familiers.	Peut comprendre des textes très courts et très simples, phrase par phrase, en relevant des noms, des mots familiers et des expressions très élémentaires et en relisant autant de fois que nécessaire. Peut produire des expressions et des phrases simples isolées. Peut donner des renseignements sur des sujets relevant de sa vie privée (par exemple ce qu'il(elle) aime et n'aime pas, la famille, les animaux domestiques) en utilisant des mots et des expressions simples. Peut demander ou transmettre des renseignements personnels détaillés.

Niveaux de compétences pré-A1 à B1 du cadre commun de référence en langue (à partir du CECR, volume complémentaire, 2021, chap. 3)		
Niveaux	**Oral**	**Écrit**
Pré-A1	Peut comprendre des questions et des affirmations courtes et très simples, à condition qu'elles soient prononcées clairement et lentement, illustrées par des gestes ou des images facilitant la compréhension et qu'elles soient éventuellement répétées. Peut reconnaitre des mots, des nombres, des prix, des dates à condition qu'ils soient prononcés clairement et lentement dans un contexte clairement défini, quotidien et familier. Peut poser des questions et répondre à des questions sur lui(elle)-même et sur ses habitudes quotidiennes, en utilisant des formules toutes faites courtes et en comptant sur les gestes pour renforcer l'information donnée. Peut produire des phrases courtes pour parler de soi, donner des renseignements simples personnels (par exemple, le nom, l'adresse, la situation familiale, la nationalité).	Peut reconnaitre des mots et des signes familiers accompagnés d'images. Peut, dans un texte court, repérer et comprendre des informations et des instructions sur les lieux, les dates et les données chiffrées, et d'autres informations visuellement compréhensibles dans des situations de la vie quotidienne (prix, horaires, signalétique, cartes, instructions). Peut transmettre des informations très simples (par exemple son nom, son adresse, sa famille), avec des phrases courtes, sur un formulaire ou une note. Peut recopier des mots ou messages brefs, écrire des chiffres et des dates. Peut reconnaitre différentes formes de graphie.

Approximativement à la même période, en 2003, l'ANLCI publie un *Cadre national de référence*[20] qui s'inscrit dans la lutte contre l'illettrisme. Ce cadre introduit la notion de « compétences de base »[21] correspondant à « un socle fonctionnel pour la vie courante ». Ce référentiel établit des paliers afin de

20 [En ligne]. URL : <https://www.profiloccitanie.fr/wp-content/uploads/2020/10/anlci 2003.pdf> (15/12/2024)

21 « Autour du noyau traditionnel, qui regroupe les compétences linguistiques (communication orale, lecture et écriture) ainsi que les compétences en mathématiques et les compétences cognitives (raisonnement logique, repérage dans l'espace et dans le temps, capacité à apprendre…), apparaissent d'autres compétences de base dont l'importance croît avec les évolutions de la société. » (Cadre de référence, 2003, p. 74)

graduer la progression dans les compétences de base et distingue 4 degrés de maitrise de l'écrit ; il constitue une référence pour les organismes de formation et les formateurs travaillant dans la formation linguistique.

« *Degré 1 : Repères structurants*
Compétences permettant, de se repérer dans l'univers de l'écrit (identification des signes et des mots), dans l'univers des nombres (base de la numération), dans l'espace et dans le temps, de participer à des échanges oraux avec des questions-réponses simples, etc.

Degré 2 : Compétences fonctionnelles pour la vie courante
Compétences permettant, dans un environnement familier, de lire et d'écrire des phrases simples, de trouver des informations dans des documents courants, de donner et de prendre des informations orales lors d'un entretien, de résoudre des problèmes de la vie quotidienne nécessitant des calculs simples, etc. Les personnes concernées s'acheminent vers la mise en place de savoir-faire d'ordre linguistique, cognitif, mathématique, mais ceux-ci sont encore étroitement finalisés sur les situations pratiques de leur vie quotidienne.

Degré 3 : Compétences facilitant l'action dans des situations variées
Ces compétences permettent de lire et d'écrire des textes courts, d'argumenter, de résoudre des problèmes plus complexes, d'utiliser plus largement des supports numériques etc.

Il s'agit d'aller au-delà du pragmatisme quotidien et de se diriger vers plus de distanciation, de transversalité, d'automatisation, vers une appropriation croissante des codes (règles orthographiques, registres de langue…) vers un usage plus systématique d'outils d'appréhension du réel (tableaux, graphiques, schémas…). Le degré 3 est proche du niveau du certificat de formation générale.

Degré 4 : Compétences renforçant l'autonomie pour agir dans la société de la connaissance
Ce degré regroupe l'ensemble des compétences nécessaires pour être à l'aise dans la société, s'adapter aux évolutions et continuer à se former. Il correspond au bagage de fin de scolarité obligatoire. Le degré quatre est proche des exigences de formation générale des qualifications de niveau V (CAP, BEP, Brevet des collèges, etc.) » (*Cadre de référence*, p. 31)

Enfin, il convient de mentionner les travaux que le Conseil de l'Europe mène depuis 2006 pour l'intégration des adultes migrants[22] et qui a permis la publication (disponible uniquement en anglais) du *Literacy and Second Language Acquisition for the Linguistic Integration of Adult Migrants (LASLLIAM) Reference Guide*[23] (Minuz et al., 2022) ciblant spécifiquement les adultes non alphabétisés et faiblement alphabétisés. Partant du constat qu'il existe un déficit de formation en alphabétisation à l'échelle européenne, ce guide s'appuie sur les recherches menées auprès de ce public pour émettre un certain nombre de préconisations sur les démarches les plus efficientes concernant l'enseignement de l'alphabétisation en LS et encourager ainsi les bonnes pratiques. Il opère par ailleurs une distinction entre les différents profils de migrants que nous avons évoqués plus haut et notamment entre les migrants n'ayant jamais été scolarisés, et qui sont donc non lecteurs et non scripteurs, et les migrants peu scolarisés mais qui ont tout de même été confrontés à un premier apprentissage d'un système écrit, même éloigné des langues européennes.

Ce guide présente enfin des échelles de descripteurs pour lesquels sont établis quatre niveaux de maitrise (niveau 1 à 4). Ces échelles sont regroupées en quatre grands types. Les deux premiers sont adossés au volume complémentaire du CECR (2018) et correspondent aux activités langagières communicatives et aux stratégies d'utilisation de la langue, en réception, en production et en interaction, à l'oral et à l'écrit (à noter que la médiation n'est pas abordée). Un autre type regroupe les échelles qui concernent les compétences numériques. Le grand intérêt de ce guide réside selon nous dans le quatrième type d'échelles correspondant à ce que nous traduisons par « littéracie technique » (*Technical literacy*). Cette nouvelle catégorie regroupe trois échelles : la sensibilisation à la langue et à l'écrit, la lecture et l'écriture (*Language and Print Awareness, Reading, Writing*).

Chacune de ces échelles proposent ainsi des descripteurs répartis sur les 4 niveaux de maitrise qui permettent d'appréhender les premiers stades d'entrée dans la littéracie avec des apprenants non lecteurs et non scripteurs. *À* titre d'exemple, nous proposons ici une traduction du niveau 1 pour chacune des échelles :

---

22 [En ligne].URL : <https://www.coe.int/fr/web/lang-migrants/home> (15/12/2024)

23 *Guide de référence. Alphabétisation et apprentissage d'une seconde langue pour l'intégration linguistique des migrants adultes*

Sensibilisation au langage et à l'écrit (principe alphabétique et conscience phonologique)[24]	Peut indiquer le sens de l'écriture dans la langue qu'il apprend (par exemple, de gauche à droite et de haut en bas pour l'écriture latine et grecque).
	Peut distinguer les signes linguistiques (comme les mots écrits) des signes non linguistiques (comme les icônes ou les symboles).
	Peut identifier certains phonèmes initiaux d'un mot parlé (par exemple le phonème initial de son nom).
Lecture	Peut distinguer les lettres majuscules et minuscules dans des mots étudiés.
	Peut lire les chiffres jusqu'à 10.
	Peut reconnaitre les chiffres dans des textes à caractère personnel, comme une adresse.
	Peut reconnaitre des mots étudiés (par exemple, les jours de la semaine).
	Peut reconnaitre certains graphèmes dans des mots étudiés (par exemple, les lettres initiales de son nom).
Écriture	Peut distinguer les principales caractéristiques des lettres (par exemple la queue dans p ou le point dans i) et les utiliser pour copier et écrire.
	Peut écrire sur une ligne.
	Peut écrire les chiffres jusqu'à 10 en chiffres.
	Peut écrire dans le sens de l'écriture de la langue cible (par exemple de gauche à droite et de haut en bas pour l'écriture latine et grecque).
	Peut écrire son nom et sa signature.
	Peut copier quelques mots familiers.

[24] Le terme « language awarness », utilisé dans la publication du Conseil de l'Europe, ne nous semble pas pouvoir être traduit littéralement en français où le terme proche de « conscience linguistique » a une signification spécifique. Nous avons donc choisi d'utiliser le terme « sensibilisation » en précisant les deux domaines de compétences développés dans les descripteurs, à savoir la conscience phonologique et le principe alphabétique.

CHAPITRE 2

La dictée au formateur : un tremplin pour l'apprentissage de l'écrit

La *dictée au formateur* (DF) est une activité langagière qui entraine les apprenants à construire oralement, avec l'aide du formateur, un texte « écrivable »[25], qu'ils dictent ensuite au formateur. Celui-ci prend en charge la partie graphique de ce qui est verbalisé par les apprenants. Cette pratique amène ces derniers à ne se concentrer que sur l'élaboration cognitive et langagière de la mise en forme du texte à écrire, et ainsi à ne pas être confrontés à la difficulté de gérer dans le même temps le raisonnement mental et la dimension graphique et grammaticale de l'écrit. L'objectif est donc de s'appuyer sur les compétences orales initiales en français des apprenants pour les aider à produire des textes divers, en lien avec leurs besoins ou ancrés dans leur expérience de vie. La DF permet aux apprenants d'évoluer sans rupture dans la maitrise de la langue française et d'acquérir les bases de la lecture-écriture.

Partant de cette définition générale, voyons les fondements de cette pratique qui s'ancre dans une démarche globale d'apprentissage de l'écrit.

[25] Nous utiliserons le terme « écrivable » sans guillemet dans la suite du manuscrit car, si ce mot n'existe pas dans le dictionnaire de la langue française, il s'agit d'un concept de base du travail de DF.

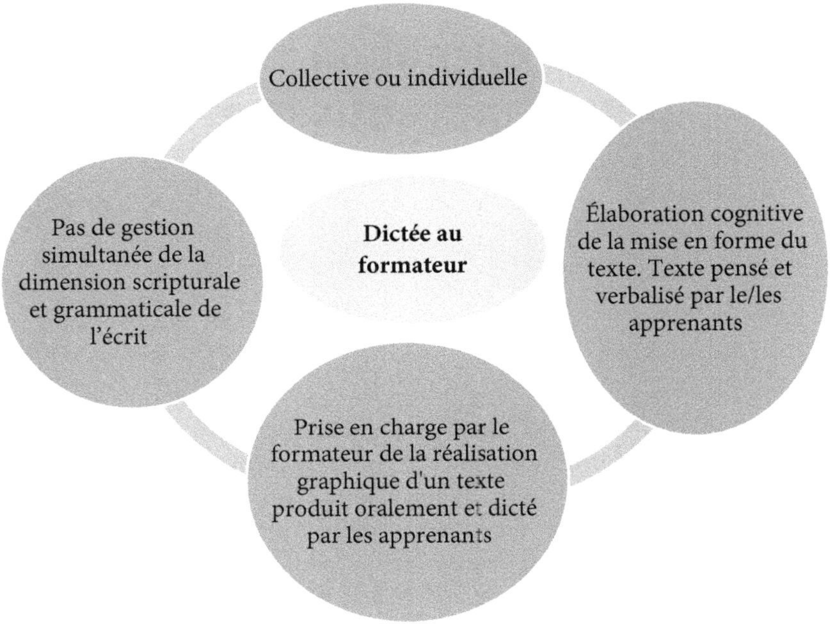

Figure 8 : Caractéristiques de la dictée au formateur.

2.1. Fondements d'une démarche d'apprentissage de l'oral à l'écrit

La DF s'inscrit dans la continuité de pratiques pédagogiques concernant le premier apprentissage de l'écrit, qui prend ses racines dans l'activité de *dictée à l'adulte* (DA), et dont les principes théoriques et didactiques se sont affinés depuis les années 1970.

2.1.1. Panorama des recherches

La DF trouve ses origines dans l'activité de DA telle qu'elle a été définie originellement par Laurence Lentin (1977) dans le cadre du premier apprentissage de l'écrit : une activité cognitivo-langagière essentielle pour aider les apprentis-lecteurs à prendre conscience du fonctionnement de l'écrit, comme la différence entre le vocal et le scriptural, la permanence de l'écrit, la segmentation des mots, la visualisation orthographique, etc. (Chartier et al., 1991/1998 ; David, 1991 ; Guillou, 1988 ; Thévenaz-Christen, 2012) et pour les aider à structurer verbalement des textes narratifs, explicatifs, descriptifs... (Canut, 2006 et 2018a ; Canut & Guillou 2017). Plus récemment, elle a fait l'objet d'une didactisation (sous forme de dispositif reproductible) à destination des enseignants d'école élémentaire[26]. Cette activité a également été testée avec d'autres publics : enfants sourds (Burgat, 2007), adultes en situation de handicap mental (Uzé, 1984) ou en situation d'illettrisme (Delefosse, 1991a/b, 1993 et 1997) (voir encadrés).

La dictée à l'adulte avec des enfants sourds

Les enfants sourds, qu'ils parlent en langue des signes ou non, ont besoin d'apprendre à lire et à écrire pour comprendre le monde qui les entoure et intégrer la société dans laquelle ils vivent. Plus encore, c'est un mode de communication qui leur permet de communiquer avec les personnes entendantes qui ne connaissent pas leur langue et d'accéder aux études supérieures.

Si cet apprentissage est complexe et long pour des enfants entendants, il l'est aussi pour des enfants sourds, d'autant que l'enfant sourd doit apprendre une langue, celle du français écrit, qui n'est pas celle qu'il utilise et parle. Ainsi l'apprentissage du lire-écrire pour un enfant sourd s'apparente à un apprentissage d'une langue seconde. Les recherches de Sandrine Burgat* montrent qu'il est possible d'envisager un apprentissage de la lecture-écriture chez l'enfant sourd signeur dans une optique bilingue où la langue des signes française (LSF) est la langue première et le français écrit est la langue seconde. Elle propose de mettre en œuvre une démarche de dictée à l'adulte en LSF. Les échanges entre l'adulte et l'enfant en LSF vont aider l'enfant à comprendre les spécificités syntaxiques et lexicales de l'écrit, favorisant la production de variantes langagières acceptables à l'écrit. L'enfant dicte, en signant, le texte qu'il conçoit et élabore. L'adulte prend en charge la tâche d'écriture. C'est au moment de la relecture que l'adulte peut signer

---

[26] Voir le site de l'AsFoReL : <www.asforel.fr>, dispositif « Parler pour apprendre à lire et à écrire ». Travail rapporté dans Canut E., Husianycia M. (2019). Didactiser la démarche de l'oral pour l'accès à l'écrit pour des professionnels de l'enseignement et de la formation. *Colloque PRELA (Professionnels et Recherche en Linguistique Appliquée)*, Lyon, 24 juin 2019.

le texte qu'il lit et offrir à l'enfant des occasions de faire le lien entre ce qu'il produit par signe et l'écrit.

Cette démarche, dans ce contexte de bilinguisme particulier, montre que les enfants sourds comprennent mieux le sens et les spécificités de l'écrit mais vont aussi prendre conscience que ce qu'ils signent peut s'écrire. L'activité de dictée à l'adulte améliore également le niveau de maitrise en LSF des enfants, leur capacité narrative, leurs connaissances métalinguistiques sur la LSF et sur l'écrit et favorise un comportement de lecteur-scripteur.

*[En ligne]. URL: <http://www.ddl.ish-lyon.cnrs.fr/Colloques/Acquisilyon/pageweb/Fichier/Burgat.pdf> (15/12/2024)

Des travaux pionniers

Odéric Delefosse et Madeleine Uzé ont expérimenté la démarche de dictée à l'adulte/au formateur avec des adolescents et adultes en difficulté avec l'écrit.

➢ **Avec des personnes en situation de handicap mental**
Entre 1981 et 1983, M. Uzé et des stagiaires du GREPS (Groupe de Recherche et d'Enseignement en Pédagogie Spécialisée) ont suivi un groupe d'adolescents et adultes âgés de 15 à 25 ans qui avaient intégré divers établissements : Institut Médico-Professionnel, Centre d'Aide par le Travail et Foyer de réinsertion sociale (aujourd'hui ESAT), en raison d'« une évolution lente de leur système cognitif ». L'objectif était de les amener à entrer dans l'écrit via la dictée à l'adulte en s'appuyant sur des livrets, *ON Y VA !*, conçus pour cette démarche et avec un public en situation de fragilité à l'écrit. L'analyse des enregistrements et entretiens avec les apprenants a permis de montrer leurs progrès langagiers et de nouvelles compétences à l'écrit, allant du déchiffrage à une lecture plus fluide (Uzé, 1989)*.

➢ **Avec des adolescents en échec scolaire et des adultes peu qualifiés**
Les premières expérimentations d'O. Delefosse (1984, 1991c) ont concerné des adolescents en échec scolaire. L'objectif était de mesurer les effets d'un entrainement langagier spécifique sur l'évolution des compétences langagières des jeunes. Les séances de dictée à l'adulte permettaient de

travailler la capacité à penser le fonctionnement du langage oral, puis de reporter cette compétence sur une pratique du langage écrit, plus particulièrement dans sa dimension narrative. Ses résultats ont montré que le langage des adolescents s'est complexifié en bénéficiant de l'aide apportée par l'adulte expert, et que ce développement linguistique avait un impact sur les compétences en lecture-écriture. Ainsi, le processus d'appropriation de l'écrit est lié à l'évolution des compétences à l'oral stimulées par un entrainement au langage oral explicite régulier et par la pratique de la dictée au formateur. O. Delefosse a ensuite poursuivi sa recherche auprès d'un autre public, des salariés peu qualifiés, dans le cadre de la formation professionnelle. Il a pu montrer comment le travail individualisé de la dictée au formateur jusqu'à la production d'écrit aidée a permis de modifier le regard des apprenants, en allant au-delà de la seule activité fonctionnelle de déchiffrage (Delefosse, 1991d).

* Les livrets *ON Y VA !* sont disponibles sur simple demande à l'AsFoReL (<www.asforel.fr>)

Pour les apprenants dont le français n'est pas la langue première, la DF est parfois mentionnée dans les manuels de FLE mais elle n'est pas décrite d'un point de vue didactique et pédagogique, d'où il ressort des pratiques variables, quand elles existent, en fonction de la compréhension par chaque formateur de ce que recouvre cette activité (Canut, 2016). Des études plus approfondies ont vu le jour depuis peu de temps, montrant l'apport indéniable de la DF dans le contexte de l'apprentissage des langues étrangères avec des publics de faible niveau, enfants scolarisés en classe UPE2A[27] ou adolescents et adultes migrants primo-arrivants (Canut, 2018b ; Canut & Del Olmo, 2018a-b).

Dans le contexte anglophone, la démarche nommée *Language Experience Approach* (LEA) s'apparente à celle proposée ici, mais avec un développement plus important en direction des apprenants de LS. La LEA s'est également d'abord ancrée, sous des formes variées, dans des pratiques pédagogiques

[27] UPE2A : Unité Pédagogique pour Élèves Allophones nouvellement Arrivés. Travail rapporté dans Canut, E., Couvreur, V. & Gamard, T. (2018). Produire des écrits en UPE2A en dictée à l'adulte. *Séminaire académique du CASNAV de Lille « La production d'écrits en français langue seconde et langue de scolarisation »*, 18 décembre 2018.

d'apprentissage de l'écrit pour les enfants d'âge scolaire, et elle est régulièrement mentionnée dans les manuels pour les maîtres (Huey, 1908 ; Smith, 1967 ; Nessel & Jones, 1981), avant d'être utilisée avec les apprenants d'Anglais Langue Etrangère (English Language Learners, ELL : Dixon & Nessel, 1983 ; Dorr, 2006 ; Nelson & Linek, 1999 ; Wurr, 2002). La LEA adopte des principes similaires à la DF : à partir des verbalisations des apprenants se décline une activité de production d'écrit facilitant la lecture. Dans un premier temps, enseignant et apprenants échangent à propos d'une expérience vécue par tous afin de produire du vocabulaire et développer des compétences langagières. Dans un deuxième temps, les apprenants dictent ce qu'ils souhaitent écrire. L'enseignant les guide et sélectionne les productions qu'il peut écrire, permettant aux apprenants de faire le lien entre ce qu'ils viennent de dire et la trace écrite. Dans un troisième temps, après plusieurs relectures du texte avec l'aide de l'enseignant, un travail métalinguistique est opéré, via la reconnaissance de mots, le décodage d'unités morphologiques et l'analyse phonologique/phonétique. Ce travail peut se prolonger par l'écriture de textes par les apprenants (Nessel & Dixon, 2008). Nous reviendrons plus en détail sur l'ensemble de cette démarche dans la suite de ce chapitre.

2.1.2. Mise en œuvre de variantes langagières diversifiées

Tout comme la DA, la DF est une expérience des formes et fonctions de l'écrit : son utilité sociale (à quoi ça sert ? Pour qui ? Pour quoi ?), son empreinte mémorielle et son immuabilité (les écrits restent…), ses bienfaits intellectuels (une source d'informations et de plaisir), ses variétés de formes (affiches, documentaires, formulaires…), ses différences avec l'oral (différence dans le débit de production, visualisation de la segmentation des mots et de leur orthographe…). Mais c'est aussi une expérience de la production d'écrit à partir de l'oral : l'expérience d'un oral qui peut s'écrire, la « conscientisation » de la différence entre parler pour dire et parler pour rédiger des textes, écrire des textes de plus en plus longs et variés (narration, explication, argumentation…), adaptés à des situations diverses. Lors de ces expériences, les apprenants sont amenés à produire d'autres variantes langagières que celles déjà maitrisées, des variantes qu'ils ne maitrisent pas encore mais qu'ils pourraient être en mesure potentiellement de s'approprier et verbaliser. La DF n'est donc pas une simple activité, c'est une démarche d'apprentissage de l'oral vers l'écrit : elle permet à l'apprenant d'expérimenter qu'on ne parle pas toujours comme on écrit (et réciproquement) et qu'il peut apprendre à produire de l'oral qui s'écrit.

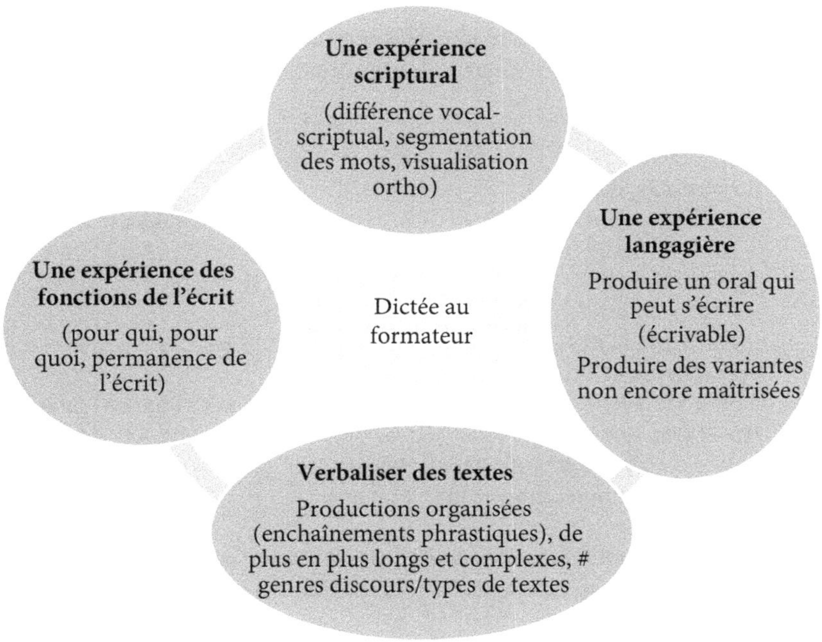

Figure 9 : Buts et fonctions de la dictée au formateur.

Cette démarche part du principe que la langue est un *ensemble de variantes énonciatives régi par un même système syntaxique, constitué de genres de discours où les modalités de l'oral et l'écrit s'interpénètrent* (Lentin, 1998). Autrement dit, le français n'est pas caractérisable par sa modalité orale ou écrite mais par la diversité des usages, selon les genres de discours : il n'y a pas un français oral et un français écrit mais une même langue, à l'intérieur de laquelle l'écrit doit être considéré comme une pratique particulière, avec des variantes s'inscrivant dans un continuum, des plus formelles (planifiées) aux moins formelles (non planifiées), des plus structurées aux moins structurées d'un point de vue syntaxique[28], du style le plus soutenu au plus familier (Blanche-Benveniste, 1997 ; Ochs, 1979).

[28] En revanche, il existe en français des différences importantes entre oral et écrit sur le plan morphologique, en raison du poids de l'orthographe.

La langue, un continuum caractérisable selon le degré de planification dans les différents genres de discours, selon les situations et les variations inter et intra individuelles.

Discours planifié

⇨ Écrit (roman, dialogue)

- *Désolé, je n'ai pas pu te parler depuis un moment sur Facebook, ma meuf surveille que je ne parle pas aux filles*
- *Elle est jalouse ?*
- *L'enfer sur terre*
- *Elle a raison. Mon mec aussi est jaloux* (V. Despentes)

⇨ Écrit (poème en prose)

C'est à Saint-Paul-de-Vence que j'ai connu André Verdet c'était un jour de fête Et Dieu sait si les fêtes sont belles dans le midi Un jour de fête oui Et je crois même que c'était la canonisation de saint Laurent du Maroni Enfin quelque chose dans ce genre là (J. Prévert)

⇨ Oral (récit)

Le repas de midi se passait en toute quiétude, lorsqu'on entendit un appel, un appel angoissé, effrayant : Vite ! Au feu ! Nous nous penchâmes à notre balcon. (CorpAix)

Discours non planifié

⇨ Écrit (échange par texto)

- *A priori je viens de passer ça a l'air d'aller, j'ai dit à Théo*
- *En tous cas il joue là, j'espère que ça va marcher pour la verrue*
- *Oh t'es où ?*
- *Je suis repartie, avant j'avais rdv chez la pédicure*

⇨ Oral (échange commercial)

Voilà vous avez un ordinateur ? C'est génial ! il vous a bien servi c'est cool ! Vous voulez le remplacer ? Super ! Achetez un iPad !

⇨ Oral (conversation)

- *Avec les petits ça sera bien*
- *Oui mais ils m'ont dit que les petits ils étaient quand même difficiles*

Variations inhérentes à un même locuteur

il savait même pas ***où qu'elle*** *était la manette pour ouvrir le capot (…) il savait même pas* ***où se trouvait*** *la manette pour ouvrir le capot* (cité par Gadet, 1996)

Savoir parler et écrire implique de savoir produire différentes variantes énonciatives comportant divers degrés de structuration grammaticale et de complétude, susceptibles de convenir à divers types de discours et situations d'énonciation, certaines variantes fonctionnant à l'oral, d'autres à l'écrit et d'autres, dites écrivables, fonctionnant aussi bien à l'oral qu'à l'écrit (Lentin, 1988).

2.1.3. De l'oral à l'écrivable

L'objectif de la DF est d'amener l'apprenant à passer de variantes que l'on trouve dans la conversation ordinaire non planifiée à la production de variantes « parlables/écrivables » dans différents genres de discours et de textes. Il ne s'agit pas de produire des textes qui relèvent du genre littéraire mais d'entrainer les apprenants à structurer leurs productions orales pour construire des textes que l'on estime acceptables à l'écrit, au regard des contraintes spécifiques des dits textes.

Que signifie « écrivable » ?

Les énoncés sont dits écrivables lorsqu'ils respectent les conventions du type d'écrit visé et qu'ils comportent une ou plusieurs propositions complètes, avec une structuration canonique du français. L'acceptabilité des énoncés peut varier en fonction des compétences langagières de l'apprenant, et en fonction de sa familiarisation avec l'activité de DF. Le formateur peut devenir plus exigeant à mesure que les apprenants progressent au fil de l'année : plus haut degré de complexité des énoncés (par exemple une phrase complexe plutôt que deux phrases simples juxtaposées), moins de redondances des sujets nominaux (utilisation de pronoms), plus de variations dans les temps des verbes… Certaines formes sont parfois encore inaccessibles et le formateur peut accepter un énoncé intermédiaire s'il contient un minimum de caractéristiques de l'écrit. Si le formateur voit que l'apprenant n'est pas encore en mesure de produire la forme attendue, par exemple la conjugaison de verbes au passé (« j'ai venu ») ou la non-reprise du pronom (« le monsieur, il vient »), il pourra dans un premier temps proposer lui-même la forme adéquate (« j'écris : je suis venu » ; « Le monsieur vient ») avant de l'exiger des apprenants.

L'objectif du formateur est d'amener les apprenants à passer des variantes pouvant fonctionner à l'oral (cercle A) vers des variantes acceptables aussi bien à l'oral qu'à l'écrit (intersection C). Le passage de C vers B (qui renvoie à des variantes de style plus soutenu ou spécifiques à un type de texte comme les formules juridiques) ne sera pas l'objectif des textes à produire avec le public visé dans cet ouvrage (figure 10).

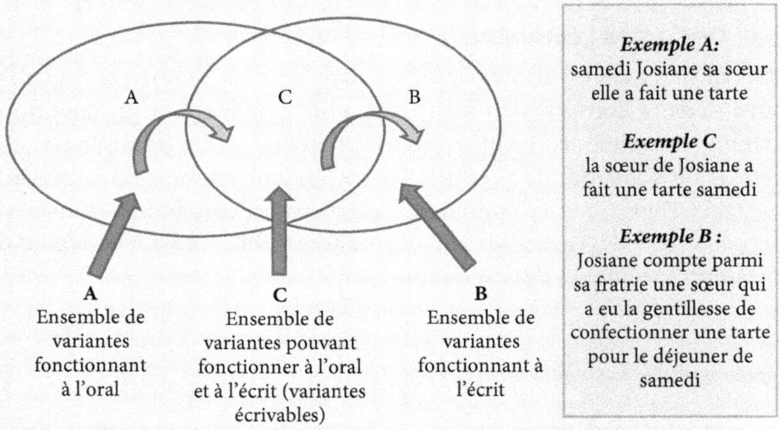

Figure 10 : Ensemble des variantes langagières fonctionnant à l'oral et à l'écrit (d'après Lentin, 1998).

2.1.4. De l'épilinguistique au métalinguistique

La DF est au centre du processus d'apprentissage de l'écrit : en partant de ses compétences littéraciques (qui se réalisent par une acculturation à l'écrit), l'apprenant peut développer, avec l'aide du formateur, des compétences linguistiques et discursives par la construction mentale et verbale de textes dont plus tard, et progressivement, il prendra en charge l'écriture. Dans cette étape, il n'y a pas de conscientisation ou d'apprentissage explicite du fonctionnement de l'écrit mais la mise en œuvre de connaissances épilinguistiques, relevant davantage de l'unité de l'énoncé/phrase et du discours/texte que de celle du mot (voir encadré chapitre 1, p. 39). En effet, penser-parler-lire-écrire relève avant tout d'un processus cognitif et langagier autonome, fondé sur la signification et l'expérience d'un point de vue culturel, textuel et linguistique.

Il ne s'agit qu'en deuxième lieu d'une technique : lire ne relève pas d'un simple déchiffrage mais de l'anticipation du sens en contexte, écrire ne consiste pas en un simple traçage de signes graphiques mais à produire un discours construit mentalement et verbalement (Canut, 2011).

Une certaine maitrise de ces compétences littéraciques, linguistiques et discursives permettra d'accéder à une autre étape décisive de la lecture-écriture, celles des compétences scripturales avec un travail métalinguistique plus spécifique sur le fonctionnement des plus petites unités de la langue (le phonème, le morphème), du décodage alphabétique à la conscience phonologique et aux spécificités de l'orthographe. Dès lors, les compétences à mettre en œuvre à l'écrit relèvent de trois dimensions : sociale, cognitivo-langagière, graphique. Celles développées dans la DF (en tant qu'activité cognitivo-langagière) sont à la fois la charnière et le support des activités de production d'écrit et de décodage. Nous représentons la place de la DF dans la configuration générale des compétences à mettre en œuvre dans le processus d'apprentissage de l'écrit dans le schéma ci-après.

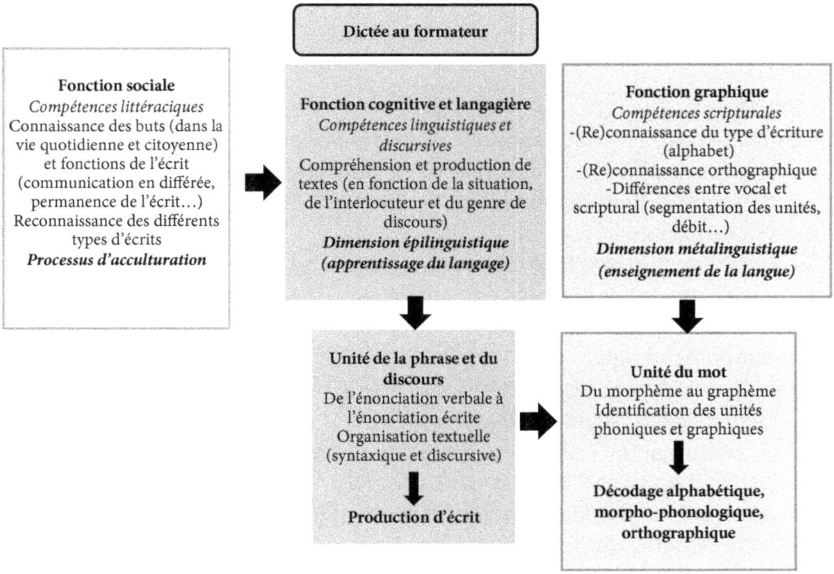

Figure 11 : Place de la dictée au formateur dans le processus d'apprentissage de l'écrit.

Pour les personnes qui ont le français comme LS, on pourrait considérer que l'apprentissage des formes et fonctions de l'écrit et des variantes langagières écrivables a déjà été réalisé dans leur L1, et que de ce fait l'activité de DF n'est pas un préalable nécessaire à leur apprentissage de la lecture-écriture en LS. Et l'on pourrait passer directement à un apprentissage métalinguistique du fonctionnement de la langue. C'est en partie vrai, mais… pour un certain nombre d'apprenants la dimension écrite de leur L1 est très partielle, quand elle n'est pas absente (c'est le cas des personnes peu ou pas scolarisées antérieurement) ; pour un certain nombre d'apprenants le code écrit de leur L1 est très distant de celui du français (en particulier quand la L1 ne relève pas du principe alphabétique) et leur représentation du fonctionnement de l'écrit est donc à (re)construire. Dans ces cas de figure, un enseignement directement métalinguistique de la LS n'est pas adéquat, ou du moins est trop précoce : il est parfois nécessaire, voire indispensable, de retravailler les compétences littéraciques, linguistiques et discursives, et de réactiver en DF le processus épilinguistique d'apprentissage du langage à travers la mise en fonctionnement des variantes écrivables en LS.

SYNTHÉSE

L'activité de DF permet à l'apprenant de développer :

- la structuration de son discours en utilisant de nouvelles variantes langagières (par une extension notamment de son vocabulaire et de sa syntaxe) ;
- l'expérience du passage d'un oral en situation à un oral qui peut s'écrire, en découvrant que ce qu'il dit peut devenir un texte écrit ;
- la conscientisation de la différence entre parler pour dire et parler pour composer/rédiger ;
- la conscientisation des différences entre le vocal et le scriptural : ajustement du débit, segmentation des mots, etc. ;
- la confrontation à différents genres de discours (narration, explication, justification…) et différents types d'écrits ;
- l'adaptation de la forme de son discours en fonction du destinataire ;
- la construction du sens à l'écrit (en appui sur l'oral) ;
- les bases d'une compétence métalinguistique.

2.2. Phases de déroulement de la dictée au formateur

Les DF s'inscrivent dans une démarche complète qui comportent plusieurs phases, allant de l'identification du type de texte à écrire jusqu'à la production écrite d'un texte par les apprenants eux-mêmes (avec l'aide du formateur ou en autonomie), ainsi que la réutilisation du texte produit en DF pour un travail explicite sur la langue. Toutes ces phases ne sont pas forcément réalisées au même moment, elles peuvent se dérouler sur plusieurs jours ou semaines, mais elles sont, en revanche, réalisées dans l'ordre (voir schéma ci-dessous).

Phase(s) d'acculturation	**DF Phase(s) orale(s)**	**DF Phase(s) d'écriture**	**Phase(s) de production d'écrit (PE) aidée/autonome**	**Phase(s) de travail sur la langue**
Identification de l'objet et du type de texte à écrire ➡	Organisation textuelle et linguistique ➡	Organisation textuelle et linguistique ➡	Réinvestissement dans une PE personnelle ⟶	Texte de la DF : support pour l'apprentissage de la lecture (code et compréhension) et l'étude de la langue)

Figure 12 : Phases de déroulement de la dictée au formateur dans le processus d'apprentissage de l'écrit.

L'objectif premier du formateur est d'élargir le champ lexical et syntaxique des apprenants :

Variantes de la communication orale	⟶	Variantes écrivables dans différents genres de textes (narratifs, descriptifs, injonctifs, explicatifs…)

À mesure que les apprenants progressent, le formateur va élargir le genre de discours et le type de textes :

Variantes de différents types de textes	⟶	Variantes d'autres types de textes (non encore maitrisés)

Durant la phase d'acculturation, le formateur présente aux apprenants un type de texte (documents authentiques introduits sous forme de vidéos, d'illustrations, de textes écrits…) choisi en fonction des besoins et des compétences initiales et visées. L'objectif est d'amener les apprenants à identifier la spécificité de l'objet, sa fonction et sa configuration scripturale : par exemple identifier qu'une affiche est destinée à donner des informations, repérer qu'il y a des écritures de tailles différentes, des coordonnées avec des numéros, que l'illustration peut aider à identifier globalement la thématique… Ce support est l'occasion d'échanges sur le sujet abordé.

Le formateur propose ensuite aux apprenants de rédiger (ensemble ou individuellement) le même type de texte ou un texte autour de la thématique abordée et procède en quatre étapes distinctes : une phase orale, une phase d'écriture, une phase de relecture et une phase de copie.

- Phase orale de co-construction du texte
  La première phase de verbalisation consiste à penser et à dire ensemble ce qu'on écrira plus tard. Les apprenants vont formuler les idées qu'ils souhaitent développer dans le texte et le formateur va leur proposer ou les aider à produire oralement des phrases qui peuvent s'écrire. Il ne s'agit pas de conduire une conversation ordinaire mais une conversation « rédactionnelle », un échange au cours duquel le formateur assiste chaque apprenant pour verbaliser des formulations écrivables, en fonction de son niveau de développement langagier potentiel.

  Lors de cette phase, le formateur est actif, il est un médiateur : il propose des formulations, reformule celles des apprenants, sollicite des reprises de ce qu'il vient de dire pour atteindre l'objectif de verbalisations complètes, explicites et structurées entièrement produites par chacun des apprenants (parfois sous forme de répétition). Cette phase est un entrainement langagier explicite destiné à organiser les idées avant la rédaction (et non pas un simple exercice de compréhension/production de mots de vocabulaire isolés), qui se focalise aussi bien sur les éléments linguistiques que sur les organisateurs et les enchainements du texte à construire.

- Phase d'écriture (de dictée)
  Lorsque le formateur estime que les apprenants sont en mesure de produire oralement suffisamment de phrases écrivables, et suffisamment organisées entre elles pour le type d'écrit visé, il leur propose de passer à la phase d'écriture, c'est-à-dire qu'il leur demande de lui dicter le texte :

« Vous me dictez et j'écris ». C'est le formateur qui prend en charge l'acte graphique. Les apprenants peuvent ainsi se concentrer uniquement sur l'élaboration mentale et verbale de la mise en forme (mots, phrases, cohésion et cohérence du texte), et ne pas être confrontés à la difficulté de gérer en même temps la dimension textuelle et (ortho)graphique.

Le formateur aide encore à formuler les phrases pour s'assurer qu'elles sont bien complètes, explicites, organisées et donc écrivables.

Il écrit lentement ce que dicte chaque apprenant (lequel ralentit son débit) sans modifier le texte, c'est-à-dire sans ajouter ou enlever des éléments : il énonce à haute voix ce qu'il est en train d'écrire pour que les apprenants voient s'écrire ce qui est effectivement dicté, pour développer leur intuition de la segmentation des mots.

Si l'apprenant produit des formes qui ne conviennent pas, d'autres apprenants ou le formateur peuvent prendre le relais et proposer la formulation qui convient.

- Phase de relecture
  Une fois que le texte a été entièrement rédigé, le formateur en fait une lecture intégrale, lentement et en pointant chaque élément verbalisé. Il ne retouche pas ultérieurement le texte conçu mentalement et verbalisé par les apprenants, sauf si ce sont eux qui souhaitent opérer des ajouts ou des modifications.

  Cette phase permet à l'apprenant de prendre connaissance de son texte dans son intégralité et lui permet de prendre de la distance par rapport à la situation d'oralisation.

- Phase (optionnelle) de mise au propre ou recopie
  L'apprenant recopie le texte précédemment écrit par la main du formateur. Lorsque l'apprenant recopie le texte, le formateur peut lui (re)lire ce qu'il est en train d'écrire.

La limite entre la phase orale et écrite est parfois floue : fait-on une phase orale complète de tout ce que l'on veut écrire ou bien procède-t-on par étapes ? Tout dépend du texte à produire. S'il est long et compliqué il vaut mieux écrire une première partie (à partir du moment où ce que proposent les apprenants est écrivable) puis la suivante. S'il est court, on peut s'assurer que tous participent à la phase orale et que tous ont été sollicités pour produire des énoncés écrivables. Cependant, au moment de la phase d'écriture, il n'est pas rare que le formateur soit obligé de procéder à de nouvelles interactions pour obtenir un énoncé écrivable.

Exemple :

Enseignant - *alors qu'est-ce qu'il se passe là ?*
Apprenant 1 - *ah oui je m'en rappelle c'est qu'en fait si par exemple l'autre tire devant ce qui a là eh ben après l'autre il va retourner parce que si l'autre a pas retourné il a perdu*
Apprenant 2 - *si l'autre il a pas retourné eh ben il a pas le droit*
Enseignant - *alors peut-être que ce que vous voulez dire c'est que si on gagne c'est-à-dire si on retourne la bonne carte on peut rejouer d'accord et par contre si on perd c'est à son voisin de jouer. Vous me le redites pour que je puisse l'écrire ?*

Chacune de ces phases peut se dérouler sur plusieurs séances. Selon le type de texte à écrire et sa longueur potentielle, il est parfois nécessaire d'avoir plusieurs séances d'interactions orales avant que les apprenants ne parviennent à produire un texte construit qui puisse s'écrire tel quel. Si la phase de dictée est trop précoce ou ne bénéficie pas du travail d'ajustement oral préalable, les textes obtenus peuvent comporter de l'implicite voire des incohérences ou ne pas refléter les compétences réelles des apprenants.

Voici l'exemple d'un texte de DF qui a été écrit au fur et à mesure des propositions et échanges avec des apprenants, mais sans travail de construction préalable. Le texte est un mélange de descriptions à la 3ème personne et d'un dialogue avec questions/réponses à la 1ère et 2ème personne :

Son prénom c'est Madi. Il est malien. C'est quoi ta date de naissance ? Je suis né le 10 février 1994. Est-ce que tu es marié, célibataire, divorcé ? Je suis célibataire. Tu as des enfants ? Non, je n'ai pas d'enfants. Madi habite à Lille.

Si l'objectif n'est pas de produire des textes parfaits, le texte final de la DF doit pouvoir refléter les compétences potentielles des apprenants, en lien avec les exigences du type de texte visé, à un instant donné de leur apprentissage, à l'instar de l'exemple suivant :

De la phase orale spontanée à la phase écrivable et écrite
Exemple d'une règle de jeu

Phase 1 : productions orales non encore écrivables	*Phase 2 : productions orales écrivables (1ère version)*	*Phase 3 : productions orales écrivables (2ème version)*
- il faut donner des cartes à nous tous - on demande les autres - il faut demander aux autres si t(u) as le pantalon, la robe… - s'il a dit non on doit piocher une carte - si on n'a plus de cartes on a perdu - on demande aux autres une carte qu'on n'a pas	On donne trois cartes. Il faut demander à une personne est-ce que tu as le pantalon dans les cartes vêtements ? La personne a la carte il donne la carte et on rejoue. S'il n'a pas la carte on pioche.	On donne trois cartes à chaque joueur. On met le reste dans la pioche. Il faut demander à un autre joueur s'il a le pantalon, la robe ou le bonnet dans la famille des vêtements. Si le joueur a la carte, il la donne et on rejoue. S'il n'a pas la carte on pioche. Après c'est aux autres de jouer. La partie est terminée quand on n'a plus de cartes. Je gagne si j'ai plus de familles que les autres.

Comment parvenir à passer de la phase de productions spontanées non encore écrivable, à un oral suffisamment construit pour être accepté et écrit par le formateur (phase 2 ou 3) ? Le rôle du formateur est ici essentiel : c'est grâce à sa façon d'interagir qu'il va pouvoir amener les apprenants à faire des propositions plus développées que celles produites spontanément, en les amenant du niveau actuel de leurs compétences à un niveau potentiel supérieur.

2.3. Posture langagière du formateur

Le travail de DF est exigeant (et difficile à faire !). Tous les apprenants ne sont pas prêts en même temps à aborder ce type d'activité : la phase d'écriture ne peut se réaliser que si l'apprenant a fait au préalable l'expérience de différentes variantes langagières dans des échanges oraux adaptés avec le formateur. Ces échanges sont importants car ils sont la condition pour que le texte écrit relève de l'écrivable au regard des objectifs visés.

Le formateur engagé dans une activité de DF n'est pas un simple déclencheur de parole ou un simple scripteur mais le vecteur même de l'apprentissage. Il met en œuvre un étayage spécifique ciblé et conscientisé pour dépasser le niveau actuel de développement langagier de l'apprenant (c'est-à-dire ce qu'il sait déjà dire) : ses sollicitations et ses (re)formulations se situent dans une zone de développement potentielle (ZPD), c'est-à-dire adaptées aux capacités langagières de chaque apprenant mais les excédant légèrement, pour les amener à passer de ce qu'ils maitrisent déjà à un degré supérieur d'explicitation et de complexification (selon une proportion approximative de 80% de connu pour 20% d'inconnu). Ces interactions sont des cadres structurants qui déclenchent ou accélèrent certains processus développementaux, elles offrent un espace dans lequel les apprenants peuvent se livrer à une imitation créatrice et intégrer les éléments linguistiques dans leurs propres productions (Canut, 2018b ; Pekarek, 2000 pour une synthèse en milieu exolingue).

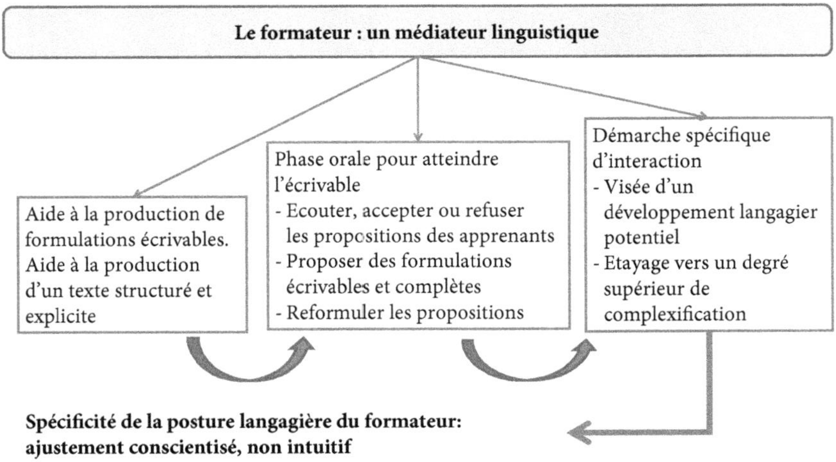

Figure 13 : Type de médiation du formateur pour la production de variantes écrivables.

Le rôle du formateur

La DF implique un investissement du formateur pour familiariser les apprenants aux différentes variantes de la langue. Les exercices répétitifs standardisés et les explications magistrales ne sont pas efficaces pour amener les apprenants à développer leurs productions orales : c'est bien dans des interactions entre apprenants et formateur que se situent les enjeux pour de véritables progrès.

Le formateur est particulièrement actif et concentré pour :

- identifier la forme linguistique (lexique et syntaxe) des différentes propositions des apprenants ;
- interagir avec les apprenants pour que ce qui est dit soit le plus compréhensible et le plus explicite possible : éviter les échanges qui mènent à la production de mots isolés (comme les questions fermées), reprendre les éléments de réponse des apprenants dans des phrases construites et complètes pour inciter chacun à en produire ;
- proposer des productions orales comportant une grande diversité de constructions dont des constructions syntaxiques complexes ;
- aider à la production de formulations écrivables qui soient suffisamment explicites pour le destinataire : exprimer l'articulation des phrases entre elles (d'un point de vue logique et temporel).

La dynamique des échanges peut être schématisée de la façon suivante :

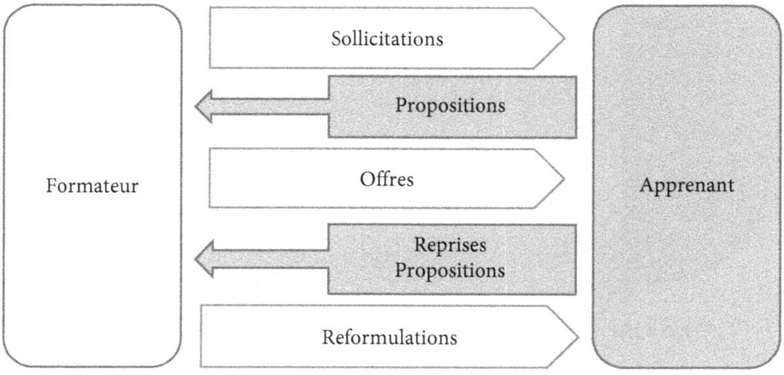

Figure 14 : Modalités d'échanges visées entre le formateur et l'apprenant.

Ainsi, quels que soient le profil et les compétences langagières des apprenants, le formateur adopte une posture d'écoute spécifique, focalisée sur la forme linguistique de ce que disent les apprenants. À partir de leurs productions, il propose des modalités d'échanges étayantes dans la zone proche de développement des apprenants, et repère les éventuels réinvestissements. Ceci implique d'avoir une attention focalisée sur :

- le type de constructions de chaque apprenant : leurs énoncés sont-ils complets ou sont-ils la poursuite de ce que quelqu'un a dit avant ? Sont-ils écrivables, avec un ordre des mots et une forme canonique (type SVO), ou encore avec des subordonnées précédées d'une proposition principale ?
- le type de reprise de chaque apprenant : y a-t-il des reprises (immédiates ou différées) de ce que propose le formateur ? Si oui, sont-elles identiques ou différentes ? Si oui, sont-elles produites pendant la phase d'écriture ?
- le type d'offres et de reformulations du formateur : sont-elles complètes et écrivables ? Sont-elles en lien avec ce qu'a proposé l'apprenant ? Sont-elles ajustées à ce que peuvent potentiellement réinvestir les apprenants ?

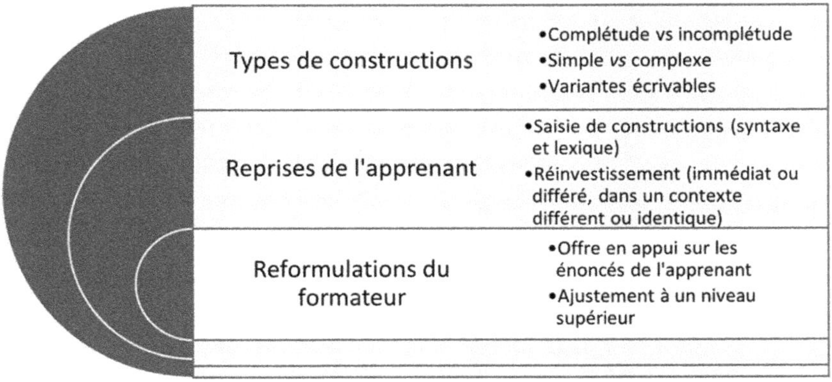

Figure 15 : Repérage du contenu et des modalités des échanges.

Points de vigilance

Les consignes

Il est important de passer du temps à expliquer le fonctionnement de la DF et ce qui est attendu, surtout au début. Au cours de la DF, la mise en situation peut aider la compréhension : « tu dois écrire à X mais X n'est pas là : comment tu vas lui demander ? ».

Les échanges

- Ne pas attendre que les apprenants disent quelque chose, faire des offres en amont.
- Ne pas seulement répéter ce que disent les apprenants, faire aussi des reformulations enrichies (en syntaxe et lexique) dans une ZPD.
- Solliciter régulièrement les apprenants pour qu'ils reprennent ce qui est proposé.
- **Éviter** le schéma question-réponse sans nouvelle offre, par exemple :

F : *ok alors Be. est-ce que tu peux me décrire la France en France qu'est ce qu'il y a en France ?*
Be : *en France qu'est-ce qu'il y a ?*
F : *en France qu'est-ce qu'il y a ?*
Be : *il y a trois montagnes*
F : *il y a trois montagnes c'est très bien*
Be : *il y a cinq fleuves*
F : *et il y a cinq fleuves*

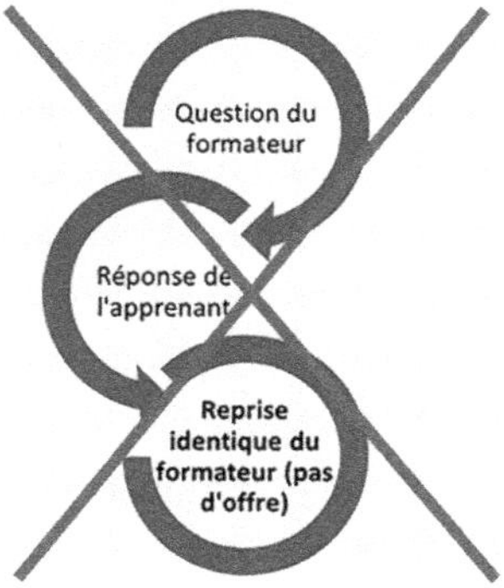

Conseil

Préparer en amont le type de formulations visées (voir un « modèle » de texte) en fonction du niveau linguistique des apprenants et faire une liste potentielle de constructions syntaxiques et lexicales à proposer. Tout en n'oubliant pas qu'il faut d'abord partir de ce que disent les apprenants !

2.4. Mise en œuvre de la dictée au formateur

Réaliser une DF implique de penser en amont l'organisation spatiale, le type de texte et de support.

2.4.1. Disposition spatiale

Une part importante du rôle du formateur est la gestion de l'espace, du temps, et de la parole. Les techniques d'animation sont donc importantes pour gérer au mieux les modalités d'interactions langagières. Le formateur doit être placé de façon à ce que tous les apprenants puissent le voir : visualisation du visage et des lèvres quand il parle, visualisation du tableau quand il écrit. Le placement au centre d'un demi-cercle permet au formateur de vérifier plus facilement la participation de chaque apprenant (prises de paroles équilibrées et non monopole des plus loquaces) et de pouvoir interpeler chacun.

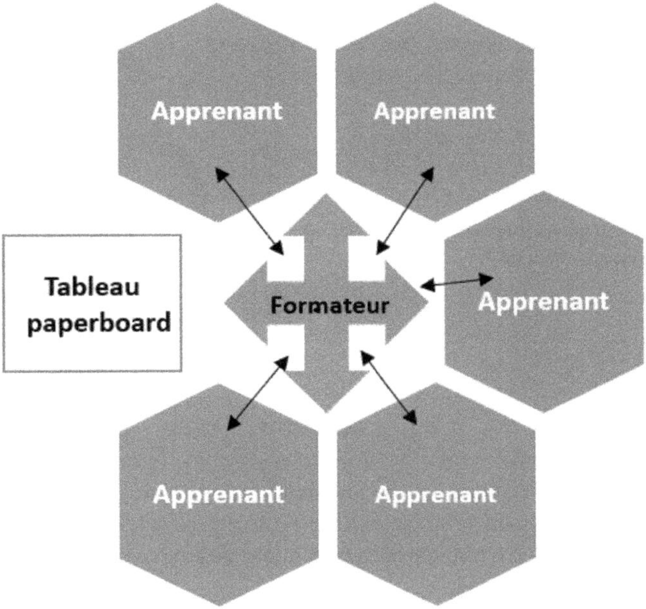

Figure 16 : Disposition spatiale d'une séance de dictée au formateur.

Les textes produits en DF doivent être visibles et à disposition des apprenants, sous forme d'affiche collée au mur, ou à défaut dans un cahier.

2.4.2. Types d'écrits et supports

Les projets d'écriture peuvent être variés et liés (ou non) à différents supports (tableau ci-après). Ils seront dans tous les cas déterminés à partir des objectifs d'apprentissage, des intérêts et du niveau des apprenants. Le travail à partir de supports écrits adaptés apporte à l'apprenant une base qu'il peut réinvestir pour la conception quasi autonome d'un texte à l'oral.

Genre de discours	Types de DF et supports
Narration	Faire un résumé ou raconter une ou plusieurs images d'un livre préalablement lu ensemble (par exemple avec les livrets *On y va !* de M. Uzé ou la collection *Alt&rité* de l'AsFoReL). Inventer une histoire (par exemple dans le cadre d'une participation à un concours d'écriture)
Description	Décrire des images, schémas ou graphiques dans des journaux, magazines, affiches, illustrations d'albums, etc. (par exemple, dans un test de sécurité, entourer les situations dangereuses et les décrire)
Explication	Expliquer des règles de jeux, des règles de fonctionnement Faire des observations techniques ou scientifiques (montage d'un meuble, comportement d'un animal, évolution d'une plante, etc.) Faire une recette de cuisine
Information	Ecrire un mot sur un post-it (pour accompagner un courrier, pour informer un collègue, son enfant…) Rédiger une carte postale/une carte de vœux/une lettre à un ami.
Justification/argumentation	Répondre ou faire une demande à une administration par courrier (postal ou mail), répondre à une annonce.

DF	PROCÉDURE (SYNTHÈSE)
Objectifs	Produire à l'oral un texte écrivable
Modalités	Collectif (niveaux hétérogènes) ou individuel
Durée	20 minutes
Matériel	Affichage de grande taille, type paperboard (pour conserver/afficher le texte)
Support	En adéquation avec le profil des apprenants et la progression envisagée
Procédure	– **Annoncer l'activité :** dire aux apprenants qu'on va écrire ce qu'on vient de dire/discuter. Tous les éléments lexicaux et syntaxiques visés ont donc déjà été proposés oralement par le formateur. – **Les offres langagières sont données au départ par le formateur** en appui aux verbalisations des apprenants. Si jamais il n'y a pas de propositions spontanées, ne pas attendre que les apprenants fassent des propositions ou trouvent la réponse, il faut leur donner au maximum les informations dont ils ont besoin pour réussir à produire oralement le texte à écrire. Pour ce faire, éviter la modalité question/réponse. Préférer les offres/reprises/ reformulations. – **Les apprenants doivent dicter** ensuite leurs propres phrases. Ils ne doivent pas produire des mots isolés ou des morceaux de phrases mais il faut les inciter à produire oralement (à dicter) des phrases en entier. *Le formateur n'écrit que ce qui est dit en entier par un apprenant.* Essayer de n'accepter que les propositions qui permettent d'avoir un texte cohérent du point de vue de l'utilisation des pronoms et des temps… Ne pas souligner les erreurs, proposer plutôt une reformulation : « j'ai compris ce que tu as dit mais je ne peux pas l'écrire comme ça, qui peut me redire ce que je dois écrire/écoutez comment je le dis ». On peut proposer aux apprenants de prendre en photo le texte écrit, d'enregistrer sa lecture et de l'envoyer sur une messagerie type WhatsApp pour que chacun puisse réécouter et relire le texte en autonomie **Le formateur relit lentement** ce qu'il écrit sous la dictée de l'apprenant et relit ensuite l'intégralité de la phrase, puis du texte. *Le texte produit ne doit pas dépasser 5 phrases avec des apprenants de faible niveau.*

DF	PROCÉDURE (SYNTHÈSE)
Points de vigilance	**Attention !** S'appliquer à écrire en cursive (pour mieux visualiser la séparation entre les mots). L'écriture script sera utilisée pour le texte qui sera donné dans un second temps aux apprenants. **Attention !** Si les apprenants formulent des phrases avec des « erreurs » (par exemple en omettant verbes ou prépositions), ne pas souligner qu'ils ont « faux » mais plutôt proposer une reformulation (soit le formateur, soit un autre apprenant plus avancé) en indiquant que l'on ne peut pas écrire tel quel : « j'ai compris ce que tu as dit mais je ne peux pas l'écrire comme ça, qui peut me redire ce que je dois écrire/écoutez comment je le dis ». - Il est impératif que le formateur lise lentement ce qu'il écrit sous la dictée de l'apprenant et qu'il relise ensuite l'intégralité de la phrase, puis du texte. **Attention !** Le texte produit devra être affiché dans la salle pour que les apprenants puissent s'y référer ultérieurement, par exemple lors du travail de production d'écrit ou d'étude de la langue. Il faut relire ensemble régulièrement, d'une séance à l'autre, les DF produites.

2.5. De la dictée au formateur à la production d'écrits aidée et autonome

La DF pratiquée régulièrement permet une acculturation à différents types d'écrits, sur le plan scriptural (l'organisation graphique), matériel (configuration visuelle de l'objet) et linguistique (le contenu langagier). Avec l'expérience, les apprenants gagnent en aisance : les apprenants acquièrent un certain nombre de compétences orales et écrites, qu'ils peuvent progressivement réinvestir dans une activité de production d'écrit (désormais PE). Ainsi, pour les apprenants qui savent dicter, c'est-à-dire qui savent segmenter la chaine orale, qui commencent à discerner certaines conventions graphiques du français, et qui ont également une graphie fluide, le formateur peut (progressivement) leur proposer d'écrire eux-mêmes, de devenir les scripteurs, d'abord en les aidant, puis de façon autonome[29].

29 Le passage de la dictée à l'adulte vers la production d'écrits a déjà été proposé dans le cadre scolaire de l'apprentissage de la lecture-écriture dès les années 1970. Nous nous appuyons sur la même démarche. Voir les travaux pionniers de Clesse, 1977 ; Rébard, 1984 et 1987.

Points de vigilance

La compétence de segmentation des unités graphiques (en mots/phrases) est parfois (en partie) installée chez les apprenants parce qu'ils l'ont déjà expérimentée dans leur L1 dans le contexte scolaire : dans ce cas la PE peut être proposée assez vite, en poursuite du travail de DF. *Ce ne sera pas le cas des personnes analphabètes qui ne pourront d'emblée accéder à cette activité de PE : un travail de DF uniquement sera proposé jusqu'à acquisition de cette compétence.*

Pour entamer une phase de production d'écrit, il est nécessaire que l'apprenant sache suffisamment graphier en script ou en lettres cursives : il ne faut pas que le travail scriptural absorbe toute son énergie, au détriment du travail de rédaction. *Pour les apprenants analphabètes, avant la PE et parallèlement à la DF, un travail sur la graphie est indispensable.*

Pour faciliter le passage de la DF à la PE, le formateur va proposer aux apprenants d'écrire un texte à partir de la même thématique que celle proposée en DF. Il y a souvent un passage intermédiaire : l'apprenant construit son énoncé oralement, parfois avec l'aide du formateur, le mémorise puis s'essaie à l'écrire en s'aidant des mots contenus dans les textes à disposition. En fonction de ses besoins, le formateur oriente l'apprenant :

- Il l'aide à construire oralement les phrases qu'il veut écrire pour qu'elles soient écrivables et éventuellement lui remémore au cours de l'activité ce qui a été dit : *dis-moi ce que tu as choisi d'écrire, rappelle-toi, tu m'as dit…*
- Il l'aide à retrouver les mots dont il a besoin dans les différents supports affichés qui sont à sa disposition, notamment les DF. D'abord, le formateur donne des pistes : *On a vu ce mot quand on a parlé de… ; le mot que tu cherches est dans le texte qu'on a écrit hier… ; regarde dans ton cahier, ce mot est dans la liste…* Si l'apprenant ne trouve pas, le formateur peut relire avec lui le texte dans lequel se trouve le mot recherché, en suivant avec son doigt. Une fois le mot identifié et pointé, l'apprenant peut le recopier. Si le mot recherché n'est pas dans les supports à disposition, le formateur peut alors l'écrire dans une phrase courte dans laquelle tous les mots sont connus, sauf celui recherché.
- Il aide à écrire un mot quand l'apprenant a un doute sur l'orthographe : si le mot est simple à écrire et connu de l'apprenant, il peut l'aiguiller en faisant appel à ses connaissances métalinguistiques : *ce mot, tu sais l'écrire, ce mot commence comme ton prénom…*

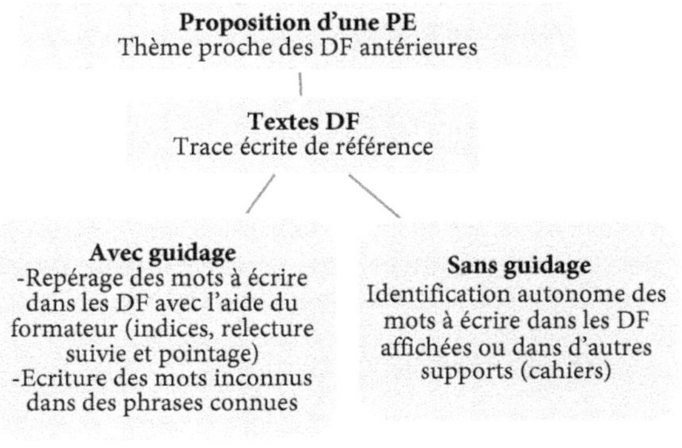

Figure 17 : Procédure générale d'une production d'écrit à partir d'un texte produit en DF.

Cette activité est principalement épilinguistique, c'est-à-dire qu'il n'est pas fait explicitement référence au fonctionnement de la langue (comme les correspondances graphèmes-phonèmes, les conjugaisons, etc.). Mais selon le niveau d'alphabétisation des apprenants, ces derniers pourront être en mesure de faire appel à leurs connaissances, dès le début ou plus tard dans leur apprentissage, pour identifier des phénomènes (ortho)graphiques, qu'ils pourront réinvestir dans d'autres productions d'écrits.

Les textes produits seront souvent, au moins au début, très simples, très courts (quelques mots, une phrase) et très proches (parfois quasi identiques) à ceux produits en DF. Le recopiage n'est pas à bannir, cela rassure et conforte l'apprenant dans sa démarche, il prend confiance en ses possibilités. Il passera à des productions plus personnelles au fur et à mesure, en prenant l'habitude de construire des phrases écrivables sans aide du formateur et en acquérant des automatismes, c'est-à-dire une certaine aisance et autonomie dans la recherche et l'identification des mots à écrire (y compris en se levant pour vérifier dans les affichages). Ils entrent ainsi progressivement dans le processus de rédaction et pourront viser la production de textes de plus en plus variés, de plus en plus longs et linguistiquement complexes.

Cette démarche est une expérience décisive dans le processus cognitivo-langagier de l'accès au lire-écrire : en activant mentalement et verbalement son texte, l'apprenant devient un lecteur-scripteur et non un déchiffreur-copieur. Nous proposons d'exemplifier cette mise en œuvre de la DF jusqu'à la PE dans le prochain chapitre (chapitre 3), avec des profils d'apprenants variés, à partir de différentes configurations de groupe et de différents types de support.

PE	**PROCÉDURE (SYNTHÈSE)**
Objectifs	Rédiger un texte
Modalités	Individuel
Durée	20 à 30 minutes
Matériel	Un cahier dédié (« le cahier d'écrivain ») Préalables à l'activité : les textes écrits en DF dans les séances antérieures doivent être affichés en grand format dans la salle (pour être vues de loin) et/ou consultables dans un cahier. 
Support	En lien avec des thématiques déjà abordées dans des séances précédentes
Procédure	– **Relire avec les apprenants les DF** qui ont été réalisées dans les séances précédentes. – **Annoncer l'activité :** écrire un texte en s'aidant de ce que l'on a déjà écrit collectivement en DF. – **Donner la thématique** (proche d'un thème déjà abordé précédemment en DF) ; (re)donner les supports déclencheurs (comme des images déjà vues dans les cours d'avant). – **Donner la consigne :** d'abord penser à ce que l'on veut écrire et ensuite rechercher les mots dont on a besoin pour l'écrire (on a le droit de se lever). On peut demander de l'aide au formateur pour élaborer verbalement sa phrase et/ou pour écrire des mots si on ne les trouve pas dans les textes. – **Aider chaque apprenant :** vérifier qu'ils ont construit mentalement et verbalement une phrase (en particulier pour celui qui ne démarre pas…) ; répondre à chaque sollicitation dans le cas où l'apprenant ne voit pas où est le mot qu'il veut écrire : relire le texte où apparait le mot en suivant avec son doigt et demander à l'apprenant de l'arrêter quand il entend le mot voulu. Le pointer et lui demander de le réécrire. Ou, si le mot n'est pas dans un texte, l'écrire dans une phrase (dont les autres mots sont connus).

PE	PROCÉDURE (SYNTHÈSE)
Points de vigilance	- Laisser les apprenants se déplacer dans la salle à la recherche des mots connus. - Ne pas laisser les apprenants trop longtemps tâtonner pour éviter le découragement. - Les textes sont au départ très proches (voire identiques) à des phrases déjà écrites en DF : c'est normal et c'est un passage nécessaire et utile pour les apprenants qui ont peu d'expérience de l'écriture. Peu à peu, en se familiarisant avec la démarche, ils vont vouloir allonger leur texte et introduire plus d'éléments créatifs.

2.6. De la dictée au formateur au travail systématisé en lecture et étude de la langue

La démarche de DF se met en place avant que l'apprenant ne maitrise pleinement les compétences en lien avec la lecture, du point de vue du décodage/encodage à partir de la connaissance des correspondances graphophonologiques du français, mais aussi des mécanismes entrant en jeu dans le processus de compréhension (voir chapitre 1). De même, l'étude réfléchie de la langue (syntaxe, morphologie lexicale et grammaticale) fait généralement défaut chez les apprenants les plus éloignés de l'écrit.

Grâce aux textes produits en DF avec les apprenants, il est possible de proposer un travail sur les formes de l'écrit afin de développer des compétences orthographiques, lexicales et grammaticales. Complémentairement à la production d'écrits, qui se focalise surtout sur le développement de compétences pragmatiques, il s'agira ici de viser des compétences linguistiques dans une démarche intégrative qui permet de travailler sur des faits de langue qui font sens pour les apprenants. Le texte produit devient alors un support d'enseignement/ apprentissage que le formateur va pouvoir exploiter en observation réfléchie de la langue par le biais d'une approche inductive. Il est ainsi possible de construire des corpus (de mots, syntagmes ou phrases) qui serviront de points d'entrée contextualisés pour étudier les régularités de la langue.

Pour ce faire, il est essentiel d'identifier précisément le ou les objectifs d'apprentissage visés. De ce point de vue, les structures syntaxiques qui sont mobilisées pour produire un texte écrivable constituent une entrée possible pour étudier certains points grammaticaux (négation, formes verbales conjuguées, subordonnée relative, …). De même, la ponctuation utilisée lors de l'écriture de la DF peut faire l'objet d'une étude spécifique sur des temps dédiés, d'abord avec l'identification de la majuscule et du point comme éléments délimitateurs de la phrase, puis d'autres signes comme les guillemets, les deux points ou la virgule en fonction des textes produits.

On pourra également engager un travail progressif, au fil des textes produits, sur la connaissance des graphèmes complexes du français et des phonèmes qui leur sont associés. Comme nous l'avons vu au chapitre 1, au-delà de l'identification de mots, l'activité de lecture mobilise des compétences pluridimensionnelles complexes qui doivent faire l'objet d'un enseignement explicite. Pourront donc être étudiées, par exemple, l'identification des substituts grammaticaux et lexicaux, la compréhension des relations logiques entre les propositions ou encore la capacité à inférer des informations à partir du texte. Sur le plan lexical, la variété des textes produits permet de sortir d'une seule approche sémantique (ce que signifient les mots), souvent unique point d'entrée quand on aborde le vocabulaire, pour étudier les caractéristiques de la morphologie lexicale (affixation et mots composés).

Une fois la compétence ou la connaissance travaillée avec les apprenants de manière systématisée, il est recommandé d'y revenir régulièrement pour consolider les acquis, en proposant des activités collectives ou individuelles à partir d'un nouveau texte produit. On pourra ainsi par exemple régulièrement questionner les apprenants sur les référents des substituts grammaticaux dans le texte, faire compter le nombre de phrases en repérant les majuscules et les points ou encore travailler sur les accords avec des activités de réécriture.

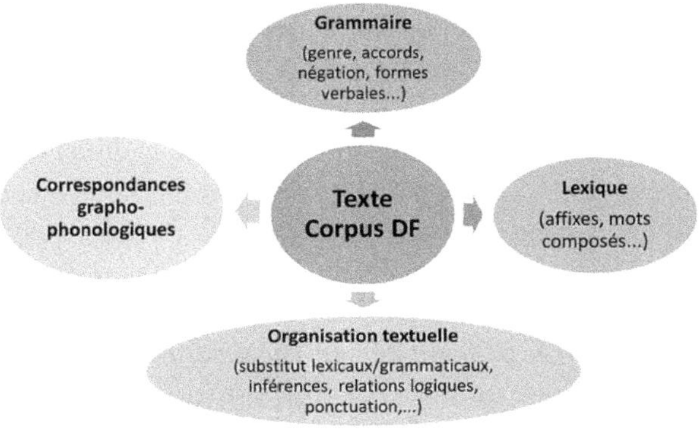

Figure 18 : Étude de la langue à partir d'un texte produit en DF.

Points de vigilance

Les apprenants peu ou pas scolarisés antérieurement ou ceux avec un faible niveau de scolarisation dans leur pays d'origine (fin du primaire) n'ont pas appris à analyser la langue et ne possèdent généralement aucune connaissance grammaticale. Le métalangage habituellement utilisé dans un cours de langue avec des adultes s'avère donc complètement inopérant avec ce public.

En engageant un travail réflexif à partir des textes de DF, le formateur doit toujours avoir en tête que ce travail métalinguistique constitue un objectif à part entière. Il faut apprendre à mettre le texte à distance et se focaliser sur les composantes de celui-ci, mais aussi apprendre un minimum de métalangage, c'est-à-dire apprendre les mots pour parler de la langue (qu'est-ce qu'une syllabe, un mot, une phrase, un verbe, le genre, le nombre, etc.). C'est donc un travail de conceptualisation (Barth, 1987) qui s'engage avec les apprenants à partir de l'étude d'un corpus qui sera construit par le formateur et qui servira de point d'accroche pour identifier les régularités de la langue sur le plan lexical, orthographique, morphologique et syntaxique.

Pour les adultes en situation d'analphabétisme, ces connaissances et compétences sont indispensables pour une entrée réussie en littératie. Elles permettent notamment la construction de la conscience phonologique en lien avec l'acquisition du principe alphabétique, mais aussi l'acquisition de la conscience morphologique et syntaxique, indispensables pour opérer les traitements entrant en jeu dans la compréhension (Gombert & Collé, 2000 ; voir chapitre 1).

Pour les apprenants peu ou pas lecteurs-scripteurs, la production de texte en DF permet d'engager un travail d'enseignement/apprentissage systématisé, intégratif et structuré de la lecture et de l'écriture. Le texte produit collectivement fait alors l'objet d'une exploitation progressive pour en identifier différentes composantes, variables selon le niveau des apprenants. Nous donnerons plusieurs exemples des procédures didactiques de cette démarche dans le chapitre 4.

Méta-analyse de la langue	**PROCÉDURE (SYNTHÈSE)**
Objectif(s)	Variables selon les séances : – Lexical. Ex : la préfixation pour exprimer le contraire. – Graphophonologique. Ex : les différentes graphies du son [o]. – Syntaxique. Ex : la négation. – Grammatical. Ex : le genre des noms ; l'accord dans le groupe nominal ; la conjugaison au passé composé, etc. – Lecture-compréhension. Ex : les substituts pronominaux.
Modalités	Collectif, petits groupes ou individuel selon les séances.
Durée	20 à 30 minutes
Support	– Un texte de DF réalisé dans les séances antérieures affiché en grand format et/ou consultable dans un cahier. Ou – Un corpus construit par le formateur à partir des textes précédemment produits en DF pour étudier un fait de langue spécifique.
Matériel	Variable selon les séances (texte, phrases sur bandes papier, étiquettes-mots).
Procédure	– Focaliser l'attention des apprenants sur le fait de langue visé à partir du texte de DF ou du corpus constitué. Les apprenants observent, comparent, font des analogies en petits groupes ou en collectif selon les situations. – Isoler le fait de langue et le faire expliciter par les apprenants. Le formateur ne doit pas hésiter à institutionnaliser certaines notions et à apporter le métalangage approprié. – Travail de systématisation à partir d'exercices. – Réinvestissement dans les textes suivants et/ou en production d'écrits.
Points de vigilance	– Se donner des objectifs d'apprentissage précis et limités. – S'assurer que le métalangage utilisé est compris par tous les apprenants ou, à défaut, l'intégrer dans les objectifs d'apprentissage. – Travailler en 3 temps : 1) contextualisation (production orale et DF produites) ; 2) décontextualisation (travail systématisé sur le fait de langue) ; 3) recontextualisation (réinvestissement dans d'autres contextes en production comme en réception). – Faire du lien entre les faits de langue étudiés et les textes produits (démarche intégrative).

CHAPITRE 3

Mise en œuvre de la dictée au formateur : de l'oral à l'écrit

Nous proposons dans ce chapitre des exemples de déroulement de DF avec des groupes d'apprenants hétérogènes[30]. Ce choix reflète la réalité du terrain : il est fréquent d'avoir à enseigner dans le même temps à des apprenants de niveaux linguistiques très différents (non alphabétisés, pré et post-alphabétisés, alphabétisés), avec une maitrise variable de l'oral (de débutant à intermédiaire), et d'âges variables. Les apprenants qui sont représentés ici ont les profils suivants :

- Une partie des apprenants sont en France depuis peu (certains sont des primo-arrivants) et n'ont pas pratiqué le français antérieurement même si cette langue avait le statut de LS, voire de langue officielle, dans leur pays d'origine. Ils n'ont pas été ou très peu à l'école et ne savent pas lire et écrire dans leur L1. Ils ont un niveau débutant à l'oral en français (infra A1) : ils sont généralement capables de dire leur nom, leur âge, leur origine, parfois de dire des formulations « toutes faites » comme « j'aime la France ».
- D'autres apprenants sont en France depuis assez longtemps (par exemple dans le cadre du regroupement familial), ils sont relativement bien intégrés (les enfants sont scolarisés, ils participent aux activités de la ville/

[30] Les données ont été recueillies :
- dans le cadre du projet *MigraFLE* (<https://langues-migrations.univ-lille.fr/migra-fle>) par Alice Berlemont, Emmanuelle Canut et Claire Del Olmo ;
- au collectif des Olieux (Lille : <https://olieux.herbesfolles.org/presentation-du-collectif-des-olieux/>) par Claire Del Olmo et Thibaud Gamard ;
- à l'association LAClé (Lille : <https://lille.associationlacle.org/>) par Louise François.

cité), ils ont des interactions avec des natifs du français et sont capables de se faire comprendre. Mais ils n'ont pas été ou très peu scolarisés dans leur pays d'origine et ne savent pas (bien) lire et écrire dans leur L1. Ils ont un niveau qui oscille entre A0 et A2 en français oral/écrit.
- D'autres encore ont été alphabétisés dans une L1 ou L2 (ils savent lire et écrire), mais leur degré de littératie est variable (par exemple certains n'ont été qu'à l'école coranique) et leur L1 peut être assez éloignée du français sur le plan scriptural (ils n'ont pas appris à lire et à écrire avec un alphabet latin) et/ou sur le plan de la structuration linguistique (ordre des mots et règles d'organisation différents). Ils peuvent également avoir une maitrise variable en français oral (mais généralement débutant).
- Une autre catégorie d'apprenants a une bonne maitrise du français oral (niveau B1 à C1) parce qu'ils l'ont appris dans leur pays d'origine (par exemple un pays où le français est langue officielle) ou qu'ils sont nés sur un territoire français mais ils n'ont pas été (suffisamment) scolarisés pour en avoir une maitrise à l'écrit, ou ont été en échec dans cet apprentissage.

Pour tous ces profils d'apprenants, l'activité de DF est intéressante car elle permet de travailler avec des groupes hétérogènes et elle permet de développer des compétences langagières qui visent un niveau supérieur de production orale et un niveau A1 à l'écrit. Certes, les apprenants qui maitrisent peu (voire pas) le français seront d'abord plutôt dans une posture d'écoute et interviendront peu à peu, laissant les apprenants plus avancés faire des propositions. Puis, grâce aux sollicitations et aux demandes explicites de reprises du formateur, ils vont commencer à proposer des mots et ensuite des phrases qui pourront être retenues et écrites.

3.1. Exemples de dictées au formateur collectives et individuelles avec des publics hétérogènes

Les dix exemples sélectionnés ici (que nous présentons sous forme de fiches) s'appuient sur des types de textes et genres de discours variés, issus d'expériences de terrain : les thématiques relèvent pour certaines de la vie du quotidien (en et hors les murs de la classe), mais aussi de questions liées à l'identité et aux codes sociaux et institutionnels du pays d'accueil.

Nous avons choisi de les classer selon leurs difficultés linguistiques : des plus courtes et simples aux plus longues et complexes, étant entendu que les DF les plus élaborées ont été réalisées avec des apprenants ayant un niveau de production orale plus avancé. Ces exemples sont donc le reflet de ce qui s'est passé avec un groupe d'apprenants à un moment donné, sachant qu'il peut s'agir de la première expérience de DF pour certains, alors que pour d'autres il s'agit d'une pratique de classe déjà rodée. Néanmoins chaque thématique et type de texte peut faire l'objet d'une DF adaptée à tout autre niveau d'apprenant. Elles peuvent également être de durée variable (entre 20 et 45 minutes selon le type de texte à écrire et la réactivité des apprenants).

Nous indiquerons pour chaque exemple les prolongements possibles pour la production d'écrit[31].

FICHE 1. Récit bref d'un évènement de son quotidien
FICHE 2. Récit de vie quotidienne : écrire une carte postale
FICHE 3. Description d'un fonctionnement du quotidien : le sport
FICHE 4. Description d'un fonctionnement du quotidien : les saisons
FICHE 5. Description d'entités (les symboles d'un pays)
FICHE 6. Entrainement à un examen (exercice du DILF : écrire un message simple)
FICHE 7. Petite annonce (sur un site internet)
FICHE 8. Explication d'un évènement du quotidien de la classe (raison d'une absence, confinement)
FICHE 9. Présentation de soi (réponse à un message)
FICHE 10. Récit d'un évènement de vie quotidienne (écriture d'un message)

[31] Les prolongements de la DF pour l'étude de la langue feront l'objet du chapitre 4.

FICHE 1 : Récit bref d'un évènement de son quotidien

DF Individuelle

Profil de l'apprenant

Madi : 19 ans

Première langue : malinké

Niveau oral de langue française : A1. Il n'y a pas eu de contact avec le français dans le pays d'origine.

Niveau écrit : non scolarisé antérieurement (analphabète). A suivi quelques cours de français les mois précédents avec un bénévole d'association.

Projet

Produire un texte narratif court en lien avec le quotidien.

Objectif linguistique

Texte d'une ou deux phrases à la première personne du singulier. Si possible introduire des complexités syntaxiques.

Organisation de la séquence

Phase d'acculturation : le formateur donne des exemples de ce qu'il a fait la veille et écrit trois phrases. Il propose à l'apprenant de raconter à son tour et d'écrire son récit en DF.

1ère phase orale : l'apprenant s'exprime sur le contenu de sa narration.

2ème phase orale : le formateur organise avec l'apprenant ses idées en proposant des structures : « on ne va pas faire petit à petit on va d'abord faire les phrases en discutant et après quand on aura trouvé les bonnes phrases qu'on peut écrire, on écrira tout ».

> En situation individualisée, l'apprenant et le formateur sont assis côte à côte à une table (apprenant à gauche du formateur droitier et réciproquement). Ainsi, l'apprenant voit ce que le formateur écrit.

Phase d'écriture : l'apprenant dicte les phrases qu'il veut écrire.

Phase orale

- Le formateur (F) aide l'apprenant (M) à s'exprimer, à organiser ses idées :

  M : *moi j'ai expliqué aujourd'hui j'ai trouvé du travail*

  F : *alors est-ce que tu en as trouvé ?*

  M : *non moi je n'ai pas trouvé du travail d'abord*

> Le formateur n'attend pas que tout soit dans l'ordre pour proposer des structures langagières en reprise des formulations de l'apprenant

F : *cette histoire elle raconte que tu n'as pas trouvé de travail*
M : *ouais mais je suis trouvé des... j'ai trouvé des études des études d'école*
F : *on peut on peut dire ça*
M : *j'ai trouvé de l'informatique à ordinateur*
F : *alors on va commencer peut-être par dire que t'as pas trouvé de travail et ensuite on dira que t'as trouvé des études*

- Le formateur reformule les énoncés de l'apprenant dans des énoncés complets et fait des offres :

F : *on appelle ça un apprentissage c'est entre les études et le travail tu travailles pour apprendre avec les gens qui connaissent bien oui*
M : *c'est ça en fait moi c'était trouvé*
F : *ouais tu as trouvé c'est bien ça t'as trouvé un apprentissage c'est ce que tu cherchais*
M : *ouais ouais je cherche c'est beaucoup de travail j'ai cherché hein*
F : *oui oui je sais c'est beaucoup de travail de chercher mais euh l'apprentissage ce que tu veux apprendre quoi puisque tu voulais apprendre l'informatique mais t'as pas été pris donc tu voudrais apprendre quoi ?*
M : *informatique d'abord*

Les reformulations (comme « c'est beaucoup de travail de chercher ») sont importantes car elles donnent à l'apprenant l'expérience d'un fonctionnement de variantes écrivables.

Phase d'écriture

- Le formateur cherche à faire comprendre à l'apprenant le principe de DF :

F : *en fait on va écrire ce que tu vas nous dire nous je vais te dire comment on peut le dire pour l'écrire*
M : *si c'est pas bien*
F : *c'est pour ça qu'on redit des choses qu'on a déjà dites donc on a dit aujourd'hui je continue la phrase aujourd'hui*
M : *avec les études*
F : *tu voulais faire des études enfin qu'est-ce que t'as fait ? t'as cherché*
M : *ouais j'ai cherché des études*
F : *on peut écrire aujourd'hui j'ai cherché des études parce que je n'ai pas trouvé de travail tu me redis tout ?*

L'apprenant étant analphabète il n'a pas développé suffisamment de compétences métalinguistiques pour avoir conscience que l'oral ne peut pas s'écrire tel quel. Lui dire par exemple « il faut le dire sans faire de fautes » n'aurait pas de sens pour lui. La notion de 'phrase' peut également être difficile à comprendre.

- Le formateur construit pas à pas la conscience de la structuration du texte écrit :

F : *on essaie d'écrire l'histoire la première phrase tu vas dire quoi ?*
M : *première phrase étude*
F : *on va d'abord parler de travail que t'as pas eu et ensuite on dira que tu cherches des études comme t'as pas eu de travail on dira que tu cherches des études*
M : *c'était avant c'est première c'était demander une étude à l'école*
F : *d'accord en premier l'étude aujourd'hui*

- Le formateur propose des formulations dont l'apprenant s'empare :

M : *chercher à l'école*
F : *oui mais quoi à l'école ?*
M : *je cherchais pour études*
F : *j'ai cherché pour étudier on peut écrire j'ai cherché à entrer dans une école pour étudier*
M : *je fais des études*
F : *j'ai cherché à entrer dans une école d'informatique du coup donc*
M : *j'ai cherché à entrer dans une école d'informatique*
F : *voilà j'ai cherché à entrer dans une école d'informatique je peux écrire ça* (F. écrit et lit à haute voix au fur et à mesure)

L'apprenant comprend petit à petit ce que l'on attend de lui. Le formateur par ses reprises indique à l'apprenant comment il faut faire. Si la reprise est écrivable, le formateur annonce qu'il peut/va l'écrire.

- Le formateur guide l'apprenant dans l'écriture de l'énoncé :

F : *on peut dire ça comme phrase mais comme je n'ai pas reçu de réponse je cherche du travail alors comment tu le dirais ?*
M : *mais j'ai pas réussi*
F : *mais je n'ai pas réussi donc je cherche du travail*
M : *ouais j'ai cherché du travail pour former de autre chose*
F : *tu as cherché du travail pour te former à autre chose*

L'apprenant étant plus à l'aise l'oral il peut enrichir ses énoncés afin de correspondre à l'objectif fixé.

Texte final

J'ai cherché à entrer dans une école d'informatique mais je n'ai pas réussi. Je cherche du travail dans autre chose.

Prolongements
Le texte de DF peut servir d'appui pour la production d'écrit (via la recherche de mots ou de structures langagières dans la DF).

En phase intermédiaire, le formateur peut proposer à l'apprenant de prendre en photo le texte écrit, d'enregistrer sa lecture du texte et de lui envoyer sur une messagerie type WhatsApp pour qu'il puisse réécouter et relire le texte en autonomie.

Exemple de PE d'autres récits personnels

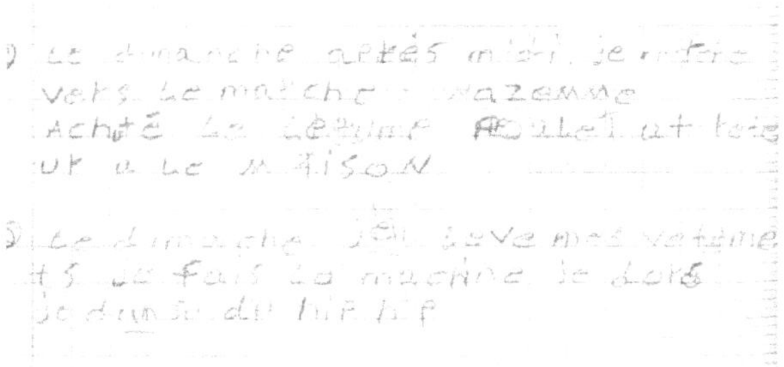

FICHE 2 : Récit de vie quotidienne (écrire une carte postale)

DF collective
Profil des apprenants
7 apprenants (un homme et six femmes).
Langues premières : arabe dialectal, slovène
Niveau oral de langue française : A0 à A2
Niveau écrit : 5 femmes sont en France depuis plusieurs années (arrivées en France en ayant bénéficié de la procédure de regroupement familial). Elles n'ont pas ou très peu été scolarisées dans leur pays d'origine (Maroc, Algérie) et ne savent pas ou très peu lire et écrire dans leur langue première. Le couple de Slovènes est primo-arrivant mais ils ont été scolarisés dans leur pays d'origine (ils ont donc une familiarité avec l'écrit et l'alphabet latin).

Projet
Ecrire une carte (postale). Thématique qui s'inscrit dans un travail autour des compétences de base en littératie, et en lien avec la préparation à l'examen du DILF.

Objectif linguistique
Savoir s'adresser à une tierce personne non présente dans la situation : choix des pronoms (nous/on/tu) et explication décontextualisée (être suffisamment explicite). Apprendre le vocabulaire dédié (*lettres, enveloppe, poste, timbre, adresse*…). Savoir organiser graphiquement les informations et savoir libeller une adresse (*nom, rue, code postal, ville*).

Organisation de la séquence
Phase d'acculturation : la formatrice (F) présente plusieurs exemples de cartes postales et explore ces documents avec les apprenants (A) : qu'est-ce que c'est ? pour qui, pour quoi ? Elle pointe les éléments spécifiques à l'objet : configuration spatiale (texte/ adresse), contenu de l'adresse, etc. Elle rétablit les erreurs d'interprétation.

A : *c'est marqué ici Canada*
F : *c'est marqué Canada oui c'est écrit Canada Zora qu'est-ce que tu vois ? qu'est-ce que c'est ?*
A : *j'ai dit ça c'est la poste c'est des lettres*
F : *ah ce sont des lettres oui*
A : *oui c'est lettre c'est une enveloppe non ?*
F : *c'est une enveloppe ?*
A : *ouais moi j'ai dit une enveloppe*
E : *Zora est-ce que c'est une enveloppe ?*
A : *on dirait Canada ou poste non je pense pas c'est enveloppe*
F : *qu'est-ce que c'est une enveloppe ?*
A : *c'est lettre avec une adresse*
F : *alors sur une enveloppe on a l'adresse qu'on va pouvoir envoyer oui (…) on va la poster on va mettre on va écrire l'adresse on va coller*
A : *de timbre*
F : *le timbre on va coller le timbre on va écrire l'adresse et on va la poster pour envoyer à quelqu'un c'est ça ? mais pourquoi tu mets une enveloppe dans la boite aux lettres ?*
A : *non envoyer à quelqu'un j'ai dit*
F : *tu lui envoies une enveloppe ?*
A : *oui à l'intérieur y a une lettre bien sûr*
F : *à l'intérieur on peut mettre quelque chose à l'intérieur*
A : *oui c'est une lettre*
F : *donc ici ça est-ce qu'on peut mettre quelque chose ce document ici est-ce qu'on peut mettre quelque chose dedans ? y a une photo derrière on a une photo souvent ou une image*
A : *c'est une carte/ une carte post*
A : *une carte postale !*

F : une carte postale exact tout est dessus on n'a pas besoin d'enveloppe l'adresse et le timbre sont sur le côté droit à droite toujours et à gauche on peut écrire son message voilà exact on y était presque l'enveloppe on met juste l'adresse et le timbre le message on ne l'écrit pas sur l'enveloppe on le met à l'intérieur donc ici on a une carte postale

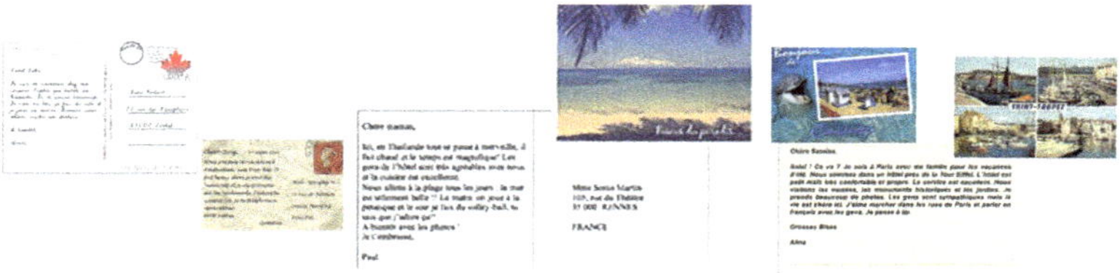

<u>Phase orale</u> : la formatrice propose que l'on écrive une carte postale à un formateur de l'association en imaginant qu'ils sont à Paris.
<u>Phase d'écriture</u> : 30 minutes après, la formatrice propose d'écrire ce qui vient d'être dit et les apprenants dictent les phrases à la formatrice.

Phase orale

- La formatrice propose une reformulation complète de l'ensemble des propositions des apprenants (A1…A5) :

  A1 : nous sommes vacances en à en Paris
  F : nous sommes à Paris ou nous sommes en vacances à Paris
  (…)
  A2 : on visite
  A3 : on fait grand visite
  A1 : nous sommes il fait grand visite à Paris
  F : nous faisons une grande visite
  (…)
  A4 : nous sommes arrêtés nous sommes arrête
  F : nous nous sommes arrêtés
  A4 : nous sommes arrêtés Eiffel
  F : à la Tour Eiffel
  A4 : à la Tour Eiffel nous nous sommes arrêtés à la Tour Eiffel

Phase d'écriture

- Les apprenants dictent des formulations écrivables que la formatrice écrit après réajustement de certaines difficultés (comme la morphologie des verbes) :

  F : alors je répète nous sommes à Paris ou nous sommes en vacances à Paris nous faisons une grande visite ou alors nous nous sommes arrêtés à la Tour Eiffel
  A5 : nous sommes partis à Paris

F : *très bien nous sommes partis à Paris* (écriture)
(…)
A1 : *nous sommes /ne/ visité la Tour Eiffel*
F : *nous avons visité*
A : *nous avons visité la Tour Eiffel*
A3 : *nous sommes*
F : *non nous avons*
A1 : *nous avons visité la Tour Eiffel* (reprise par plusieurs apprenants)
F : *nous avons visité la Tour Eiffel* (écriture)

Les apprenants réinvestissent des formulations écrivables de la phase orale

Texte final

Cher Frédéric,
Nous sommes partis à Paris. Nous avons visité la Tour Eiffel. On passe un bon séjour. On a pris le bateau mouche. Au revoir, à bientôt

Prolongements
Le texte de DF peut servir d'appui pour des exercices de graphie et de production d'écrit (via la recherche de mots ou de structures langagières dans la DF).

Exercice de copie
Le texte est recopié dans un cahier par les apprenants qui savent graphier (en cursive ou script selon le niveau des apprenants).

En phase intermédiaire, la formatrice peut proposer aux apprenants de prendre en photo le texte écrit, d'enregistrer sa lecture du texte et de leur envoyer sur une messagerie type WhatsApp pour qu'ils puissent réécouter et relire le texte en autonomie.

Production d'écrit guidée

La formatrice propose une trame sur laquelle s'appuient les apprenants pour rédiger leur propre carte postale. L'exercice s'est déroulé dans la même journée que la DF.

Textes originaux

Salut Amel Je suis en vacances à Nice avec des amis On passe de bon vacancea à côté de la mer Au REVOIR A bientet 	Salut ! Joni Ca va ? je suis à Rinnes Je suis la matin on joue à la petangue Et le soir je fais du Volley-ball tu sais que j'adore Au revoir 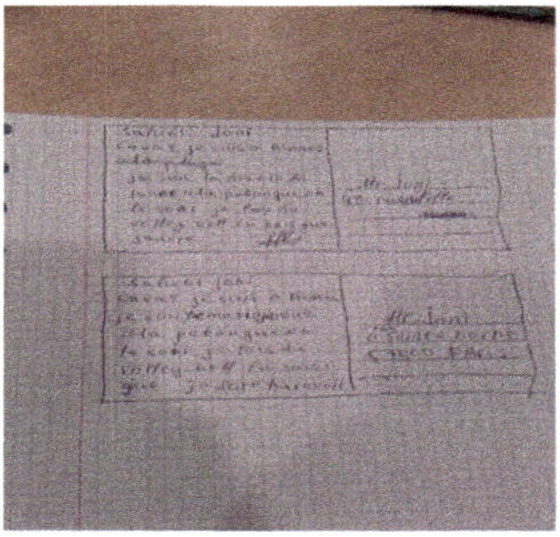

<u>Production d'écrit avec d'autres supports/thématiques</u>

Le travail peut être prolongé avec la même démarche pour l'écriture d'une carte de vœux.

Exemple de DF

Exemples de productions d'écrit (à partir de textes supports)

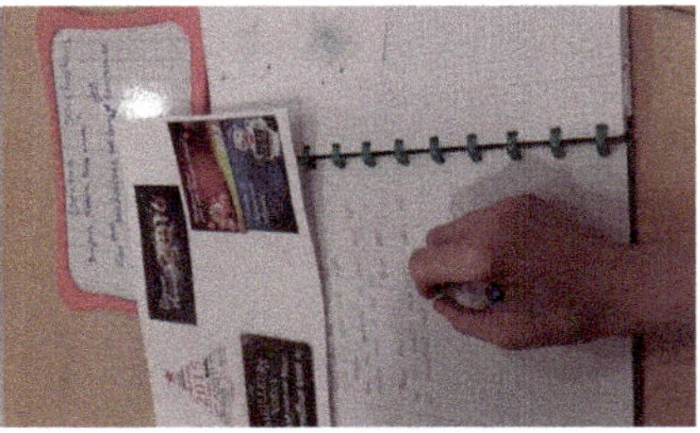

FICHE 3 : Description d'un fonctionnement du quotidien : le sport

DF collective
Profil des apprenants
10 apprenants : 23-44 ans
Langues premières : malinké, soso, arabe, pachto, tigrinya, portugais
Niveau oral de langue française : A0 à A1
Niveau écrit : 5 apprenants n'ont pas été scolarisés antérieurement (deux n'ont pas encore été confrontés au français écrit, trois ont déjà suivi quelques cours de français les mois précédents) ; 2 ont été en école coranique (alphabétisation en langue arabe) ; 2 ont été scolarisés en école primaire (4 à 8 ans de scolarisation) ; un seul a fait des études supérieures (niveau A0 en français oral et écrit)
Tous sont en France depuis moins de cinq ans (dont la moitié depuis moins de deux ans et un primo-arrivant).

Projet
Répertorier les sports les plus populaires et décrire les bienfaits du sport. Thématique qui s'inscrit dans un travail autour du corps en lien avec le développement personnel.
Objectif linguistique
Texte descriptif de cinq phrases maximum. Réutilisation de constructions lexicales et syntaxiques travaillées précédemment : noms de sports, structure avec *parce que* et *quand*, des représentations (ça fait du bien/c'est pour être en forme/en bonne santé/pour être plus fort), les pronoms de 3ème personne singulier et pluriel (*on/il(s)/elle(s)*).
Modèles à proposer : on fait/nous faisons du sport/de la course… pour se muscler, être en bonne santé ; quand on aime le… on le fait souvent parce que c'est… ; XX n'aime pas/ déteste …. parce que c'est… ; quand XX joue au… c'est pour s'amuser avec ses amis le weekend

Organisation de la séquence
Phase d'acculturation et 1ère phase orale : à partir de photos, première discussion autour des sports les plus populaires dans chaque pays, et des représentations associées au sport dans chaque pays : quels sports vous aimez ? Pourquoi ? Est-ce qu'on en fait beaucoup dans les pays où vous avez vécu ? Combien de fois par semaine ? Différences entre « sport » (compétitions, tournois) et « activité physique » (au quotidien par souci de santé ou par nécessité de travail/de déplacement ou pour les loisirs et la sociabilité…).
2ème phase orale : la formatrice donne la consigne, c'est-à-dire écrire un texte ensemble à partir de ce que l'on vu sur les sports et pourquoi on en fait.
Phase d'écriture : les apprenants dictent les phrases à la formatrice.

Phase orale

- La formatrice (F) aide les apprenants (A1…An) à construire leurs énoncés et reformule systématiquement pour proposer des phrases complètes :

F : *tu fais de la musculation vas-y explique moi pourquoi tu fais de la musculation ?*
A1 : *parce que j'aime vous voulez un peu énergie ici*
F : *parce que tu veux un peu de muscles sur ton corps*
A1 : *oui*
F : *d'accord ! donc tu fais de la musculation pour avoir un peu de muscles sur ton corps*
A1 : *oui c'est ça*
F : *d'accord ok donc Be. fait de la musculation pour avoir un peu de muscles*
(…)

La formatrice reprend les énoncés incomplets des apprenants et propose des reformulations dans des phrases complètes.

F : *ah tu fais du cricket alors pourquoi tu fais du cricket ?*
A2 : *parce que j'aime le cricket le* (silence)
F : *alors tu m'as dit tout à l'heure tu fais que tu fais du cricket parce que tu aimes être avec tes amis*
A2 : *pour jouer*
F : *d'accord est-ce que tu peux me le redire ?*
A2 : *parce que j'aime le cricket avec mes amis*
F : *tu fais du cricket parce que tu aimes être avec tes amis*
A2 : *oui*

En collectif, tous les apprenants ne participent pas, mais ceux qui ne parlent pas sont néanmoins actifs dans l'écoute.

- La formatrice sollicite les apprenants pour qu'ils reprennent les propositions de l'adulte :

F : *et alors est-ce que tu aimes le sport ?*
A3 : *oui je l'aime le sport*
F : *alors pourquoi ? tu peux expliquer pourquoi tu aimes le sport ?*
A3 : *parce que le sport donner le bon santé*
F : *tu aimes le sport parce que ça donne une bonne santé ça permet d'être en bonne santé*
A3 : *oui et ça aide encore pour les ventres le gros ventre là qui va descendre*
F : *tu veux perdre du ventre*
A3 : *oui*
F : *tu fais du sport pour perdre du ventre d'accord est-ce que tu peux tout me redire en entier ?*
A3 : *je l'aime le sport pour la santé pour muscler le ventre encore*
F : *d'accord tu aimes le sport pour la santé et pour perdre du ventre*

La formatrice demande explicitement à l'apprenante de redire ce qu'elle a reformulé.

Phase d'écriture

- La formatrice propose de passer à l'écriture du texte :

  F : *alors maintenant on va essayer d'écrire tout ce que vous avez dit alors vous allez me dire [pause] dites-moi vous vous souvenez pourquoi Be. fait de la musculation ?*

- La formatrice indique les énoncés qui ne sont pas écrivables :

  F : *donc je reprends et vous continuez Be. fait de la musculation pour…*
  A3 : *muscle*
  F : *alors pour muscle je peux pas l'écrire je peux pas dire écoutez bien Be. fait de la musculation pour muscle ça marche pas en français Be. fait de la musculation…*

- Des ajustements sont encore nécessaires pour arriver à de l'écrivable :

  F : *alors là j'ai écrit* *<u>Da. fait du cricket</u>* (écriture)
  A2 : *avec mes amis*
  A4 : *avec ses amis*
  F : *pour être avec ses amis on avait dit parce qu'il veut jouer avec ses amis*
  F : *alors dites-moi qu'est-ce que j'écris Da. fait du cricket*
  A3 : *<u>parce qu'il aime jouer</u>* (écriture)
  A3 : *<u>avec ses amis</u>* (écriture)
  F : *Da. fait du cricket parce qu'il aime jouer avec ses amis*

  La formatrice rappelle les formulations qui avaient été proposées durant la phase orale et qui lui paraissent plus adaptées.

- La formatrice relit l'intégralité de ce qui a été écrit :

  F : *je relis tout vous avez bien travaillé hein Be. fait de la musculation pour avoir des muscles. Da. fait du cricket parce qu'il aime jouer avec ses amis. Sa. aime le sport pour être en bonne santé.*

Texte final

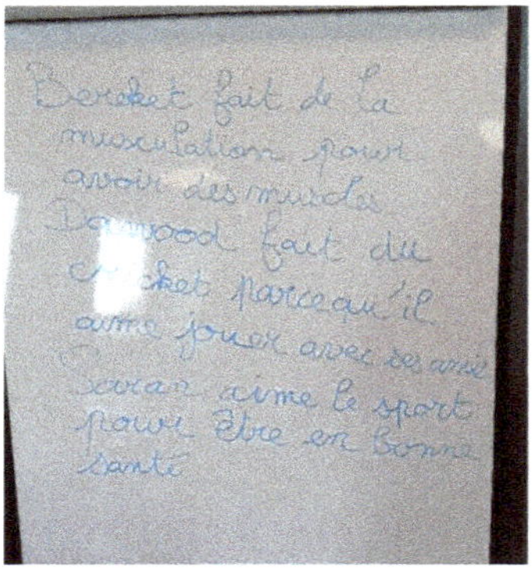

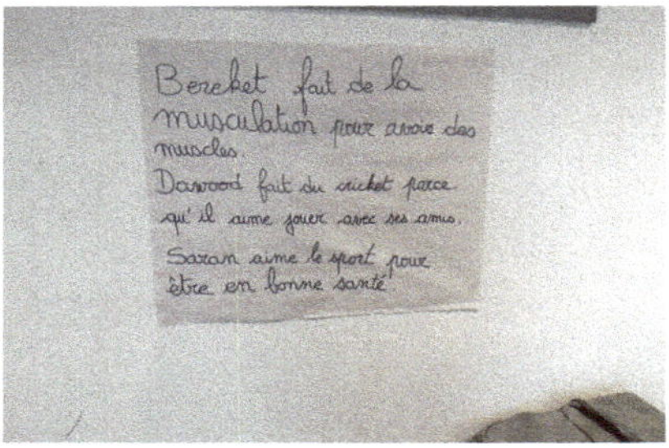

Autres textes de DF possibles
Avec des niveaux plus avancés

Prolongements
Le texte de DF peut servir d'appui pour des exercices de graphie, de compréhension, de grammaire (cf chapitre 4), pour de la production d'écrit (via la recherche de mots ou de structures langagières dans la DF).

<u>Exercice de copie</u>
Le texte est recopié dans un cahier par les apprenants qui savent graphier (en cursive ou script selon le niveau des apprenants).

En phase intermédiaire, la formatrice peut proposer aux apprenants de prendre en photo le texte écrit, d'enregistrer sa lecture du texte et de leur envoyer sur une messagerie type WhatsApp pour qu'ils puissent réécouter et relire le texte en autonomie.

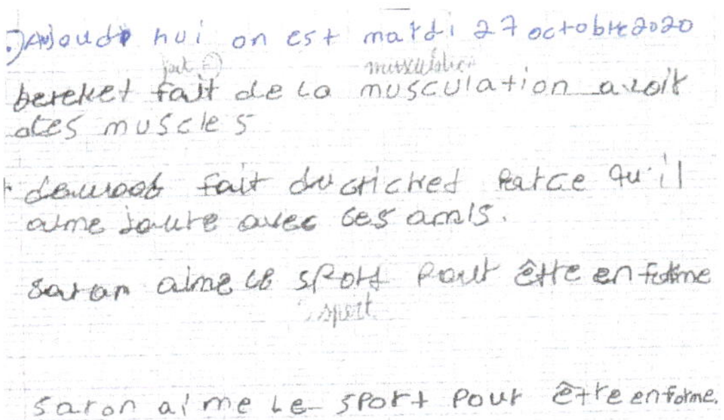

Exemple d'exercices de compréhension et de travail sur la langue

Texte DF : *Be. fait de la musculation pour avoir des muscles.*
Da. fait du cricket parce qu'il aime jouer avec ses amis.
Sa. aime le sport pour être en bonne santé.

Colorie la phrase correcte

Da. fait du sport pour voir ses amis
Da. fait du cricket pour être en bonne santé
Da. fait du cricket parce qu'il aime jouer avec ses amis.
Da. fait du cricket pour avoir des muscles

Sépare les mots de la phrase avec un trait. Recopie la phrase en cursive.

i l j o u e a u f o o t l e d i m a n c h e a v e c s e s a m i s .

Complète avec « du » ou « de »

Je fais.................foot.
Je fais................ la natation.
Je fais.................sport.
Je fais.................cricket.
Je fais.................fitness.
Je fais..................la danse.
Je fais..................la musculation.
Je fais..................la courses à pieds.

Production d'écrit guidée

Consigne : « quel sport tu aimes/tu fais (et pourquoi) ? »
On peut obtenir plusieurs niveaux de production d'écrit en fonction du niveau des apprenants (et de l'expérience de la DF/PE en classe) : du recopiage à la rédaction d'un texte original (du simple mot à plusieurs phrases).

FICHE 4 : Description d'un fonctionnement du quotidien : les saisons

DF collective

Profil des apprenants

10 apprenants : 23-44 ans
Langues premières : malinké, soso, arabe, pachto, tigrinya, portugais
Niveau oral de langue française : A0 à A1
Niveau écrit : 5 apprenants n'ont pas été scolarisés antérieurement (deux n'ont pas encore été confrontés au français écrit, trois ont déjà suivi quelques cours de français les mois précédents) ; 2 ont été en école coranique (alphabétisation en langue arabe) ; 2 ont été scolarisés en école primaire (4 à 8 ans de scolarisation) ; un seul a fait des études supérieures (niveau A0 en français oral et écrit)
Tous sont en France depuis moins de cinq ans (dont la moitié depuis moins de deux ans et un primo-arrivant).

Projet

Décrire les saisons en France. Thématique qui s'inscrit dans un travail sur le temps : gestion du temps, organisation temporelle (les années/mois/jours/saisons).

Objectif linguistique

Texte descriptif de cinq phrases maximum. Réutilisation de constructions lexicales et syntaxiques travaillées précédemment : les dates (en chiffres et en lettres), les mois, les saisons, les fêtes ; la structure « *c'est le mois où on ….* ». Travailler les structures : « *en hiver/en été/au printemps/en automne, il fait/ il y a…* »

Organisation de la séquence

<u>Phase d'acculturation</u> et <u>1ère phase orale</u> : utilisation d'un calendrier civil pour repérer les jours, mois, saisons et fêtes (mode de lecture d'un tableau à double entrée). Utilisation de photos pour comparer les saisons avec d'autres pays : le nombre et le nom des saisons en France et ailleurs et les manifestations dans la nature : le temps qui se refroidit/se réchauffe ; la pluie/la neige/la chaleur ; saison sèche/saison des pluies.
<u>2ème phase orale</u> : la formatrice donne la consigne, c'est-à-dire écrire un texte ensemble à partir de ce que l'on vu sur les saisons en France.
<u>Phase d'écriture</u> : les apprenants dictent les phrases à la formatrice.

Phase orale

- La formatrice (F) sollicite les apprenants (A1...An) les plus faibles pour qu'ils produisent des énoncés écrivables

F : *on a dit en France il y a quatre saisons d'accord ?*
A1 : *d'accord*
F : *tu peux me redire tout ça pour que je l'écrive ? vas-y !*
A1 : *en France quatre saisons*
F : *il y a*
A1 : *il y a quatre*
F : *saisons il y a*
A1 : *il y a quatre*
A2 : *saisons*
F : *en France il y a quatre saisons*

La formatrice exige des reprises à la mesure du niveau linguistique de chaque apprenant (ici, avec le présentatif « il y a »).

En collectif, tous les apprenants ne participent pas, mais ceux qui ne parlent pas sont néanmoins actifs dans l'écoute.

Phase d'écriture

- Lors de la dictée, les apprenants réinvestissent des constructions proposées antérieurement par la formatrice

F : *d'accord ? donc quand c'est le mois de décembre il y a Noël d'accord ? quand c'est le mois de janvier il y a*
A1 : *Noël*
F : *pas Noël au mois de janvier*
A1 : *j'ai oublié*
A2 : *la nouvelle année*
F : *la nouvelle année donc quand c'est le mois de janvier c'est la nouvelle année on va écrire tout ça on commence par le mois de décembre ? allez vas-y* (F. désigne un apprenant)
A3 : *quand*
F : *vas-y* <u>*quand*</u> (écriture)
A3 : *quand nous sommes le mois de décembre*
F : <u>*quand nous sommes le mois de décembre*</u> (écriture)
A3 : *il y a fête de Noël*
F : <u>*il y a la fête de Noël*</u> (écriture)

La construction « quand c'est... il y a » est reprise par l'apprenant au moment de dicter.

Texte final

Prolongements

Le texte de DF peut servir d'appui pour des exercices de graphie, de compréhension, de grammaire (cf chapitre 4), pour de la production d'écrit (via la recherche de mots ou de structures langagières dans la DF).

<u>Exercice de copie</u>

Le texte est recopié dans un cahier par les apprenants qui savent graphier (en cursive ou script selon le niveau des apprenants).

En phase intermédiaire, la formatrice peut proposer aux apprenants de prendre en photo le texte écrit, d'enregistrer sa lecture du texte et de leur envoyer sur une messagerie type WhatsApp pour qu'ils puissent réécouter et relire le texte en autonomie.

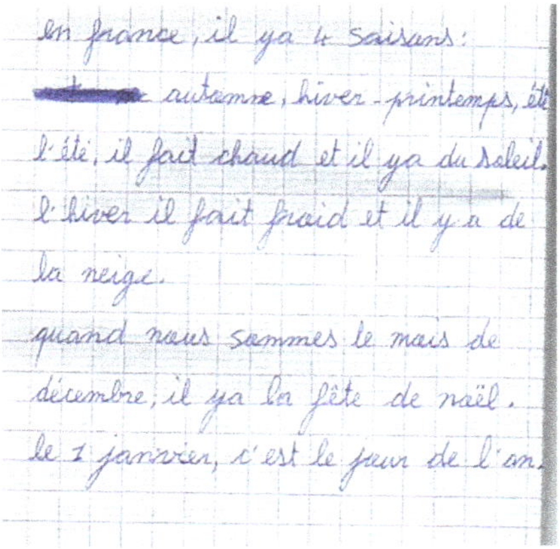
En france, il ya 4 saisons:
autamne, hiver-printemps, été
l'été, il fait chaud et il ya du soleil.
l'hiver il fait froid et il y a de
la neige.
quand nous sommes le mois de
décembre, il ya la fête de noël.
le 1 janvier, c'est le jour de l'an.

<u>Exemple d'exercices de compréhension et de travail sur la langue</u>

Texte DF : *En France, il y a 4 saisons : automne, hiver, printemps, été.*
L'été, il fait chaud et il y a du soleil.
L'hiver, il fait froid et il y a de la neige.
Quand nous sommes le mois de décembre il y a la fête de Noël.
Le 1er janvier c'est le jour de l'an.

Colorie la phrase correcte

L'hiver, il fait froid et il y a de la neige
En décembre, il y a Noël
L'été, c'est quand il fait chaud
Le 1er janvier c'est pendant l'hiver

Range les mots de la phrase dans l'ordre.

sommes	décembre	fête	Il y a	Noël	de	nous	quand	le	mois	la	de

Complète avec un verbe mot....

En été................du soleil.
L'hiver............... froid.
Demain, ...de la pluie à 10h.

<u>Production d'écrit guidée</u>

Consignes de la formatrice (deux possibilités) : « *vous dites quelles sont les saisons de votre pays* » ou « vous dites ce que vous avez fait hier »

On peut obtenir plusieurs niveaux de production d'écrit en fonction du niveau des apprenants (et de l'expérience de la DF/PE en classe) : du recopiage à la rédaction d'un texte original (du simple mot à plusieurs phrases).

Exemple d'écriture de mots isolés pris dans la DF ou texte très proche de la DF

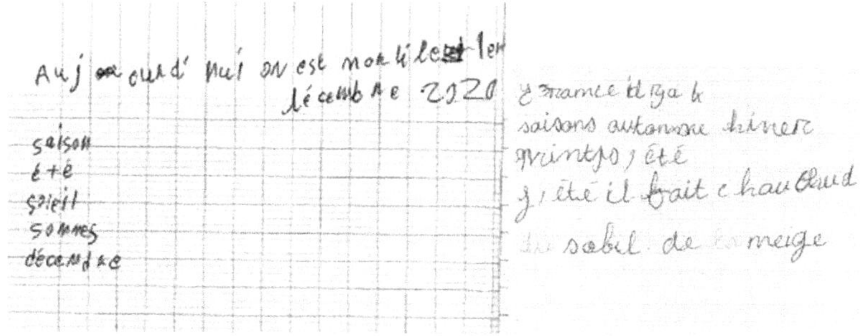

Exemple d'un texte original

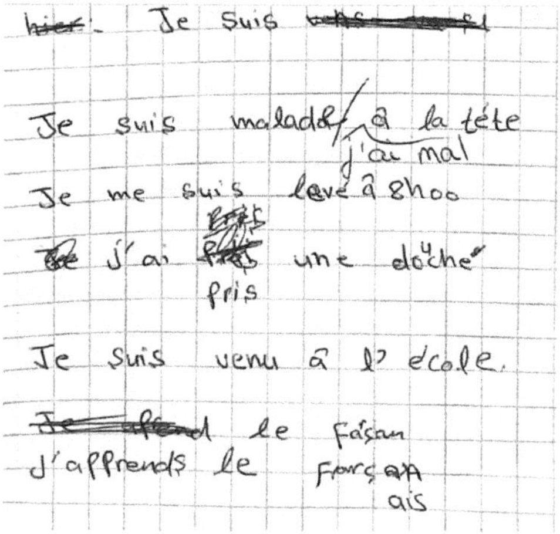

FICHE 5 : Description d'entités (les symboles d'un pays)

DF collective
Profil des apprenants
10 apprenants : 23-44 ans
Langues premières : malinké, soso, arabe, pachto, tigrinya, portugais
Niveau oral de langue française : A0 à A1
Niveau écrit : 5 apprenants n'ont pas été scolarisés antérieurement (deux n'ont pas encore été confrontés au français écrit, trois ont déjà suivi quelques cours de français les mois précédents) ; 2 ont été en école coranique (alphabétisation en langue arabe) ; 2 ont été scolarisés en école primaire (4 à 8 ans de scolarisation) ; un seul a fait des études supérieures (niveau A0 en français oral et écrit)
Tous sont en France depuis moins de cinq ans (dont la moitié depuis moins de deux ans et un primo-arrivant).

Projet
Décrire les symboles de la France. Thématique qui s'inscrit dans un travail autour de l'identité en lien avec la vie citoyenne et administrative.

Objectif linguistique
Texte descriptif de cinq phrases maximum. Réutilisation de constructions lexicales et syntaxiques travaillées précédemment : symboles, drapeaux, république (française), coq, Marianne, défilé (14 juillet), fête nationale..., à insérer dans des structures déjà vues comme « X (c')est... », « il y a... » et être et avoir, mais en faisant des extensions dans les syntagmes nominaux.

Organisation de la séquence
<u>Phase d'acculturation et 1ère phase orale</u> : introduction des symboles de la République française de manière interculturelle, par comparaison avec d'autres pays. Discussion à partir des documents déclencheurs : visionnage d'une vidéo d'une compétition sportive avec hymnes des deux équipes (dont la France) ; photos avec devise, monuments, fête nationale de la France et d'autres pays.
<u>2ème phase orale</u> : la formatrice donne la consigne, c'est-à-dire écrire un texte ensemble à partir de ce que l'on vu sur les symboles de la France.
<u>Phase d'écriture</u> : les apprenants dictent les phrases à la formatrice.

Phase orale
- La formatrice donne la consigne

F : *donc on va écrire un petit texte ensemble sur les valeurs de la France les symboles de la France*
A1 : *les symboles de France*
F : *les symboles de la France*

- La formatrice oriente le contenu et reprend les propositions des apprenants dans des phrases complètes

  F : alors on commence avec le drapeau
  A1 : le drapeau (l'apprenant épelle le mot)
  F : merci Be. ?
  A2 : bleu blanc rouge
  F : le drapeau
  A2 : bleu blanc rouge
  A3 : le drapeau rouge
  F : ouais le drapeau est bleu blanc rouge
  A2 : le drapeau bleu blanc rouge
  F : ouais le drapeau de la France le drapeau français est bleu blanc rouge

- La formatrice aide les apprenants à organiser leurs idées et à produire des phrases complètes

  F : après qu'est-ce qu'on peut dire encore ?
  A1 : le bleu le bleu un un animal
  F : l'animal français
  A2 : le coq (prononcé « coupe »)
  F : c'est le coq tu peux répéter ?
  A2 : animal français le cou-coq (prononcé « couq »)
  F : donc l'animal français c'est le coq
  A2 : animal français c'est le coq
  (...)
  F : alors qu'est-ce qu'on peut dire de la statue ?
  A1 : Marianne marseillaise
  F : Marianne c'est la marseillaise ? c'est pas la même chose la statue c'est Marianne et l'hymne national c'est la marseillaise alors que dire de la statue Marianne ?

La formatrice s'efforce d'éviter les phrases suspensives du type : *le drapeau de la France est...*

A : bleu !

La formatrice s'efforce d'éviter les questions fermées du type : *Elle est où Marianne ?*

A : mort mort

Cela entrainerait des productions incomplètes ou inadéquates.

Phase d'écriture

- La formatrice demande à un apprenant de dire la phrase en entier pour l'écrire

  A2 : la devise de la France liberté égalité fraternité
  F : oui c'est bien je peux l'écrire donc la devise de la France
  A2 (dicte) *: la devise de la France c'est*
  F : donc la devise de la France (F. relit ce qu'elle écrit)

L'apprenant ne formule pas le verbe dans un premier temps mais la formatrice ne souligne pas son erreur, mais propose de l'écrire parce qu'elle sait que l'apprenant peut dicter avec le verbe, ce qu'il fait effectivement, d'abord avec « c'est » puis « est ».

A2 : *est*

F : *est* (écriture)

A2 : *liberté*

F : *liberté* (écriture)

A3 : *égalité fraternité*

F : *égalité fraternité* (écriture) *très bien la devise de la France est liberté, égalité, fraternité (F. relit en pointant sur chaque mot au fur et à mesure) quoi d'autre ?*

- La formatrice relit l'intégralité de ce qui a été écrit et demande à un apprenant de relire ensuite avec elle

F : *on relit alors : Les symboles de la France. Le drapeau de la France est bleu blanc rouge. L'animal français c'est le coq. La statue de Marianne est à la mairie. La devise de la France est liberté égalité fraternité. La fête nationale en France est le quatorze juillet. L'hymne national français est la marseillaise. ça va ?*

A3 : *ça va*

F : *est-ce que y en a un qui veut essayer de lire Al. tu veux essayer ?*

A5 : *oui*

Texte final

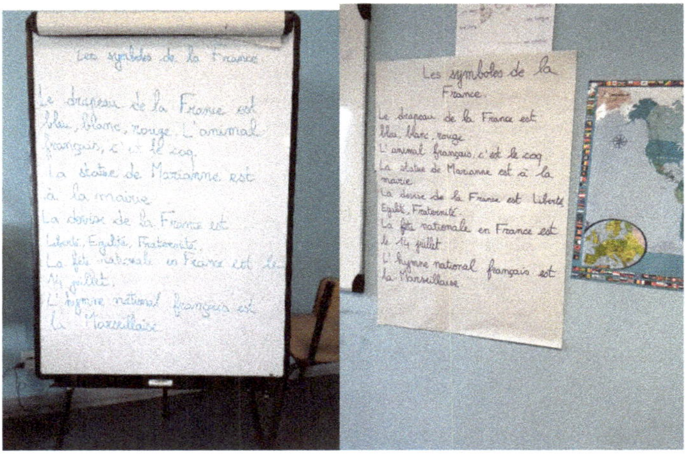

Autre texte de DF possible

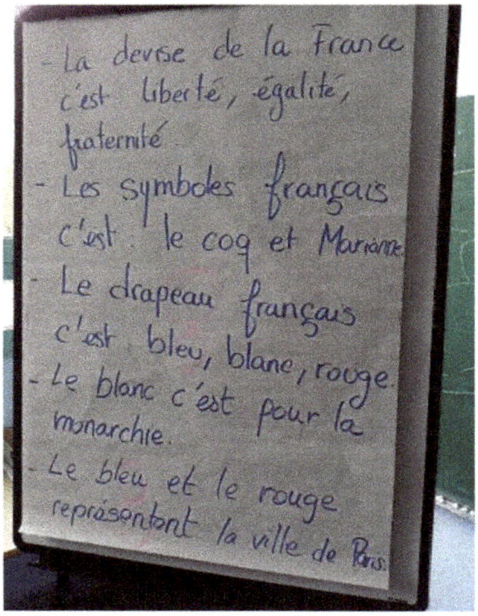

Prolongements

Le texte de DF peut servir d'appui pour des exercices de graphie, de compréhension, de grammaire (cf. chapitre 4), pour de la production d'écrit (via la recherche de mots ou de structures langagières dans la DF).

<u>Exercice de copie</u>

Le texte est recopié dans un cahier par les apprenants qui savent graphier (en cursive ou script selon le niveau des apprenants).

En phase intermédiaire, la formatrice peut proposer aux apprenants de prendre en photo le texte écrit, d'enregistrer sa lecture du texte et de leur envoyer sur une messagerie type WhatsApp pour qu'ils puissent réécouter et relire le texte en autonomie.

<u>Exemples d'exercices de compréhension et de travail sur la langue</u>

Texte DF : *Le drapeau de la France est bleu, blanc, rouge.*
L'animal français c'est le coq.
La statue de Marianne est à la mairie.
La devise de la France est liberté, égalité, fraternité.
La fête nationale en France est le 14 juillet.
L'hymne national français est la marseillaise.

Coche la bonne réponse.

Le drapeau français a :
- ☐ deux couleurs
- ☐ deux couleurs et un symbole
- ☐ trois couleurs

Où se trouve la statue de Marianne ?
- ☐ à la maison
- ☐ à la mairie
- ☐ à l'école

Au début d'un match de foot, les français chantent :
- ☐ la morseilloise
- ☐ la marseillaise
- ☐ la javanaise

Fais une phrase avec les mots :
Drapeau – France – bleu – symbole – de - blanc – le - rouge – la - est

<u>Recherche documentaire</u>
Préalablement, un travail documentaire d'identification des symboles des pays d'origine des apprenants est à réaliser : recherche des drapeaux, des symboles, des devises (avec les apprenants, avec une trame de préparation par la formatrice).

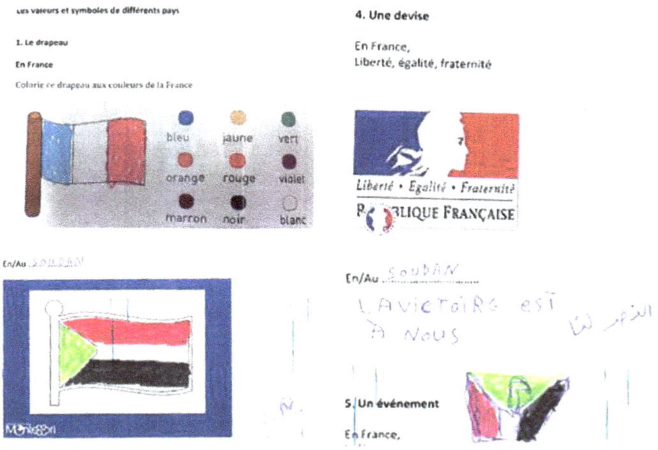

<u>Production d'écrit guidée</u>

Consigne de la formatrice : « Les symboles de mon pays, c'est quoi ? »

On peut obtenir plusieurs niveaux de production d'écrit en fonction du niveau des apprenants (et de l'expérience de la DF/PE en classe) : du recopiage à la rédaction d'un texte original (du mot isolé à plusieurs phrases).

Exemple de texte DF recopié

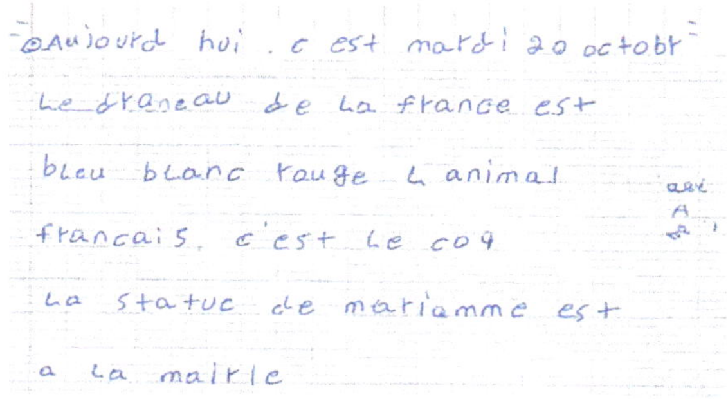

Aujourd hui . c est mardi 20 octobr
Le draneau de la france est
bleu blanc rouge L animal
francais, c'est le coq
La statue de mariamme est
a la mairie

Exemple d'écriture de mots isolés pris dans la DF

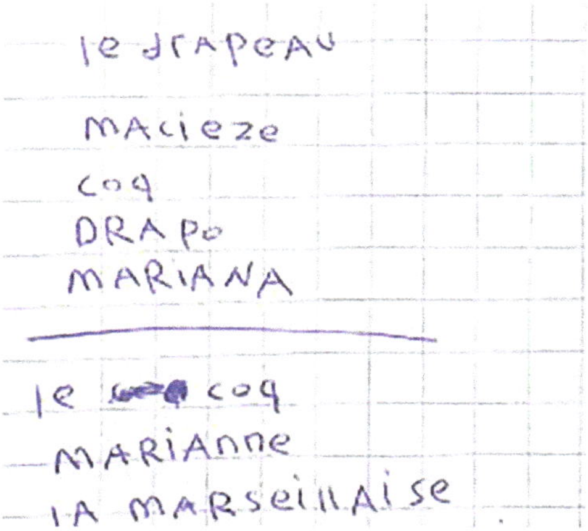

le drApeAu
MAcieze
coq
DRApo
MARIANA

le coq
MARIAnne
lA MARseillAise

Exemples de textes originaux

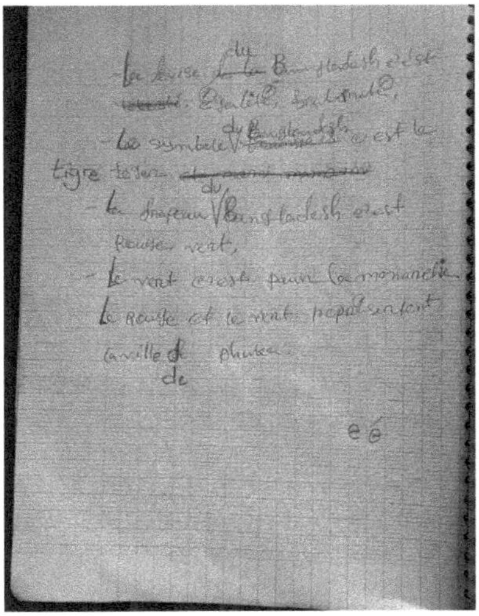

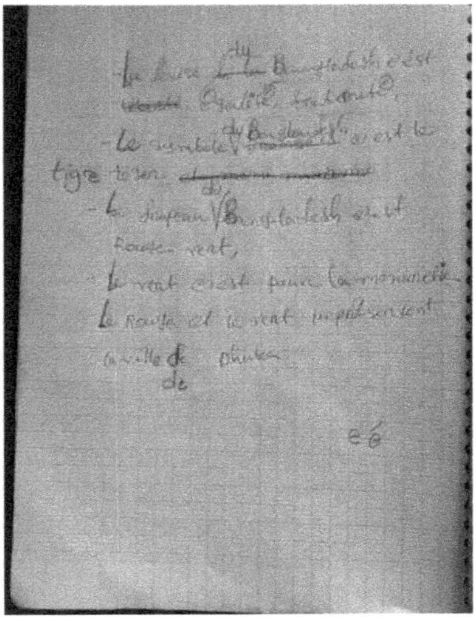

FICHE 6 : Entrainement à un examen (exercice du DILF : écrire un message)

Profil des apprenants

10 apprenants : 23-44 ans
Langues premières : malinké, soso, arabe, pachto, tigrinya, portugais
Niveau oral de langue française : A0 à A1
Niveau écrit : 5 apprenants n'ont pas été scolarisés antérieurement (deux n'ont pas encore été confrontés au français écrit, trois ont déjà suivi quelques cours de français les mois précédents) ; 2 ont été en école coranique (alphabétisation en langue arabe) ; 2 ont été scolarisés en école primaire (4 à 8 ans de scolarisation) ; un seul a fait des études supérieures (niveau A0 en français oral et écrit)
Tous sont en France depuis moins de cinq ans (dont la moitié depuis moins de deux ans et un primo-arrivant).

Projet

S'entrainer à l'examen du DILF pour l'épreuve de production écrite : « Laissez un message simple ».

Objectif linguistique
S'exercer à une situation de communication fictive, comprendre qu'il faut adresser un message à une tierce personne (se mettre à la place de/s'adresser à un personnage fictif). Transposition des relations énonciatives : « votre mari/femme » devient « tu ». Travailler les formules d'appellation. Ex : *chéri(e), à ce soir, à plus*. Travailler le vocabulaire spécifique aux thèmes (*fruits, légumes, faire les courses, acheter…*). Travailler l'interrogation « *est-ce que* ».

Organisation de la séquence
<u>Phase d'acculturation et 1ère phase orale</u> : Faire réfléchir les apprenants sur la nature et les fonctions du message court : pourquoi écrit-on des messages ? À quoi ça sert ? Et voir comment communiquer avec une personne quand elle n'est pas là (par exemple avec de la famille, des voisins, des amis, ou avec des collègues, son employeur…), ou comment écrire pour ne pas oublier quelque chose (par exemple une liste de courses, un trousseau, un inventaire…). Montrer et commenter un exemple d'exercice (sujets d'examen blanc).

<u>2ème phase orale</u> : la formatrice donne la consigne, c'est-à-dire écrire un texte ensemble à partir du thème : faire une liste de courses pour son mari.
<u>Phase d'écriture</u> : les apprenants dictent les phrases à la formatrice.

Phase orale
- La formatrice explique la consigne

F : *donc on va lire ensemble ce qu'il faut faire d'accord je vais le lire à voix haute je lis ce qui est écrit au-dessus d'accord ? je lis là pas là* (F. montre la phrase où est écrit la consigne) *alors je vais le lire vous rentrez tard à la maison ce soir vous écrivez le matin un message à votre mari pour lui demander de faire les courses est-ce que vous avez compris de quoi il s'agit ?*
A1 : *faire le course*
A2 : *faire le magasin courses*
A3 : *faire les courses au magasin*
F : *oui mais est-ce que vous avez compris ? vous écrivez un message qu'est-ce que ça veut dire écrire un message à son mari ?*
A1 : *message*
A2 : *envoyer un message*
F : *il faut pas envoyer il faut écrire un message qu'est-ce qu'il faut écrire comme message ?*
A3 : *un liste*

F : *il faut écrire une liste une liste de quoi ? une liste de course pour le magasin écoutez-moi bien vous rentrez à la maison il est tard vous rentrez tard à la maison d'accord ? vous ne voyez pas votre mari ou votre femme il est trop tard donc le matin vous allez écrire un mot pour demander à votre mari ou à votre femme d'aller faire les courses il faut faire la liste de courses.*

- La formatrice clarifie le type de texte à produire (écrire à une personne absente)

F : *si tu rentres chez toi et que tu veux demander à ton mari de faire les courses comment tu vas lui demander ?*
A4 : *d'abord je sors si j'ai rentré j'ai j'ai salut d'abord bonjour*
F : *mais lui tu le vois pas*
A4 : *ah je vois pas*
F : *tu le vois pas*
A4 : *ah ok écrire*
F : *il faut que tu lui écrives un mot parce que tu ne le vois pas*
A4 : *ah ok ok ah d'accord d'accord*

- La formatrice amène les apprenants à formuler une adresse

A5 : *j'ai écrit pour dire que si tu vas aller pour- acheter les les manger de soir les manger on va manger donc j'ai écrit tout ça là pour envoyer* (A. a commencé à écrire des mots dans son cahier)
F : *alors qu'est-ce qu'on va écrire ?*
A1 : *les listes les listes*
F : *la liste on peut écrire une liste mais juste vous écrivez une liste est-ce que votre mari ou votre femme elle va comprendre elle va se réveiller le matin elle va regarder et elle va voir une liste il faut peut-être lui dire*
A1 : *oui*
F : *alors comment vous allez lui dire comment est-ce qu'on va demander ? comment est-ce qu'on va demander à sa femme ?*
A1 : *c'est acheter une carotte*
F : *oui mais comment on va lui demander ?*
A1 : *tu vas faire courses pour moi*
F : *ah tu vas faire les courses pour moi alors est-ce qu'on demande comme ça ?*

Les apprenants ne connaissent pas les formulations d'adresse. La formatrice leur donne donc les éléments à formuler sans passer trop de temps à poser des questions sur quelque chose qu'ils ne connaissent pas.

- La formatrice introduit les formulations d'adresse

F : *alors est-ce qu'on dit tu vas faire les courses pour moi ? comment tu vas demander*

A2 : *tu vas aller à la magasin pour faire le courses*

F : *oui par exemple si moi je veux que tu ailles faire les courses pour moi je vais dire Fa. s'il te plaît est-ce que tu peux aller faire des courses ? je vais te demander Fa. s'il te plait est-ce que tu peux aller faire des courses et je vais écrire Fa. s'il te plaît tu peux aller faire des courses ?*

- La formatrice met les apprenants en situation

F : *comment tu peux demander alors Sa. et donne-moi un exemple vas-y comment ce que tu vas écrire ? on va dire que tu dois demander à Fa. mais tu ne vois pas Fa. comment tu vas lui écrire ? qu'est-ce que tu vas lui demander ?*

A3 : *par message*

F : *tu vas lui envoyer un message un texto ou sur le papier comment tu vas lui demander ?*

A3 : *je prends mon téléphone j'ai faire le message*

F : *alors qu'est-ce que tu écris ?*

A3 : *je écris d'abord Fa. bonjour*

F : *Fa. bonjour*

A3 : *s'il te plaît tu vas faire courses pour moi la magasin*

F : *s'il te plaît Fa. tu peux aller faire des courses tu peux aller faire des courses pour moi au magasin ça c'est bien et après qu'est-ce que tu lui demandes ?*

A3 : *j'ai écrit encore Fa. j'ai besoin de tomates*

> La formatrice fait appel aux connaissances des apprenants sur la façon de demander quelque chose à quelqu'un et reformule dans des phrases structurées et complètes.

> En collectif, tous les apprenants ne participent pas, mais ceux qui ne parlent pas sont néanmoins actifs dans l'écoute.

Phase d'écriture

- La formatrice écrit sous la dictée mais assure la cohésion verbale du texte

F : *on va l'écrire ensemble alors comment on va demander ? Sa. tu veux commencer ?*

A6 : *bonjour euh X*

F : <u>*bonjour*</u> (écriture)

B6 : *bonjour s'il te plait*

F : <u>*s'il te plait*</u> (écriture) *vas-y*

A6 : *je veux je veux que tu vas aller à la magasin*
F : *je veux que tu ailles au magasin*
A6 : *pour acheter tomates*
F : *je veux que tu ailles au magasin pour acheter et puis on va faire une liste*
A6 : *je veux que je veux que tu vas aller à magasin*
F : <u>*je veux que tu ailles au magasin*</u> (écriture)
A7 : *'tu ailles' je comprends pas*
F : *en français c'est pas 'je veux que tu vas' c'est je veux 'que tu ailles' 'que tu ailles' c'est aller*
A7 : *aller ah ça marche*

La formatrice décide d'écrire le subjonctif alors qu'aucun des apprenants ne le maitrise. L'apprenant le plus avancé manifeste même son incompréhension. Ce choix est lié au fait de conserver la forme de la subordonnée « je veux que » qui était un progrès important chez l'apprenante qui l'a verbalisée.

- La formatrice fait une relecture complète de ce qui a été dicté
  F: bonjour s'il te plait je veux que tu ailles au magasin pour acheter des tomates des concombres une salade une baguette des yaourts

Texte final

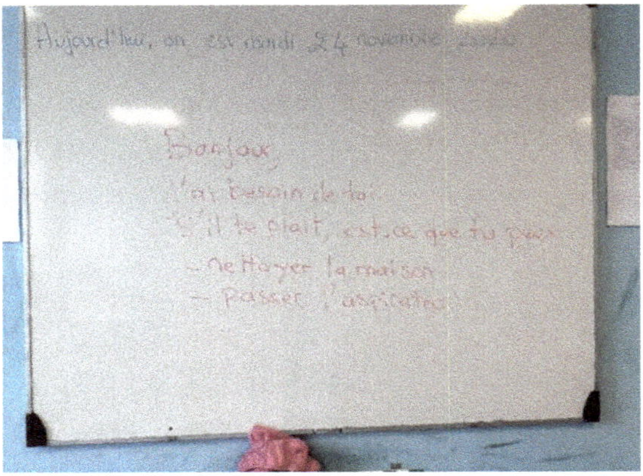

Autre texte de DF possible

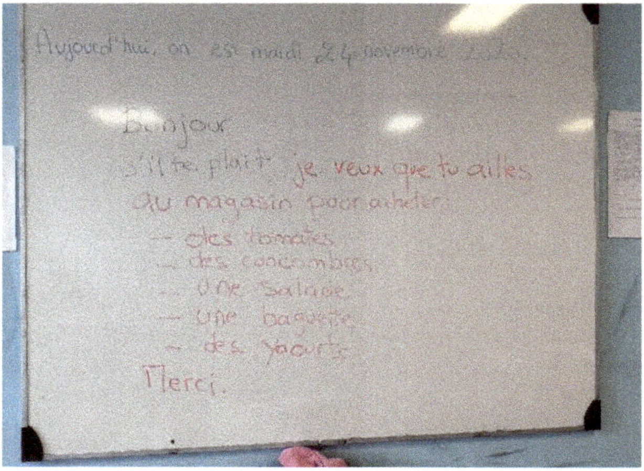

Prolongements

Le texte de DF peut servir d'appui pour d'autres exercices du même type et pour de la production d'écrit (via la recherche de mots ou de structures langagières dans la DF).

<u>Autres thèmes</u>

Par exemple : « *Vous écrivez un message le matin à votre mari pour lui demander de vous aider à faire les tâches ménagères* »

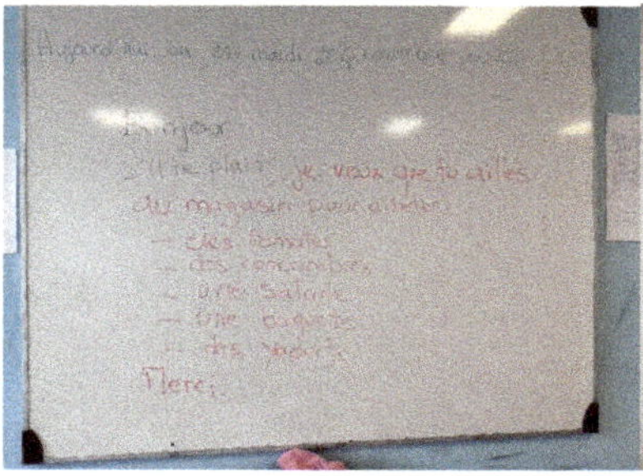

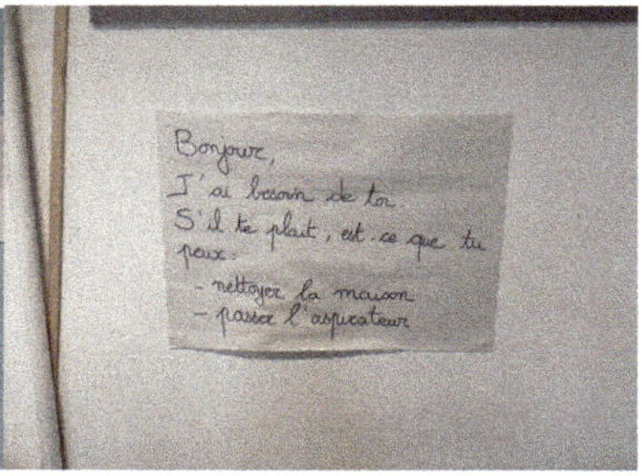

Production d'écrit guidée

La formatrice propose dans un premier temps aux apprenants d'écrire eux-mêmes un texte sur le même thème que celui de la DF. Plus tard, quand les apprenants seront à l'aise, elle proposera des thèmes nouveaux.

On peut obtenir plusieurs niveaux de production d'écrit en fonction du niveau des apprenants (et de l'expérience de la DF/PE en classe) : d'une succession de mots recopiés à la rédaction d'un texte original, plus ou moins proche du texte de DF.

Exemple d'écriture de mots/syntagmes isolés pris dans plusieurs DF

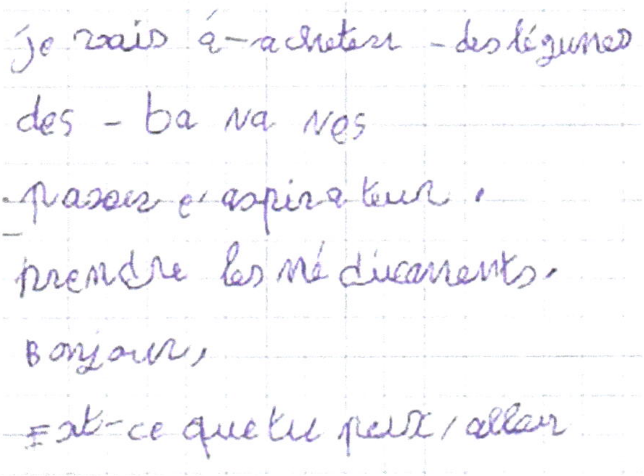

Exemple de textes originaux

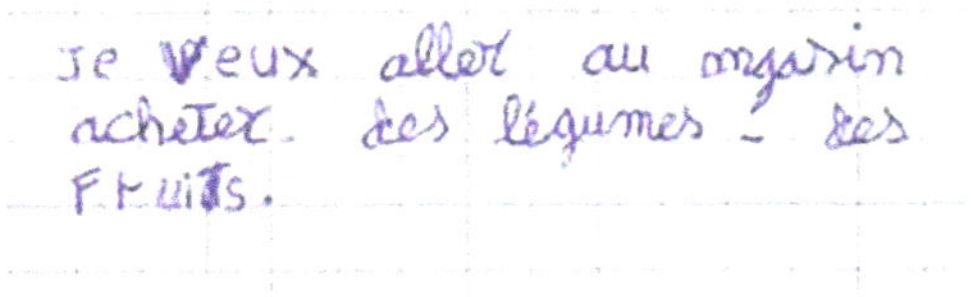

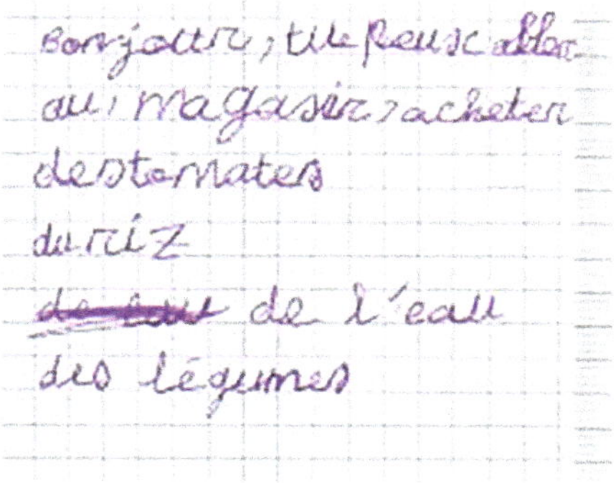

Bonjour, tu peux aller
au magasin acheter
des tomates
du riz
de l'eau
des légumes

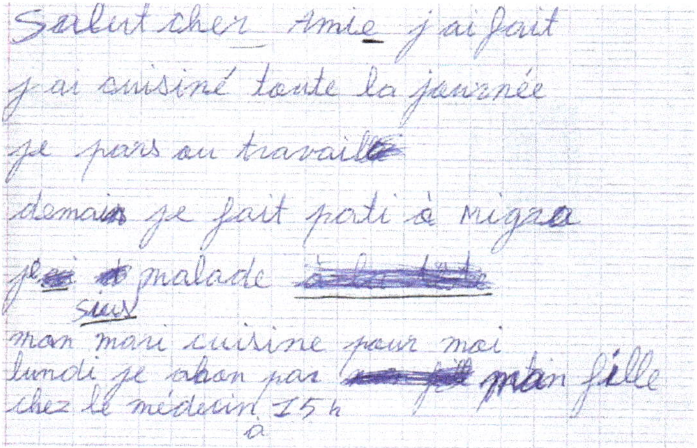

Salut cher Amie j'ai fait
j'ai cuisiné toute la journée
je pars au travail
demain je fait pati à Migra
je suis malade
mon mari cuisine pour moi
lundi je aban par mon fille
chez le médecin à 15 h

FICHE 7 : Petite annonce (sur un site internet)

DF collective

Profil des apprenants

3 apprenants : 16, 17 et 24 ans

Langues premières : malinké, peul, soso

Niveau oral de langue française : A2 à B1 (langue seconde pratiquée dans le pays d'origine). Ils sont capables de parler de leurs domaines d'intérêts et de spécialités.

Niveau écrit : ils ont été scolarisés jusqu'en primaire et ils savent graphier en écriture latine mais ils ont de faibles compétences en production d'écrit. Ils pratiquent le français écrit depuis quelques mois dans le cadre de cours organisés par un collectif citoyen.

Projet

Poster une annonce sur internet pour offrir ses services (travail rémunéré).

Objectif linguistique

- Utiliser les formules de salutation.
- Organiser les informations dans une petite annonce (titre, prix, descriptif, contact, salutation, signature).
- S'adresser aux potentiels lecteurs : utiliser la deuxième personne du pluriel.

Organisation de la séquence

Phase d'acculturation : observation de la page d'accueil du site *Leboncoin* avec questions de compréhension générale. La formatrice demande aux apprenants d'identifier la *carte de France* qui est sur le site de l'annonceur et de préciser où se situe la ville où ils résident et quelques autres villes qu'ils connaissent. La formatrice montre ensuite trois petites annonces issues du site. Pour chaque annonce, les apprenants font des hypothèses de sens à partir du paratexte (photos, titres) puis ils lisent le texte à voix haute et la formatrice leur pose des questions générales et spécifiques afin de vérifier leur compréhension globale et détaillée. Elle leur explique aussi le vocabulaire inconnu.

Phase orale : préparation de la rédaction d'une petite annonce.

Après la phase d'acculturation, apprenants et formatrice échangent pour préparer le texte qu'ils vont rédiger collectivement, correspondant à une petite annonce où ils vont proposer un service.

F : maintenant qu'on a vu comment on faisait une petite annonce, en observant des annonces du site Leboncoin on va écrire une petite annonce pour Leboncoin avant de l'écrire on va s'entrainer puis vous vous allez me dicter les phrases et moi je les écrirai d'accord ?

Phase d'écriture : les apprenants dictent à la formatrice la petite annonce préparée à l'oral.

Les apprenants sont amenés à prendre conscience des formes standardisées attendues dans un écrit de type formel comme celui d'une petite annonce. La formatrice leur fait donc des propositions plus en adéquation avec le type de texte à produire.

Phase orale

- La formatrice offre des hypothèses langagières sur le lexique
  B : un titre ?
  F : oui il faut un titre à l'annonce que tu veux écrire
  D : jeune débrouillard
  F : jeune débrouillard ?
  D : ouais en coiffure quoi
  F : ah ah jeune débrouillard en coiffure ouais c'est pas mal jeune débrouillard en coiffure d'accord ça te plaît ?
  C : oui
  F : jeune débrouillard en coiffure ? moi je vais donner ma tête à un jeune débrouillard ?
  D : j'ai peur hein en fait jeune coiffeur
  F : ah jeune coiffeur ouais c'est vrai c'est mieux jeune coiffeur

Les apprenants expérimentent le procédé d'adresse à un destinataire précis. La formatrice introduit « vous », personne du pluriel qui sera réinvestie par les apprenants lors de la phase d'écriture.

- La formatrice fait prendre conscience du récepteur du texte
  F : oui je suis quelqu'un résidant à X oui d'accord Didier euh
  C : je propose mes services
  F : je vous propose mes services
  D : je vous propose mes services
  F : oui

Phase d'écriture

- Les apprenants réinvestissent le lexique standard proposé à la phase orale

  F : *la date va apparaitre automatiquement par le site Internet oui alors qu'est-ce que je mets ? qu'est-ce qu'on a dit tout à l'heure pour le titre ?*
  D : *Didier jeune coiffeur*
  F : *ah ok d'accord Didier jeune coiffeur* Didier jeune coiffeur (écriture) *d'accord*

- Les apprenants réinvestissent la seconde personne du pluriel afin de s'adresser à un lecteur potentiel

  F : *je suis coiffeur d'accord ensuite ?*
  C : *je vous propose mes services*
  F : *très bien je vous propose mes services*
  (...)
  F : *on doit maintenant parler des femmes*
  C : *je propose aux femmes la pédicure manucure*
  F : *mais très bien* *je propose aux femmes la pédicure manucure* (écriture) *bien joli super je propose aux femmes la pédicure manucure* (F. relit)

Texte final

Bonjour,
Je vous propose mes services. Je fais différentes coupes hommes, femmes, enfants. Je fais différents types de coiffures : locs, rastas, lissage, boule à zéro, zoulou, crête. Je propose aux femmes la pédicure-manucure.
Vous pouvez me contacter au numéro suivant : 07.....
Je vous adresse mes sincères salutations,
Didier.

Prolongements

Le texte de DF peut servir d'appui pour des exercices de production d'écrit (via la recherche de mots ou de structures langagières dans la DF).
Proposition : écrire une véritable annonce (pour proposer des services, faire une demande...) qui pourra être postée sur un site.

FICHE 8 : Explication d'un évènement du quotidien de la classe (raison d'une absence, confinement)

DF collective

Profil des apprenants

10 apprenants : 23-44 ans
Langues premières : malinké, soso, arabe, pachto, tigrinya, portugais
Niveau oral de langue française : A0 à A1
Niveau écrit : 5 apprenants n'ont pas été scolarisés antérieurement (deux n'ont pas encore été confrontés au français écrit, trois ont déjà suivi quelques cours de français les mois précédents) ; 2 ont été en école coranique (alphabétisation en langue arabe) ; 2 ont été scolarisés en école primaire (4 à 8 ans de scolarisation) ; un seul a fait des études supérieures (niveau A0 en français oral et écrit)
Tous sont en France depuis moins de cinq ans (dont la moitié depuis moins de deux ans et un primo-arrivant).

Projet

Les évènements du quotidien sont discutés en début de cours et font l'objet d'une DF, par exemple les raisons d'une absence, un évènement marquant de la veille (comme l'annonce du confinement).

Objectif linguistique

Il n'y a pas de constructions linguistiques spécifiques visées en amont, excepté la volonté de proposer des formulations qui soient explicites et écrivables, en reprise de ce que propose la formatrice.

Organisation de la séquence

Phase d'acculturation : un document (comme celui de l'attestation de sortie pendant la COVID19) ou un évènement (déclaration du président à la télévision, absence d'apprenants dans la classe) sont des déclencheurs de la discussion.
Phase orale : la formatrice propose d'expliquer pourquoi il y a des absents puis d'expliquer la déclaration présidentielle de la veille.
Phase d'écriture : la formatrice propose d'écrire ce qui vient d'être dit et les apprenants dictent les phrases à la formatrice.

Phase orale (exemple 1)	Phase d'écriture (exemple 1)
• La formatrice amène les apprenants à faire des suppositions et s'efforce de reprendre leurs propositions dans des phrases complètes	• La formatrice propose au fur et à mesure aux apprenants de reprendre ce qui a été dit pour l'écrire

F : *donc Fa. n'est pas là*
A1 : *Fa. n'est pas là*
F : *pourquoi Fa. n'est pas là ?*
A2 : *parce qu'il est malade malade*
F : *alors Fa. n'est pas là parce qu'il est malade*
A2 : *parce qu'il est malade*
F : *Fa. n'est pas là parce qu'il est malade*
A3 : *mais hier il était là*
F : *hier Fa. était là*
A3 : *non avant hier pas hier*
F : *mardi mardi Fa. était là mais aujourd'hui il n'est pas là*
A3 : *aujourd'hui*
(...)
F : *Da. est-ce qu'il est là Da.?*
A2 : *sais pas ce qu'il a Da. il a ce qu'il a il est malade*
F : *Da. n'est pas là*
A3 : *n'est pas là donc*
F : *alors pourquoi est-ce qu'il est pas là Da. ?*
A5 : *il est malade*
F : *on sait pas on ne sait pas si il est malade il n'a pas laissé le message*
A6 : *parce que il n'est pas envoyé message*
F : *il n'est pas là et il n'a pas envoyé de message on ne sait pas pourquoi il n'est pas là*
A2 : *on ne sait pas*
F : *est-ce que vous voulez rajouter quelque chose ?*
A7 : *il n'est pas là parce que peut être euh il euh il a un rendez vous*

F : *Aujourd'hui, Fa. n'est pas là parce qu'il est malade je vais l'écrire vous me dites*
A2 : *aujourd'hui*

La formatrice ne demande pas à l'apprenant de produire la négation complète « ne...pas », cela relève d'une norme que les apprenants pourront visualiser quand la formatrice va dire et écrire « ne ...pas »

F : *aujourd'hui* (écriture)
A2 : *Fa. est pas là*
F : *Fa. n'est pas là* (écriture)
B : *parce qu'il est*
A3 : *malade*
F : *parce qu'il est* (écriture)
A3 : *malade*
F : *malade* (écriture)
F : *d'accord j'ai écrit tout ça aujourd'hui Fa. n'est pas là parce qu'il est malade (reprise en écho de certains apprenants de ce que pointe et lit F.)*
(...)
F : *comment vous voulez que je l'écrive allez-y Da....*
A4 : *Da. je sais pas on sait pas je ne sais pas malade*
F : *Da....*
A4 : *il ne sait pas le malade*
F : *on ne sait pas si il est malade*

F : *ah peut être que Da. n'est pas là parce qu'il a un rendez-vous Sara tu nous le redis* A8 : *{bruit de gorge} Da. il n'est pas là parce qu'il a un rendez-vous* F : *peut-être…* A7 : *peut-être il a un rendez-vous* La formatrice valide l'énoncé de l'apprenant A7 mais elle demande à une autre apprenante (Sa., A8), qui n'a pas beaucoup parlé, de faire une proposition. L'objectif est d'écrire les énoncés de différents apprenants (pas toujours les mêmes). L'apprenant A8 propose quelque chose d'un peu différent au moment de l'écriture et la formatrice fait appel à tous pour choisir le terme à écrire. Ces ajustements en phase d'écriture sont fréquents. La formatrice fait elle-même une proposition d'ajout du déterminant « un ».	A4 : *si il est malade* F : *on ne sait pas si il est malade reprends Da. on ne sait pas* A4 : *si il est malade* F : *on ne sait pas* (écriture) A : *si il est malade* F : *si il est malade* (écriture) *(…)* La formatrice ne corrige pas l'apprenant (« on ne dit pas comme ça, on dit… ») mais propose une reformulation avec la condition « si » qui est immédiatement reprise et dictée par l'apprenant. F : *peut-être qu'il a un rendez-vous d'accord Be. tu me le dis et je l'écris* A1 : *Da. n'est pas là* (F. écrit) *euh peut-être il est fatigué* F : *ah* (rire) *tu dis autre chose* (rire) *alors Da. n'est pas là alors qu'il a rendez-vous ou qu'il est fatigué ou les deux* *A (plusieurs apprenants) : rendez-vous* F : *qui veut rendez-vous ? levez la main ceux qui veulent rendez-vous* (plusieurs apprenants disent « rendez-vous ») (rire) *peut être qu'il a rendez-vous ou des fois on peut dire peut-être qu'il a un rendez-vous* A3 : *un rendez-vous*

	F : *un rendez-vous on peut dire les deux* F : *Da. n'est pas là peut être qu'il a un rendez vous* *(…)* F : (Da., l'absent entre) *ah Da. alors* (rires) D : *je suis désolé en retard* F : *tu es en retard alors on va l'écrire ! écoute Da. aujourd'hui on a dit (F. relit) Fa. n'est pas là parce qu'il est malade Ab. n'est pas là parce qu'il est malade Da. on ne sait pas si il est malade Da. n'est pas là peut être qu'il a un rendez-vous* D : *un rendez-vous rendez-vous à treize heure trente* F : (rire) *à treize heure trente pas maintenant* La formatrice profite de l'arrivée tardive de l'apprenant absent pour faire une relecture intégrale de tout ce qui a déjà été écrit.
Phase orale (exemple 2) • La formatrice suscite la prise de parole les apprenants et procède à des reformulations F : *alors il s'est passé quelque chose hier non ? hier mercredi il s'est passé quelque chose de très important*	**Phase d'écriture (exemple 2)** • La formatrice propose au fur et à mesure aux apprenants de reprendre ce qui a été dit pour l'écrire F : *donc on va reprendre hier on était mercredi qu'est-ce qu'il s'est passé hier mercredi ?*

A1 : *hier mercredi moi j'ai entendu le président il a parlé*
F : *le président a parlé ! est-ce que vous avez écouté ? qu'est ce qu'a dit le président ?*
A2 : *le président (bruit de gorge) Macron le (non compréhensible) pas le les boursiers papiers problèmes*
A3 : *le confinement (/kõfEn@mã/)*
F : *alors le président qu'est-ce qu'il a dit par rapport au confinement ? qu'est qui a dit le président ?*
A4 : *Emmanuel Macron a- a le dire*
F : *il a dit*
A1 : *il a dit confinement*
F : *il a dit qu'il y avait un confinement est-ce que vous savez ce qu'est un confinement ?*
A5 : *tout le monde doit rester chez elle*
F : *tout le monde doit rester à la maison*

La formatrice propose plusieurs reformulations dans des phrases complètes : « il a dit qu'il y avait confinement », « tout le monde doit rester à la maison ».

A1 : *Macron a parlé*
F : *alors hier Emmanuel Macron a parlé*
A1 : *a parlé la coronavirus*
F : *sur le coronavirus d'accord on va écrire ça déjà d'accord hier mercredi allez-y*
A2 : *Emmanuel Macron*
F : *Emmanuel* (écriture)
A2: *Macron*
F : *Macron* (écriture)
A2 : *a parlé*
F : *a parlé* (écriture)
A2 : *le coronavirus_*
F : *du coronavirus* (écriture)
F : *hier mercredi Emmanuel Macron a parlé du coronavirus (F. relit)*
A3 : *il dire- il dire un mois rester la maison*
F : *il dit qu'il faut rester un mois à la maison il a dit qu'il faut rester un mois à la maison tu me le dis Be. que je l'écrive ? tu me le redis pour que j'écrive ?*
A3 : *oui*
F : *vas-y*
A3 : *Emmanuel Macron il a dit*
F : *il a dit* (écriture)
A3 : *il a dit il faut il faut il faut il faut rester la maison*
F : *il a dit qu'il faut rester à la maison oui*
A3 : *il a dit il faut rester à la maison*
F : *qu'il faut rester à la maison* (écriture)
A3 : *un mois*
F : *un mois* (écriture)
(...)

La formatrice ne mentionne pas explicitement l'omission par l'apprenant de la préposition (*du* coronavirus) qui est estimé trop complexe et écrit la bonne forme en la verbalisant. De la même façon, la subordonnée « il faut que » n'est pas à la portée des apprenants mais la formatrice fait le choix de l'écrire malgré tout. On peut supposer que ces formes pourront être réutilisées lors du passage à la PE. La formatrice propose plusieurs reformulations dans des phrases complètes : « il a dit qu'il y avait confinement », « tout le monde doit rester à la maison ».	*F :* *alors pour faire les courses il faut une attestation pour aller chez le médecin il faut une attestation vous me le dite pour que je l'écrive qui est-ce qui veut le dire pour je puisse écrire ?* *A5 :* *il faut une attestation* *F :* *il faut une attestation d'accord allez on va écrire ça allons-y dites-moi allez-y* *A5 :* *je vais* *F :* *on n'a pas commencé par 'je vais'* *A5 :* *en partant en partant faire des courses* *A3 :* *pour aller* *F :* *pour aller on avait dit on peut continuer comme ça ça va être plus simple pour aller* *A3 :* *pour aller (A. dicte)* *F :* <u>*pour aller*</u> (écriture)

Texte final

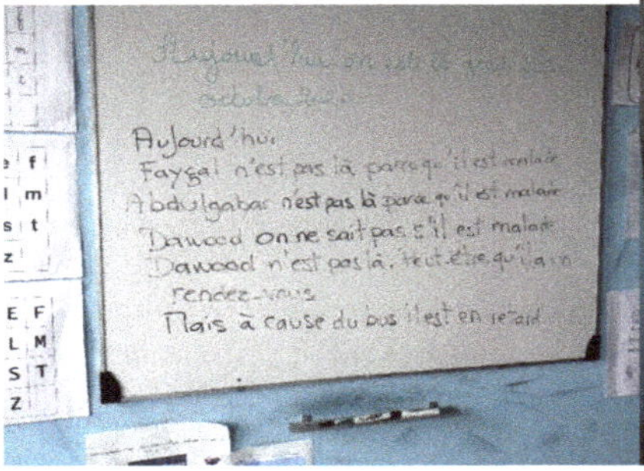

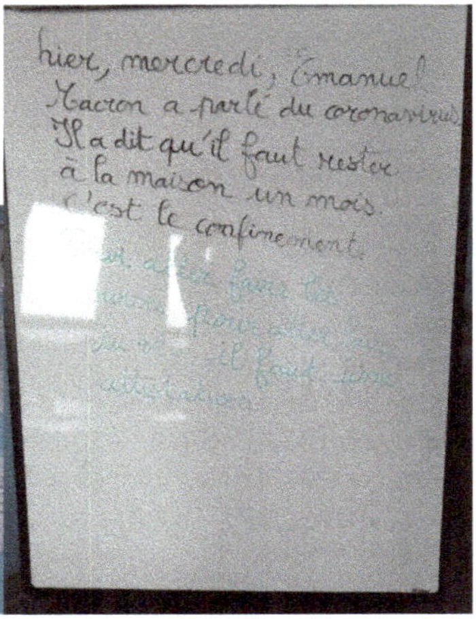

Prolongements

Exercice de copie

Le texte est recopié dans un cahier par les apprenants qui savent graphier (en cursive ou script selon le niveau des apprenants).

> *F : alors si vous voulez vous pouvez écrire ça* (en montrant le tableau) *vous pouvez l'écrire je l'ai écrit en script*

Production d'écrit guidée

Le texte de DF peut servir d'appui pour la production d'écrit (via la recherche de mots ou de structures langagières dans la DF).

En phase intermédiaire, la formatrice peut proposer aux apprenants de prendre en photo le texte écrit, d'enregistrer sa lecture du texte et de leur envoyer sur une messagerie type WhatsApp pour qu'ils puissent réécouter et relire le texte en autonomie.

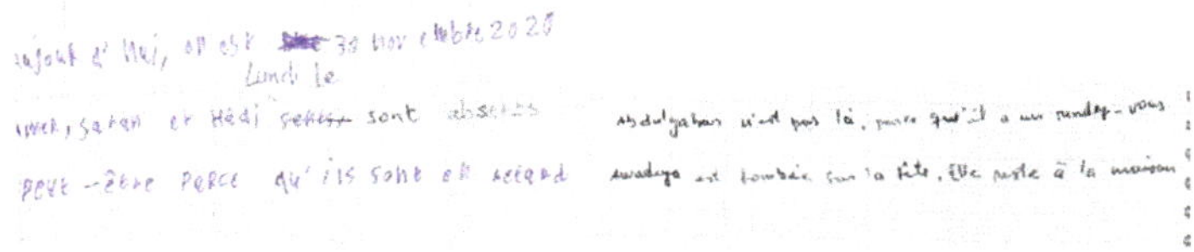
aujour d' hui, on est 30 novembre 2020
Lundi le
, Sarah et Hédi sont absents
peut-être parce qu'ils sont en retard
Abdulgahan n'est pas là, parce qu'il a un rendez-vous
Awadiya est tombée sur la tête, elle reste à la maison

FICHE 9. Présentation de soi (réponse à un message)

DF individuelle

Profil de l'apprenant

Ismael : 17 ans

Première(s) langue(s) : soso

Niveau oral de langue française : A2-B1. Le français est langue seconde dans le pays d'origine (Guinée)

Niveau écrit : A1. Il a été scolarisé jusqu'en primaire et sait graphier en écriture latine (et en cursive), mais il n'a pas de maitrise du français écrit. Il pratique le français écrit depuis 1 mois avec un bénévole d'une association.

Projet

Écrire un message pour se présenter à un nouvel ami. Sur une page Facebook (application sur téléphone portable), la formatrice simule un échange avec un message de Julie, une nouvelle amie, qui dit : « Enchantée I. d'être ton amie sur Facebook. Mais qui es-tu ? ». C'est après cette mise en situation que l'apprenant préparera à l'oral sa réponse avec la formatrice et qu'il la lui dictera.

Objectif linguistique

- Produire un texte de présentation : présenter ses loisirs, ses gouts
- S'adresser au destinataire du texte dans un contexte informel : utiliser la deuxième personne du singulier.
- Préciser ce que l'on a fait, ce que l'on fait et ce que l'on va faire : utiliser le passé composé, le présent et le futur proche.

Organisation de la séquence

Phase d'acculturation : navigation sur le réseau Facebook, repérage de la messagerie

Phase orale : l'apprenant et la formatrice préparent un texte de présentation à écrire sur la messagerie.

Une séance d'écriture : l'apprenant dicte le texte préparé à l'oral.

En situation individualisée, l'apprenant et la formatrice sont assis côté à côté à une table (apprenant à gauche de la formatrice droitière et réciproquement). Ainsi, l'apprenant voit ce que la formatrice écrit.

Phase orale

- La formatrice donne la consigne et propose plusieurs formulations pour s'assurer de la compréhension de l'apprenant

  F : *demain tu vas rencontrer sur Facebook quelqu'un qui habite à X d'accord ? tu vas le demander en ami*

  A : *hum hum*

  F : *tu vas l'inviter faire une invitation est-ce que tu veux être mon ami ok ? et si si la personne dit oui elle dit ok je vais être ami avec toi sur Facebook après tu peux lui parler hein tu peux lui écrire et si la personne elle dit euh je te connais pas qui es-tu ? et toi faut lui répondre faut lui écrire quelque chose*

  A : *ok*

- La formatrice reformule les propositions de l'apprenant avec des extensions

  F : *ça c'est bien comme ça bonjour je m'appelle I. je viens de Guinée j'habite à X euh après qu'est-ce qu'on pourrait écrire euh après ?*

  I : *je suis un je suis un émigration je en émigration*

  F : *alors je suis immigré*

  I : *oui*

F : *immigré immigré voilà je suis immigré en France*
I : *oui*
F : *oui voilà alors bonjour je m'appelle I. je viens de Guinée j'habite à X je suis immigré en France*
(…)
F : *alors les phrases on a dit bonjour après ? je m'appelle*
I : *I. je suis de Guinée*
F : *je viens de Guinée*
I : *j'habite à X*
F : *j'habite à X depuis*
I : *depuis un mois*
F : *hum hum*
I : *je suis immi- immigré*
F : *immigré très bien*
I : *de France*
F : *je suis immigré en France ouais*
I : *en France*

Dans un premier temps, face aux hésitations de l'apprenant, la formatrice lui propose une formulation écrivable (« je suis immigré »), qu'elle va ensuite étendre avec un complément (« en France »), avant de reprendre dans son intégralité les différentes propositions de l'apprenant.

Dans un second temps, l'apprenant reprend la formulation « je suis immigré ». La formatrice reformule encore le syntagme prépositionnel « de France ».

- La formatrice offre un lexique plus approprié et de nouvelles constructions syntaxiques

I : *dans mon pays ma marâtre n'a n'a pas donné le temps à étudier*
F : *ah dans mon pays ma marâtre ? ma mère ?*
I : *oui*
F : *c'est ma mère ? ma maman ?*
I : *marâtre*
F : *c'est quoi marâtre ? c'est belle-mère ?*
I : *oui c'est belle-mère si ton père a deux femmes quoi*
F : *ah une autre la deuxième on dit la belle-mère* (l'équivalent n'existe pas en français) *on dit la belle-mère OK ?*
(…)
I : *l'écouter de la musique*
F : *ah d'accord*
I : *parce que j'aime les*
F : *j'aime la musique*
I : *je l'aime musique très bien*
F : *j'aime beaucoup la musique*
I : *j'aime beaucoup la musique*
F : *je suis toujours en train d'écouter de la musique*

La formatrice offre des structures syntaxiques écrivables « je suis en train d'écouter de la musique », « je suis toujours en train d'écouter de la musique sur mes écouteurs ». Elle introduit les mots « belle-mère » et « écouteurs ». Ces offres feront l'objet d'une reprise de l'apprenant en phase d'écriture

I : *je suis en train toujours de écouter la musique*
F : *sur mes écouteurs*
I : *sur mes écouteurs*

Phase d'écriture

- L'apprenant réinvestit le lexique et les structures proposés par la formatrice en phase orale

F : *donc Julie je m'appelle I. très bien cette première phrase elle est pas mal point ensuite ?*
I : *je viens de Guinée*
F : *parfait* <u>*je viens de Guinée*</u> (écriture) *très bien*
I : *je suis en France depuis un mois*
F : *superbe génial génial très belle phrase* <u>*je suis en France depuis un mois*</u> (écriture) *parfait super j'adore cette phrase*
I : *j'ai j'ai immigré en France*
F : *très bien oui*
I : *j'ai immigré en France*
(...)
F : *Ah oui ah c'est bien alors on écrit quoi ? j'aime*
I : *j'aime écouter toujours la musique mes écouteurs en dormant*
F : *bien elle est bien cette phrase donc j'aime toujours écouter la musique avec mes écouteurs en dormant pas mal tu me redis ?*
I : *j'aime toujours écouter la musique mes écouteurs en dormant*
(...)
F : *oui alors la phrase en entier* <u>*dans mon pays*</u> (écriture)
I : *ma belle-mère n'a pas me donner le temps de étudier*
F : *pas mal dans mon pays* <u>*ma belle-mère ne*</u> (écriture)
I : *ne pas ne me ne me pas de me donner*
F : *ne m'a pas donné*
I : *ne m'a pas donné le temps d'aller à l'école*
F : *d'accord c'est bien je peux l'écrire dans mon pays ma belle-mère ne* <u>*m'a pas donné le temps d'aller à l'école*</u> (écriture)

Les énoncés écrivables que dictent l'apprenant témoignent de l'impact des phases d'oral précédentes : il propose l'aspectuel « venir de », il reprend le terme « immigré » dans un autre cotexte (« j'ai » vs « je suis »), insère le complément de lieu « en France » et de temps « depuis un mois », reprend la construction verbe + infinitif « j'aime écouter » en y ajoutant un gérondif, reprend des mots de vocabulaire (comme belle-mère). Les syntagmes repris étant insérés dans une autre organisation syntaxique, cela atteste de leur appropriation par l'apprenant.

Texte final

Julie,
Je m'appelle I. Je viens de Guinée. Je suis en France depuis un mois. J'ai immigré en France. Je suis avec une association qui s'appelle collectif. Cette association fait beaucoup de choses pour nous. Elle nous envoie à l'école pour apprendre la langue française. Je veux parler français comme les français. Dans mon pays, ma belle-mère ne m'a pas donné le temps d'aller à l'école. Maintenant je vais étudier. J'aime aller à l'école. Je joue au basket avec mes amis. J'aime toujours écouter la musique avec mes écouteurs en dormant. Mon musicien préféré c'est Black M.
Julie, c'est là mon histoire que j'ai à te raconter.
Merci, bonne journée.

Prolongements

Le texte de DF peut servir d'appui pour des exercices de production d'écrit (via la recherche de mots ou de structures langagières dans la DF).

Production d'écrit aidée

La séance de DF a été suivie d'une production d'écrit. La formatrice invite l'apprenant à écrire à quelqu'un d'autre sur la messagerie pour se présenter. L'apprenant choisit d'écrire à Marie (une personne qu'il imagine). La formatrice lui précise qu'il peut prendre le texte qu'il vient de lui dicter comme modèle. Consigne : « Il y a une nouvelle fenêtre sur Facebook qui apparait entre toi et Marie. Marie, une nouvelle amie sur Facebook, t'envoie ce message : « Bonjour I., je ne te connais pas, qui es-tu ? » Tu dois lui répondre. Tu peux t'aider du texte que l'on vient d'écrire mais maintenant tu rédiges un texte tout seul ; tu n'es pas obligé de tout recopier ; tu peux écrire d'autres choses ». Le texte de l'apprenant est encore assez proche de la DF mais il n'en est pas la stricte copie.

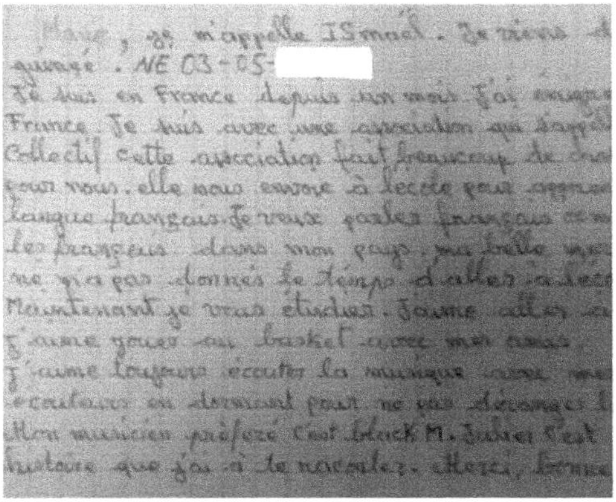
Marie, je m'appelle ISmaël. Je viens d
guinée. NE 03-05-
Je suis en France depuis un mois. J'ai immigr
France. Je suis avec une association qui s'appel
Collectif cette association fait beaucoup de cho
pour nous. elle nous envoie à lécole pour appren
langue français. Je veux parler français com
les français. dans mon pays. ma belle mè
ne m'a pas donnés le temps d'aller à l'éco
Maintenant je vais étudier. J'aime aller à
J'aime jouer au basket avec mes amis.
J'aime toujours écouter la musique avec me
écouteurs en dormant pour ne pas déranger l
Mon musicien préféré C'est black M. Julie C'est
histoire que j'ai à te raconter. Merci, bonne

FICHE 10 : Récit d'un évènement de vie quotidienne (écriture d'un message)

DF collective

Profil des apprenants

4 apprenants : 16-23 ans
Langues premières : malinké, soso, peul
Niveau oral de langue française : A2 à B1 (langue seconde pratiquée dans le pays d'origine).
Niveau écrit :
Ils ont été scolarisés jusqu'en primaire et ils savent graphier en écriture latine (et en cursive) mais ils ont de faibles compétences en production d'écrit. Ils pratiquent le français écrit depuis quelques mois dans le cadre de cours organisés par un collectif citoyen.

Projet

Ecrire un message à un ami pour lui raconter sa journée.

Objectif linguistique

Viser des compétences de niveau A2 :

- Rapporter des expériences dans des domaines immédiats (à la maison, à l'école) et décrire le déroulement de sa journée.
- Maitriser les verbes pronominaux (se doucher, se lever, etc.).
- Utiliser des connecteurs pour montrer les enchainements d'actions.
- Faire des phrases complexes.

Organisation de la séance

<u>Phase orale</u> : les apprenants préparent avec les formateurs à l'oral un texte décrivant une journée.
<u>Phase d'écriture</u> : les apprenants dictent le texte à la formatrice.

Phase orale

- La formatrice redonne la consigne et le type de texte à élaborer

F : *alors peut-être on peut euh on raconte sa journée ?*
A1 : *oui*
F : *alors si vous écrivez sur Facebook à un ami vous allez commencer par quoi ?*
A1 : *bah du coup en écrivant à un ami c'est de donner et de recevoir parce que je vais pas lui écrire un texte comme ça pour lui envoyer*
F : *ah oui mais supposons qu'il est pas en ligne*

Ce type d'échange est nécessaire pour définir le projet, le destinataire du message, la forme du message… il permet aux apprenants d'entrer dans la situation.

A1 : *ah oui tu peux lui écrire à ce moment là*
F : *par exemple vous avez déjà échangé avec ton ami voilà et au bout d'un moment il te dit est-ce que tu peux me dire ce que tu as fait de ta journée parce que moi j'ai envie de savoir voilà donc tu vas plus continuer à faire des échanges tu vas dire voilà j'ai fait je me suis réveillé très tôt alors qu'est-ce qu'on mettrait ? on commence par quoi ? qu'est-ce qu'on dit ? voilà un ami sur Facebook il dit bon Am. ça va ? qu'est-ce que tu as fait de ta journée ?*
A2 : *je dis ma journée a été bien passée*

- La formatrice offre des structures lexicales

A1 : *après mon petit-déjeuner j'ai par exemple je sais que je dois aborder là par exemple*
F : *oui il faut se préparer pour l'écrit après avoir pris mon petit-déjeuner j'ai*
A1 : *après avoir pris mon petit-déjeuner j'ai pris une pause*
F : *une pause*
A1 : *de 20 minutes*
F : *alors j'ai fait une pause de 20 minutes euh alors on dit prendre une pause c'est plutôt quand on est au travail alors qu'est-ce qu'on peut dire si on est à la maison*
A1 : *quand j'ai fini de manger quoi après je suis sorti*
F : *alors avant de sortir je me suis reposé*
A1 : *oui je me suis repo-*
F : *je me suis reposé*
A1 : *OK*
A2 : *je me suis reposé*
F : *pendant*
A1 : *durant 20 min*

Ici la formatrice introduit le verbe « se reposer », qui sera réinvesti par l'apprenant A, qui utilisait avant cette intervention « faire une pause », plus propice au domaine du travail.

- La formatrice utilise des modalités d'interactions adaptées et complexifie les énoncés des apprenants

A3 : *j'ai demandé à ma mère pour manger*
F : *ah alors j'ai demandé à ma mère euh de manger ? de manger*
A3 : *de manger oui de manger elle m'a donné de manger*
F : *alors j'ai demandé à ma mère de manger d'accord ? elle m'a donné à manger ?*
A3 : *elle m'a donné le manger le riz*
F : *alors elle m'a donné du riz*

En reprise des essais des apprenants, la formatrice propose : une construction de discours indirect (« demander de manger »), une construction infinitive (« à manger »), une subordonnée relative (« qui était délicieux »).
Les propositions de la formatrice seront reprises ultérieurement lors de la phase d'écriture.

A3 : *du riz*
A3 : *après la maman faut qualifier le repas*
F : *ah oui elle m'a donné du riz qui était*
A2 : *doux*
F : *comment doux ? doux ? le riz était doux ?*
A1 : *délicieux*
F : *ah délicieux parfait délicieux elle m'a donné du riz qui était délicieux*

Phase d'écriture

- Réinvestissement des constructions lexicales et syntaxiques de la phase orale

A : *puis je me suis reposé durant 20 minutes pour attendre mon petit frère*
(…)
A2 : *elle m'a donné du riz*
F : *d'accord*
A2 : *elle m'a donné du riz c'était délicieux*
F : *ok c'est bien*
A1 : *tu peux résumer encore*
A3 : *je suis arrivé à la maison j'ai trouvé mes parents je les ais salué*
F : *alors enfin je suis arrivé à la maison* (écriture)
A3 : *j'ai trouvé mes parents*
F : *je les ai salués* (écriture)
A4 : *et puis j'ai demandé*
F : *et puis j'ai demandé* (écriture)

Les apprenants reprennent en différé la construction du discours indirect (avec un ajustement encore nécessaire de la formatrice), la relative, l'adjectif « délicieux », le complément du verbe avec la préposition adéquat (« elle m'a donné du riz »)

A4 : *le manger*
F : *j'ai demandé à manger ? le manger ?*
A4 : *de manger*
F : *ah voilà très bien*
(…)
F : *mais c'est bien ce qu'il a dit moi j'aime bien on va le mettre c'est une très belle phrase enfin je suis rentré à la maison* (F. relit) *tu peux me dire ensuite j'ai*
A4 : *j'ai trouvé mes parents*
F : *d'accord j'ai trouvé mes parents* (écriture)
A4 : *je les ai salués*
F : *je les ai salués* (écriture)
A4 : *j'ai demandé le repas à maman*
F : *j'ai demandé le repas à maman* (écriture)
A4 : *elle m'a donné du riz*
F : *elle m'a donné du riz* (écriture)
A1 : *qui était délicieux*
F : *ah bien qui était délicieux* (écriture) *ben c'est très bien cette phrase parfait*

Texte final

J'ai passé une bonne journée. Je me suis réveillé à huit heures. J'ai pris ma douche. Ensuite, j'ai pris mon petit déjeuner. Puis, je me suis reposé durant 20 minutes pour attendre mon petit frère qui n'avait pas pris son petit-déjeuner. Puis nous sommes allés à l'arrêt de bus pour aller à l'école. Quand je suis arrivé à l'école, j'ai trouvé les amis dans la cour que j'ai salués. Ensuite, lorsque la cloche a sonné, nous nous sommes dirigés vers la classe pour suivre le cours de mathématique. Le professeur nous a donné un exercice où j'ai pas eu une bonne note. Puis nous sommes sortis en récréation où je me suis amusé avec mes amis. On discutait sur le cours de mathématique. Après, la cloche a sonné, nous sommes rentrés en classe de géographie qui est ma matière de prédilection. Le professeur nous a donné un exercice où j'ai eu une bonne note. Quand la cloche a sonné on s'est rendus à l'arrêt de bus pour rentrer à la maison. J'ai trouvé mes parents. Je les ai salués. J'ai demandé le repas à maman. Elle m'a donné du riz qui était délicieux. Papa qui était au travail toute la journée a aussi apprécié le repas. Après avoir fini de manger, j'ai repris mon cahier pour réviser les matières du lendemain. Ensuite, je me suis couché puis je me suis endormi. En somme, j'ai adoré cette journée car j'ai eu une bonne note dans ma matière de spécialité. C'était une journée fatigante mais intéressante.

Prolongements

La séance de DF a été suivie d'une production d'écrit aidée. La formatrice a invité chaque apprenant à écrire leur propre journée à un ami, en se basant sur le texte qu'ils venaient de dicter.

3.2. Parcours d'apprentissage : Kaïs réapprend à lire et à écrire

Pour mieux cerner l'impact de la DF sur le développement langagier oral et écrit, nous proposons de suivre le parcours de Kaïs, un apprenant en situation d'illettrisme, sur une période discontinue de trois ans.

3.2.1. Kaïs, des difficultés à exprimer sa pensée

Kaïs a 42 ans. Il a été scolarisé en France jusqu'à la fin de la scolarité obligatoire (16 ans). Il a cumulé les contrats à durée déterminée tout au long de sa vie professionnelle. Sa conseillère à la mission locale l'a convaincu de pousser les portes du Centre de Ressources Illettrisme (CRIL) pour qu'il puisse améliorer des compétences faibles à l'oral et à l'écrit : au début de son apprentissage, Kaïs avait un niveau A1 à l'écrit et B1 à l'oral. Il a de grandes difficultés à utiliser une pensée abstraite : il arrive à parler dans un « ici et maintenant », mais il parvient difficilement à décontextualiser son discours. Kaïs souhaitait réapprendre à lire et à écrire afin d'être plus autonome dans sa vie quotidienne et trouver plus facilement du travail.

Kaïs a été suivi pendant trois années au CRIL par la même formatrice. Les séances ont été très régulières pendant neuf mois, puis il y a eu une interruption pendant six mois, suivie de nouvelles séances espacées de façon irrégulière pendant cinq mois avant de reprendre chaque semaine pendant six mois. Kaïs était assidu, mais certains de ses contrats de travail ne lui permettaient pas de suivre les séances régulièrement.

La formatrice a décidé de pratiquer la DF au cours de chaque séance une fois par semaine. Elle avait pour objectif d'impulser, par des interactions langagières adaptées, une évolution de la production orale pour ensuite aller vers la production de variantes écrivables, puis la production d'écrits de plus en plus autonomes. La capacité à dire sa pensée de façon explicite et organisée est fondamentale pour l'entrée dans la littératie. Or, Kaïs a du mal à exprimer une demande (est-ce qu'il y a un poste vacant dans la région ?), à réclamer des explications (pourquoi est-ce que j'ai été radié des listes électorales ?), à rappeler quelqu'un qui a laissé un message (un texto de l'agence intérim), à raconter un évènement passé, à expliquer un problème rencontré au travail. Ses propos peuvent manquer d'explicitation pour être compris d'emblée de façon intelligible.

Exemple 1 :

Kais :	*vous savez euh ça s'est arrêté pas longtemps après*
Formatrice :	*qu'est-ce qui s'est arrêté ?*
K :	*ben le pes- le truc là vous savez on a été*
F :	*ah oui vous parlez du spectacle qu'on a été voir*
K :	*oui le spectacle ben ça s'est fini juste après vous*
F :	*le spectacle s'est terminé après que je sois partie*
K :	*oui après que vous êtes partie cinq ou dix minutes après*

Exemple 2 :

K : *ils nous ont ramené un nouveau ce mat- ce matin hier a- hier après midi*
F : *je ne comprends pas*

K : ils nous ont ramené un nouveau
F : qui ça ? ils vous ont ramené quoi ?
K : un nouveau un jeune
F : ah vous avez un nouveau collègue
K : comme moi il a contrat comme moi
F : ah il y a une nouvelle personne qui a été recrutée

Le premier objectif a donc été de travailler la mise en mots et l'organisation cognitivo-langagière.

3.2.2. Un objectif premier : amener Kaïs à développer son langage oral

Les activités langagières menées avec Kaïs répondaient à un objectif précis : l'aider à formuler ses pensées dans un discours explicite, précis et cohérent, par le biais de la DF. Divers supports ont été utilisés et différents projets ont été menés. Lors des premières séances, les livrets *On y va !* (Uzé, 1989) ont servi de support aux échanges. Il s'agissait de mettre en place des situations de production de textes très courts. Par la suite, d'autres supports ont été utilisés, comme des recettes de cuisines ou des menus, des images (uniques ou séquentielles). Différents types de textes ont été produits : compte-rendu de sortie, carte postale, articles d'information, etc. Les thèmes abordés relevaient toujours de la vie quotidienne en lien avec les intérêts et préoccupations de Kaïs (le travail, l'alimentation, les sorties, les vacances, la santé, etc.).

Afin d'observer les progrès de Kaïs, 14 séances de DF ont été enregistrées (tableau 1).

Tableau 1 : Nombre de séance de DF

Année	Mois	Corpus	
1	Juillet	DF 4	Résumé histoire
	Aout	DF 5	Texte concours écriture
	Septembre	DF 8	Résumé histoire
	Octobre	DF 10	Résumé histoire
	Novembre	DF 14	Résumé histoire
	Décembre	DF 16	Images séquentielles

Année	Mois	Corpus	
2	Février	DF 20	Résumé histoire
	Mars	DF 21	Recette de cuisine
	Octobre	DF 22	Résumé histoire
3	Avril	DF 23	Test de sécurité
	Mai	DF 24	Visite au Musée
	Juin	DF 25	CR sortie au Musée
	Juillet	DF 26	Texte concours écriture
	Aout	DF 28	Recette de cuisine

Durant la phase orale, l'apprenant et la formatrice sont placés côte à côte. Lors de la phase d'écriture, ils étaient face à l'ordinateur. La formatrice s'efforçait d'écrire suffisamment gros pour que Kaïs visualise bien l'écrit en train de s'élaborer verbalement et graphiquement. Nous illustrons avec quelques exemples ce travail de DF.

Exemple 1

Écrire ensemble le résumé d'une histoire

Objectif : rédiger un texte narratif organisé logiquement et chronologiquement.

Après une lecture par la formatrice (F) de l'histoire n°5 du livret 1 *On y va !*, Kaïs (K.) avait pour mission de raconter cette même histoire. La rédaction du texte a nécessité une phase introductive, deux phases orales et une phase d'écriture d'environ 45 minutes chacune.

Première phase orale (extrait)

K : ils vont faire une tarte pour dimanche ils ont mis sur la table des œufs un saladier une serviette de la farine et du lait
F : oui Bénédicte veut faire une tarte pour dimanche elle a préparé tous les ingrédients
K : tous les ingrédients sont sur la sur la table
F : elle a mis sur la table les ingrédients et les ustensiles pour faire la tarte
K : ingrédients pour faire la tarte

Dans cet échange, la formatrice reformule ce que dit Kaïs en proposant des substitutions lexicales (« ingrédients » et « ustensiles ») et en intégrant les énoncés de Kaïs dans des constructions légèrement plus complexes (par exemple avec la construction infinitive « veut faire »).

Seconde phase orale (extrait)

K : *pour dimanche ils vont faire une tarte pour dimanche ils ont sorti la farine les œufs sur la table sur la table ils ont sorti la farine le lait les œufs la serviette et les in- comment*
F : *alors ça se sont les ingrédients la farine les œufs le lait ce sont les ingrédients*
K : *les ingrédients*
F : *la serviette le saladier la cuillère ce sont les ustensiles*
K : *les ustensiles les ustensi- les us- us- les ustensiles euh*
F : *dont on a besoin pour faire la tarte*
K : *pour faire la tarte*
F : *aussi donc elles ont sorti les ingrédients*
K : *hum*
F : *et les ustensiles pour faire*
K : *faire*
F : *la tarte*
K : *la tarte*
F : *on va redire ce que fait Bénédicte*

Lors de ce deuxième échange, Kaïs a des difficultés pour réinvestir le lexique proposé précédemment (« ingrédients » et « ustensiles »). Les productions de Kaïs ne sont pas encore écrivables et la formatrice lui propose de recommencer la description.

Phase d'écriture (extrait)

K : *Bénédicte va faire une tarte pour dimanche*
F : *donc qu'est-ce qu'elle a fait Bénédicte là ?*
K : *elle a sorti les us- les ustensiles*
F : *alors <u>Bénédicte a sorti</u>* (écriture)
K : *a sorti les usten- ustensiles*
F : *tous les ustensiles*
K : *tous les ingrédients*
F : *tous les ingrédients et les ustensiles*
K : *les ustensiles elle a sorti les heu les œufs la farine*
F : *alors Bénédicte a*
K : *sorti*
F : *a sorti elle a mis sur la table on va bien préciser comme tout à l'heure Bénédicte a sorti et a mis sur la table*
K : *Bénédicte a sorti et a mis sur la table*
F : *donc <u>Bénédicte a sorti et a mis</u>* (écriture)
K : *sur la table*
F : *<u>sur la table tous</u>* (écriture)
K : *les ingrédients nécessaires*
F : *très bien <u>tous les ingrédients</u>* (écriture)
K : *nécessaires*
F : *<u>nécessaires</u>* (écriture)

Lors de la phase d'écriture, Kaïs réinvestit les mots de vocabulaire qui ont été travaillés en phases orales. Il produit des énoncés écrivables, explicites et structurés, même s'il n'est pas encore en mesure de les complexifier.

Texte final (complet)
LA TARTE
C'est samedi. Bénédicte et sa mère décident de faire une tarte pour dimanche. Bénédicte a sorti et a mis sur la table tous les ingrédients et les ustensiles nécessaires pour pouvoir faire la tarte. La maman a mis de la farine dans le saladier, elle casse des œufs et elle va ajouter du lait. Pendant ce temps, Bénédicte épluche les pommes. Elle les coupera en morceaux pour les mettre sur la tarte. Bénédicte met les pommes sur la tarte. Sa mère allume le four. Bénédicte demande à sa mère si elle peut mettre la tarte dans le four. Sa maman lui dit d'attendre un peu que le four soit chaud.

Une fois la rédaction terminée, le texte a été imprimé et relu par la formatrice, puis Kaïs l'a recopié tout en énonçant ce qu'il écrivait.

Exemple 2
Imaginer une histoire à partir d'images séquentielles

Objectif : rédiger un texte narratif organisé logiquement et chronologiquement.

Ce texte a été écrit au cours de trois séances. Cette rédaction a nécessité une phase introductive, trois phases orales et deux phases d'écriture d'environ 40 minutes chacune.
Pour cette activité, trois images séquentielles choisies par Kaïs, parmi plusieurs planches d'images en lien avec ses centres d'intérêts, ont été utilisées. Comme Kaïs avait déjà indiqué qu'il aimerait se mettre à la pêche avec un ami, il n'a pas hésité à choisir les images qui traitent de ce thème.

Première phase orale (extrait)
F : le pêcheur attend
K : il sort le poisson hein
F : il attend que le poisson morde à l'hameçon
K : -çon et après heu il va manger ses poissons

Il s'agit de la première production orale, non encore écrivable du point de vue de l'organisation et de l'explicitation. Lors de cette première phase orale, la formatrice a tenté de travailler un énoncé complexe comportant la conjonction « que ».

Seconde phase orale (extrait)
F : *je vous écoute dites-moi*
K : *il attend que que l'hameçon il sort le poisson le poisson qui*
F : *il attend qu'un poisson arrive et qu'il morde*
K : *morde*
F : *à l'hameçon il attend que le poisson*
K : *morde à l'hameçon*
F : *voilà il attend que le poisson morde à l'hameçon*

Dans cette seconde phase, on remarque que Kaïs tente de réutiliser la conjonction « que » reformulée précédemment par la formatrice, mais il ne parvient pas encore à construire sa phrase.

Troisième phase orale (extrait)
F : *oui il a installé sa canne à pêche*
K : *il a jeté son hameç- son âme sœur*
F : *son hameçon*
K : *son hameçon son âme sœur*
F : *son hameçon pas son âme sœur l'âme sœur c'est autre chose*
K : *son âme sœur son hameçon son âme sœur*
(…)
K : *ben il a il a il a jeté son il a jeté son son*
F : *son hameçon*
K : *son hameçon*
F : *d'accord il a jeté l'hameçon à l'eau et il attend*
K : *il attend il attend que le pois- et il attend que le poisson des poissons qu'arrivent*
F : *il attend que des poissons arrivent*
K : *les poissons qui qui mordent à l'ha-*
F : *à l'hameçon il attend que des poissons mordent à l'hameçon*

Kaïs tente de produire un énoncé organisé en employant une conjonction, mais il a besoin du retour de la formatrice pour construire l'énoncé.
Dans cette troisième phase orale la formatrice a aidé Kaïs à utiliser du lexique à bon escient, par exemple en distinguant « hameçon » de « âme sœur » (proche phonétiquement).

Phase d'écriture (extrait)

F : *qu'est-ce qu'il fait ? il attend*
K : *il attend*
F : *il attend*
K : *que l'hameçon*
F : *que qu'est-ce qu'il attend ?*
K : *que l'hameçon q-r-monte*
F : *non c'est pas l'hameçon qui va mordre c'est qui c'est qui va heu quand on pêche qu'est-ce qui se passe on jette l'hameçon dans l'eau*
K : *hum*
F : *on attend on attend quoi*
K : *le poisson*
F : *on attend que les poissons viennent*
K : *viennent dans le qui viennent sur l'hameçon*
F : *que l'ham- voilà*
K : *que le que le*
F : *poisson vienne*
K : *quand on quand on jette le mach- on jette le ma- on*
F : *on jette*
K : *le le le*
F : *l'hameçon*
K : *l'hameçon il attend que le poisson qu'ils arrivent il attend que l'ham- l'hameçon il attend que qui vienne morde*
F : *que qu'un poisson*
K : *poisson qu'un poisson qu'arrive*
F : *voilà il attend*
K : *que un*
F : *qu'un*
K : *poisson*
F : <u>*qu'un poisson*</u> (écriture)
K : *poisson qu'a- qu'arrive*
F : <u>*il attend qu'un poisson arrive*</u> (écriture)
K : *pour*
F : <u>*pour*</u> (écriture)
K : *morde*
F : <u>*mordre*</u> (écriture)
K : *l'hameçon*
F : <u>*l'hameçon*</u> (écriture)
K : *non*
F : *oui on va relire regardez 'Il attend qu'un poisson*
K : *poisson*
F : *arrive pour mordre*
K : *pour morde*
F : *l'hameçon*

Lors de la phase d'écriture, Kaïs réinvestit les mots de vocabulaire qui ont été travaillés dans les phases orales. Il produit des énoncés écrivables, explicites et structurés, et commence à articuler ses idées avec quelques introducteurs de complexités.

Texte final (complet)
Le texte est écrit sous chaque image et Kaïs écoute et suit la relecture finale.

Aujourd'hui, jeudi 3 décembre 2015, Roger décide d'aller à la pêche. Roger a mis ses bottes et son chapeau pour partir pêcher. Il s'est installé au bord du canal. Il est assis sur une chaise pliante et il a installé la canne à pêche. Il attend qu'un poisson arrive pour mordre l'hameçon.	Un poisson a mordu à l'hameçon. Roger est en train de remonter la canne à pêche pour sortir le poisson de l'eau. On dirait que le poisson est lourd ! Roger tire la canne à pêche très très fort pour remonter le poisson. Il doit faire attention sinon, il va casser sa canne à pêche.	Le poisson est sorti de l'eau. Roger tient la canne à pêche d'une main et il prend le poisson avec sa deuxième main. Il va mettre le poisson dans un seau avec de l'eau. Ensuite, il va ramener le poisson pour le cuisiner.

Exemple 3
Ecrire un récit personnel

Objectif : rédiger un texte narratif organisé logiquement et chronologiquement, à la première personne du singulier et au conditionnel.

Ce texte a été écrit au cours de plusieurs séances. Cette rédaction a nécessité deux phases introductives, deux phases orales et une phase d'écriture d'environ 50 minutes chacune.
Pour cette activité, il s'agissait de participer à un concours d'écriture organisé chaque année par le CRIL dans le cadre des « Défis de l'Ecriture ». À partir du thème *Et si j'osais*, le CRIL a proposé à chaque apprenant, quel que soit leur niveau, d'écrire un texte de la longueur de leur choix, en binôme avec un formateur. Le but était de valoriser les apprenants face à l'écrit.

Les textes étaient ensuite publiés dans un recueil destiné aux personnes du CRIL, aux familles des apprenants, et à toute autre personne s'intéressant à cet évènement. Afin de valoriser ces textes, le CRIL a fait appel à une compagnie théâtrale pour mettre en scène les textes lors d'une représentation publique.
La consigne donnée à Kaïs est la suivante : « Le thème du concours de cette année est : *Et si j'osais*. On va déjà parler de ce que vous souhaiteriez dire, de ce que vous souhaiteriez faire 'si vous osiez'. Et ensuite, vous me dicterez ce que vous souhaitez écrire et j'écrirai. ».

Première phase orale (extrait)

F : *donc comment on pourrait le dire ?*
K : *j'aimerais ouvrir non ?*
F : *oui allez-y*
K : *c'est c'est poli ça ? j'aimerais ouvrir mon mon ca- mon café kebab restaurant*
F : *c'est correct oui on peut dire ça si j'osais… j'aimerais ouvrir mon café kebab*
K : *j'ouvrirais mon café kebab on dit la place ou non ?*
F : *si vous voulez dire où on peut oui*
K : *à XX*
F : *à XX vous voulez ouvrir votre café kebab à XX*
K : *oui*
F : *d'accord si j'osais j'ouvrirais mon café kebab à XX*
K : *café kebab XX*
F : *vous voulez l'appelez café kebab XX ?*
K : *on peut ?*
F : *comme vous voulez vous voulez l'appeler comment ?*
K : *café kebab XX chez Kaïs*
F : *café kebab XX chez Kaïs*
K : *2018 non chez Kaïs c'est tout*
F : *d'accord j'ouvrirais mon café kebab à XX*
K : *chez Kaïs*
F : *d'accord j'ouvrirais mon café kebab à XX chez Kaïs*

La formatrice a cherché à réguler les interventions de Kaïs pour l'aider à aller plus loin. On remarquera que Kaïs cherche souvent notre approbation (« non ? » à la fin de ses énoncés) pour s'assurer de la forme normée de ses propositions. Cela montre qu'il commence à prendre conscience des contraintes d'explicitation et de précision que demande l'écrit.
Ces premières productions orales ne sont pas encore écrivables et d'autres phases orales seront nécessaires avant de passer à l'écriture.

Seconde phase orale (extrait)

F : *si j'osais…*
K : *j'ouvrirais mon café sandwich kebab à XX pour faire des sandwichs*
F : *on peut dire j'ouvrirais ma sandwicherie*
K : *sandwicherie ah oui oui c'est mieux*
F : *alors redites-moi*
K : *euh j'ouvrirais ma ma sandwicherie à XX non ?*

F : *oui j'ouvrirais ma sandwicherie à XX*
K : *chez Kaïs*
F : *d'accord j'ouvrirais ma sandwicherie à XX « chez Kaïs »*

La formatrice reformule les propositions de Kaïs et suggère la nominalisation « sandwicherie » pour remplacer le syntagme « pour faire des sandwichs ».

Phase d'écriture (extrait)
F : *on va écrire alors je vous écoute vous me dictez ? Et si j'osais…*
K : *j'ouvrirai*
F : *j'ouvrirai* (écriture)
K : *O U –ou*
F : *oui o + u ça fait ou j'ouvrirai* (écriture)
K : *ouvrirai*
F : *j'ouvrirai*
K : *ma sandwicherie*
F : *ma sandwicherie* (écriture)
K : *à XX*
F : *à XX* (écriture)
K : *chez Kaïs voilà*
F : *chez Kaïs* (écriture)
K : *je mets un point j'ouvrirai ma sandwicherie à XX chez Kaïs point*

On voit ici comment Kaïs réinvestit la construction précédemment offerte, comment la visualisation de ce qui est écrit lui permet de travailler des phénomènes de langue autres comme le décodage et la ponctuation.

Texte final (complet)
Et si j'osais…
j'ouvrirai ma sandwicherie à XX « chez Kaïs ». Depuis l'enfance, j'ai vécu dans ce domaine que j'aime beaucoup. Mes parents étaient commerçants depuis qu'ils sont arrivés en France. Ils avaient un café-restaurant près de la rue des XX. J'aidais mes parents quelques soirs dans la semaine et les week-ends. À partir de 18 ans, quand mes parents partaient, je restais dans le commerce en attendant qu'ils reviennent. Je m'occupais des clients du café.
Je sais servir les boissons chaudes et les boissons fraiches. Je sais aussi préparer les sandwichs et accueillir les clients. Je proposerais des pains et des ingrédients originaux pour être la meilleure sandwicherie de la ville.

Le texte produit est organisé logiquement et chronologiquement. Il comprend des énoncés structurés et complexes. À la fin de la séance, Kaïs a recopié son texte en énonçant oralement ce qu'il recopiait (avec l'aide de la formatrice). Ce texte a été publié dans le recueil.

Exemple 4
Rédiger des légendes explicatives (test de sécurité)

Objectif : rédiger un texte explicatif explicite.

Ce texte a été écrit au cours de deux séances. Cette rédaction a nécessité une phase introductive, deux phases orales et une phase d'écriture d'environ 40 minutes chacune.
Pour cette activité, un test de sécurité donné par l'agence intérimaire de Kais a été utilisé comme support. Il lui avait été demandé de réaliser ce test à la maison et de le remettre à l'agence intérimaire la semaine suivante ; il s'agissait d'entourer sur le dessin d'un chantier les situations dangereuses. Kaïs est alors venu à la séance de travail avec ce test en demandant de l'aide. La formatrice a décidé, en plus de ce qui était demandé, de légender les situations entourées et de justifier le risque encouru.

Première phase orale (extrait)

K : il a pas le droit de monter là-dessus lui
F : pourquoi ? quel est le risque ?
K : c'est interdit qu'il monte là-dessus
F : pourquoi c'est interdit de monter ?
K : ça c'est que pour la marchandise ou pour monter des trucs lui il a pas le droit de monter là-dessus
F : qu'est-ce que c'est exactement ?
K : c'est un cha- c'est un comment dire ça comment dire ça
F : c'est un élévateur
K : un élévateur c'est un comment dire ça il va c'est une grue pour monter de la marchan- pour monter les matériaux
F : d'accord
K : déjà lui il est assis comme ça il est assis comme ça (il imite la position de la personne) il est assis comme ça
F : il est assis sur le rebord
K : il est assis sur le rebord du machin et il fait comme ça c'est interdit on n'est pas à la mer ici
F : il est assis sur le rebord de la nacelle et
K : et puis il fait comme ça (il se penche en arrière)
F : il est assis sur le rebord de la nacelle et il se penche en arrière
K : c'est interdit ça
F : c'est dangereux c'est quoi le danger
K : il peut tomber
F : il risque de tomber voilà
K : si quelqu'un qui monte en hauteur il faut /qu'i(l), qui/ met un /qu'i(l), qui/ met un
F : un harnais il doit mettre un harnais
K : un harnais il faut /qu'i(l), qui/s'accroche avec un gilet tout le tralala
F : oui et là le monsieur n'as pas de harnais s'il bascule en arrière il peut tomber dans le vide
K : dans le vide
F : donc là vous pouvez entourer toute la partie
K : tout (il entoure)

Dans cet exemple, la formatrice verbalise des énoncés explicites et structurés pour remplacer les gestes de Kaïs en proposant un lexique précis (par exemple « nacelle » au lieu de « machin ») ou bien elle lui demande d'être plus précis pour remplacer les formulations « trucs » et « tout le tralala ».

La formatrice tente également de faire préciser ou d'expliquer le risque : « quel est le risque ? », « pourquoi c'est interdit ? », « qu'est-ce que c'est exactement ? », « c'est quoi le danger ? ».

Seconde phase orale (extrait)

F : *voilà vous allez me redire pour qu'on l'écrive à côté comment on va appeler cette situation*
K : *le monsieur de la nacelle dans la nacelle*
F : *le monsieur dans la nacelle alors ce monsieur dans la nacelle*
K : *le monsieur dans la nacelle il est debout hein il est debout*
F : *là il est pas debout regardez*
K : *il est penché sur euh*
F : *dans quelle position est-ce qu'il est là ?*
K : *il est assis*
F : *où est-ce qu'il est assis ?*
K : *au rebord*
F : *sur le rebord*
K : *de la nacelle*
F : *il est assis sur le rebord de la nacelle et ensuite qu'est-ce qu'il fait ?*
K : *il se penche*
F : *oui il se penche*
K : *en arrière*
F : *il se penche en arrière et quel est le danger ?*
K : *ben il peut tomber*
F : *voilà il peut tomber il risque de tomber*
K : *il peut tomber et puis le le le comment dire ça le celui-là là celui qui conduit la nacelle là il va le monter en hauteur hein*
F : *celui qui conduit la nacelle en contrebas continue à faire monter la nacelle alors il faut dire ce qu'il risque*
K : *oui*
F : *alors je vous écoute*

La formatrice sollicite Kaïs pour qu'il reprenne des reformulations orales écrivables proposées lors de la précédente phase d'échanges. Contrairement à la première phase orale, Kaïs ne se sert plus des gestes, il arrive à construire un énoncé simple explicite (« il se penche »). Dans l'extrait, on peut voir que Kaïs réinvestit les structures proposées précédemment par la formatrice.
Dans la seconde phase orale, les productions écrivables sont également un peu plus longues comme dans l'énoncé « il se penche en arrière ».

Phase d’écriture (extrait)

K : *le monsieur qui est dans*
F : *qui est* (écriture)
K : *dans*
F : *dans* (écriture)
K : *la nacelle*
F : *dans la nacelle* (écriture)
K : *il est assis*
F : *il est assis* (écriture)
K : *sur*
F : *sur* (écriture)
K : *le*
F : *le* (écriture)
K : *rebord*
F : *rebord* (écriture)
K : *de*
F : *de* (écriture)
K : *la nacelle*
F : *la nacelle* (écriture) *il est assis sur le rebord de la nacelle*
K : *hum hum*
F : *et ensuite ?*

Kaïs réinvestit les constructions proposées lors des phases orales mais il n’ajoute aucune autre information, il ne se risque pas à tenter des énoncés plus longs ou plus complexes.
Cet extrait montre que Kaïs arrive progressivement, au cours des séances, à segmenter les mots dans les énoncés et à s’adapter à une vitesse d’écriture.

Texte final (complet)

- Le monsieur qui est dans la nacelle : il est assis sur le rebord de la nacelle et il se penche en arrière. Il risque de tomber.
- Le monsieur qui porte la planche : il ne porte pas de gants pour protéger ses mains.
- Le monsieur qui balaie à l’étage : il pousse les déchets en contrebas. Il y a deux personnes qui travaillent en-dessous.

- L'égout est ouvert : si quelqu'un passe, il peut tomber dedans. Il faudrait protéger l'accès à l'égout avec des grilles.
- Le monsieur au téléphone et avec son sandwich : il ne doit pas prendre sa pause sur le chantier. Il ne porte pas son équipement de travail.

Ce texte a permis de travailler l'explication et la justification et a permis d'aboutir à un texte comportant des constructions plus complexes.

3.2.3. L'évolution linguistique de Kaïs

L'analyse des types d'énoncés produit par Kaïs donne des indications intéressantes sur l'évolution de ses productions verbales. Au fil du temps, les énoncés s'allongent et comportent une organisation syntaxique plus complexe (tableau ci-après) :

- les énoncés sont de plus en plus complets ; Kaïs produit moins de groupes de mots (il passe de 61,77 % de constructions incomplètes à 38,63 %) et plus de constructions comportant au moins deux propositions verbales juxtaposées ou coordonnées, ce qui montre qu'il arrive à organiser syntaxiquement différents événements.
- les complexités sont plus nombreuses et plus diverses, on passe d'une moyenne de 3,33% de complexités maitrisées la première année à 6,33% la deuxième année, puis à 11,75% la troisième année.

Tableau 2 : Types de constructions dans les énoncés de Kaïs

Évolution des types d'énoncés produits par Kaïs						
Année (en %)	**Mots isolés, groupe de mots, constructions incomplètes**	**Enoncé comportant une seule construction simple**	**Enoncé comportant des constructions simples juxtaposées ou coordonnées**	**Enoncé comportant des essais de complexités**	**Enoncés comportant des constructions complexes**	**Nombre de complexités différentes**
1	61,77	23,24	1,33	5,25	3,91	**3,33**
2	41,48	31,70	3,79	7,11	10,51	**6,33**
3	38,63	24,67	8,14	8,03	15,18	**11,75**

Au cours des mois, les textes produits sont de plus en plus longs : on passe en effet d'une moyenne de 11,17 mots dans les textes produits la première année à une moyenne de 14,75 la troisième année. Les textes comportent également plus de complexités syntaxiques : la première année 35,41% des phrases comportent une complexité et 13,46 % en comportent au moins deux, ces chiffres passent respectivement à 57,45% et 19,72% la troisième année (tableau ci-après).

Tableau 3 : Longueur des textes et complexité dans les énoncés de Kaïs

Évolution de la complexité et de la longueur des textes produit sur 3 ans							
Année (en %)	Nombre de phrases dans le texte	% phrases simples	% phrases simples juxtaposées	% phrases simples coordonnées	% phrases avec une seule complexité	% de phrases avec plusieurs complexités	Nombre de complexité différentes
1	**11,17**	37,67	2,95	10,51	35,41	13,46	4
2	**12,33**	37,62	3,03	13,34	37,66	8,33	3,67
3	**14,75**	14,65	4,73	3,45	57,45	19,72	6,25

Au cours de ces trois années, Kaïs a développé son système syntaxique et a produit davantage d'énoncés complets et explicites, c'est-à-dire potentiellement écrivables, qu'il pourra réutiliser ensuite dans la phase d'écriture. Kaïs est parvenu à mieux articuler les idées entre elles, ce qui lui a permis de produire des textes plus longs et plus structurés.

À la fin du suivi Kaïs était en mesure d'avoir de meilleures compétences de lecture : il arrivait à mieux se repérer au quotidien, à lire (en partie) la plupart de ses courriers, textos et publicités, à lire différentes indications sur ses lieux de travail, à lire des ingrédients sur les emballages des produits dans les supermarchés. Il avait aussi de meilleures compétences en écriture : il savait compléter un chèque (excepté l'écriture de certains chiffres en lettres), écrire un mot sur un post-it, une carte postale, compléter un cahier de suivi de recherche d'emploi. À la fin de ce suivi, il a atteint un niveau A2 à l'écrit et il commençait à entrer dans le niveau C1 à l'oral.

Exploitation de la dictée au formateur : étude du code, étude de la langue et compréhension de textes

Comme nous l'avons précédemment expliqué (Cf. 2.6), les textes produits collectivement en DF constituent des supports pédagogiques permettant aux formateurs de structurer des apprentissages langagiers dans une approche intégrative. Ces productions textuelles offrent aux apprenants l'opportunité de s'engager dans des processus métalangagiers, favorisant le développement de compétences linguistiques (renforcement et structuration des connaissances lexicales, orthographiques et grammaticales) et des compétences littéraciques liées à la maitrise des correspondances graphophonologiques et à la compréhension de texte.

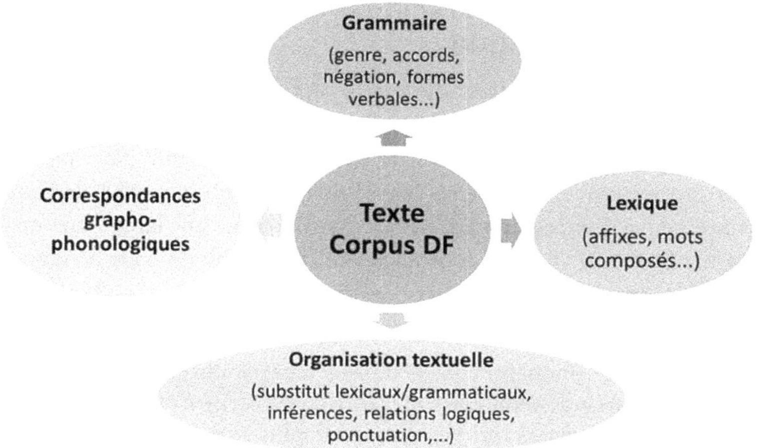

Figure 18 : Étude de la langue à partir d'un texte produit en DF.

Nous allons aborder successivement chacune de ces dimensions en nous appuyant sur des exemples de situations d'enseignement-apprentissage et d'activités issues de différents contextes dans lesquels la démarche a pu être testée : formation linguistique des migrants, dispositifs spécifiques de l'éducation nationale pour élèves allophones (notamment pour des grands adolescents et jeunes adultes scolarisés en lycée professionnel), dispositif Ouvrir l'Ecole aux Parents pour la Réussite des Enfants (OEPRE), mineurs non accompagnés incarcérés.

Dans cette perspective, la prise en compte des profils d'apprenants qui constituent le groupe classe est essentielle (Cf. chap. 1). Le formateur doit pouvoir identifier leur niveau et leurs besoins prioritaires pour être en capacité de gérer l'hétérogénéité éventuelle, ce qui nécessite une phase d'évaluation diagnostique (Cf. 1.3). Nos propositions tiendront notamment compte des trois profils que nous avons précédemment établis :

Profil 1	Apprenants non lecteurs et non scripteurs en L1 comme en LS, peu ou pas scolarisés antérieurement
Profil 2	Apprenants qui ont bénéficié d'une scolarisation limitée avec de faibles compétences en lecture et en écriture en L1 et/ou en LS
Profil 3	Apprenants ayant un parcours scolaire suffisant leur permettant de disposer d'une bonne maitrise de l'écrit, mais dans une langue à alphabet non latin (arabe, ourdou, farsi, bengali, etc.).

4.1. Compétences littéraciques liées à la maitrise du code alphabétique

Pour pouvoir lire et écrire dans une langue alphabétique comme le français, il est nécessaire d'en maitriser le code graphophonologique, c'est-à-dire de pouvoir associer les lettres et combinaisons de lettres (les graphèmes) aux phonèmes qui leur correspondent. Comme nous l'avons vu au chapitre 1, le français, contrairement à d'autres langues, est de ce point de vue une langue très opaque (Ziegler et Montant, 2005). Les obstacles à l'acquisition du code écrit en français proviennent donc de cette opacité et de son inconsistance orthographique (Hazard, 2009). On peut notamment souligner les caractéristiques suivantes :

- de nombreux phonèmes qui se transcrivent par plusieurs graphèmes (ex : les différents graphèmes du son [ã] qui peut s'écrire AN, EN, AM ou EM) ;
- certains graphèmes qui peuvent avoir plusieurs valeurs phonémiques (ex : le graphème C qui peut correspondre au phonème [k] ou [s]) ;

- de nombreux digrammes et trigrammes (graphèmes composés de 2 ou 3 lettres) qui invalident la valeur phonémique des lettres qui les composent (ex : dans le graphème ON, le O et le N sont associés pour former un phonème spécifique) ;
- de nombreux graphèmes non sonorisés ayant une valeur lexicale (ex : le T de *petit*) ou grammaticale (ex : le S du pluriel) ;
- des doubles consonnes sans valeur phonologique (ex : le français ne fait pas de distinction phonétique entre R et RR) ;
- un nombre important d'homophones, souvent grammaticaux (ex : *ces/ses/c'est*) ;
- la distorsion dans les relations phonèmes/graphèmes et graphèmes/phonèmes puisqu'il y a beaucoup plus de graphèmes que de phonèmes, rendant le français plus facile à lire qu'à écrire.

De plus, la diversité des structures syllabiques en français facilite plus ou moins le décodage des mots :

- Consonne + Voyelle (CV) : TA, MI, RON, SAN, …
- Voyelle + Consonne (VC) : AL, OR, AF, …
- Consonne + Voyelle + Consonne (CVC) : MUR, FIL, TOUR, …
- Consonne + Consonne + Voyelle (CCV) : TRA, PLU, CLOU, …
- Consonne + Consonne + Voyelle + Consonne (CCVC) : TRAL, CRIS, …
- Consonne + Consonne + Consonne + Voyelle + Consonne (CCCVC) : STRUC, …

Comment dès lors gérer cette complexité ? Quelle démarche mettre en place en classe ? En travaillant à partir de la DF, nous nous positionnons résolument dans une démarche descendante (*top-down process*) et intégrative qui part du texte produit pour en analyser les unités linguistiques plus petites. Cette approche contraste avec bon nombre de manuels d'alphabétisation pour adultes qui se revendiquent d'une démarche ascendante, partant d'abord des unités les plus petites (les graphèmes, voire les lettres) pour aller vers les unités les plus grandes (syllabe < mot < phrase < texte). Dans ce type de manuels, la programmation est construite pour aller du simple au complexe, en commençant par des syllabes de type CV et des mots facilement déchiffrables (Beaugrand & Jourdain, à paraitre). Ce qui prime c'est alors la régularité des formes proposées à la lecture, au détriment du contexte et du sens (exemples de phrases relevées dans ces manuels : *il a la mule ; il rame sur la mer ; Ali va à cheval ; Rémi ramène le vélo à Marina*).

En travaillant en DF, les apprenants sont d'emblée confrontés à un texte qui fait sens pour eux, puisqu'ils l'ont coconstruit, quelle que soit la complexité orthographique des mots qui le composent. Le rôle du formateur est dès lors essentiel car il lui revient d'engager un travail de didactisation de ce texte afin de structurer les apprentissages liés au code graphophonologique. Il faut ainsi définir des objectifs précis, constituer soigneusement des corpus, construire une progression cohérente, élaborer des activités. Il est également nécessaire de prendre en compte les profils des apprenants car tous ne seront pas au même stade dans le processus d'alphabétisation (Cf. 1.5).

Le tableau ci-dessous synthétise les axes à travailler à l'écrit en fonction du profil des apprenants :

Tableau 4 : Axes de travail sur la langue et progression en fonction du profil des apprenants

		Profil 1 non lecteurs/ scripteurs en L1	**Profil 2 faible lecteurs/ scripteurs en L1 ou LS**	**Profil 3 lecteurs/scripteurs en L1 alphabet non latin**
		À l'oral : développement des compétences langagières (lexique, syntaxe, phonétique en réception et en production)		
Étape 1	**Pré-alphabétisation : découverte du principe alphabétique**[32]	À travailler avant l'alphabétisation	*Déjà acquis en L1 ou en LS*	*Déjà acquis en L1*
	Pré-alphabétisation : développement de la conscience phonologique[33] **(conscience syllabique)**	À travailler avant l'alphabétisation	*Déjà acquis en L1 ou en LS*	*Déjà acquis en L1*
	Acculturation à l'écrit	Construction progressive d'une culture de l'écrit en tenant compte des acquis éventuels	Poursuite de l'acculturation à l'écrit (documents et écrits socioculturels spécifiques au pays d'accueil)	Renforcement de l'acculturation à l'écrit (documents et écrits socioculturels spécifiques au pays d'accueil)

[32] Rappel : la connaissance des lettres et la compréhension servent à coder l'oral et ce système est de nature arbitraire.

[33] Rappel : la prise de conscience des unités sonores de la langue, notamment les syllabes et les phonèmes, et la capacité à les isoler et les manipuler oralement.

		Profil 1 non lecteurs/ scripteurs en L1	**Profil 2 faible lecteurs/ scripteurs en L1 ou LS**	**Profil 3 lecteurs/scripteurs en L1 alphabet non latin**
		À l'oral : développement des compétences langagières (lexique, syntaxe, phonétique en réception et en production)		
Étape 2	**Renforcement de la conscience phonologique (conscience phonémique)**	À consolider après la phase pré-alphabétisation	À consolider selon le niveau	À travailler uniquement pour les apprenants ayant un système d'écriture syllabaire ou idéogrammique
	Acquisition des correspondances graphophonologiques (CPG) de base	À travailler en priorité de manière progressive et structurée	À travailler totalement ou partiellement selon les éventuels acquis en LS	À travailler : apprentissage d'un nouveau code différent de celui de la L1 (progression rapide)
	Mémorisation progressive de la forme orthographique des mots-outils	À travailler progressivement dès le début de l'alphabétisation en développant des stratégies de mémorisation	À travailler ou à renforcer si alphabétisation commencée en LS	À travailler (progression rapide)
	Mémorisation progressive de la forme orthographique des mots	À travailler progressivement avec les mots simples et les plus fréquents dès le début de l'alphabétisation en développant des stratégies de mémorisation	À travailler avec les mots les plus fréquents en renforçant des stratégies de mémorisation	À travailler selon la fréquence
Étape 3	**Acquisition de l'ensemble des CPG**	À travailler après les CPG de base	À travailler après avoir stabilisé les CPG de base	À travailler : apprentissage d'un nouveau code différent de celui de la L1 (progression rapide)

Nous allons illustrer successivement les phases clés de l'acquisition du code en tenant compte de ces profils et de leurs besoins d'apprentissage.

4.1.1. Pré-alphabétisation : principe alphabétique, conscience phonologique et acculturation à l'écrit (étape 1)

Cette phase concerne spécifiquement les apprenants qui n'ont appris à lire et à écrire dans aucune langue que ce soit et qui sont donc concernés par un processus d'alphabétisation en français langue seconde à l'âge adulte ; leurs besoins sont considérables et l'apprentissage s'inscrit dans un temps long qui dépasse le cadre d'une seule session de formation.

Pour les débutants en français, il est indispensable de construire des compétences langagières à l'oral en langue seconde avant d'entrer dans le décodage car on n'apprend pas à lire dans une langue qu'on ne sait pas parler. Grâce à la démarche de la DF et au travail d'étayage mené à l'oral, les apprenants vont progressivement disposer d'un bagage langagier minimal, sur le plan syntaxique et lexical, qui servira d'assise à la construction des compétences littéraciques et notamment à la découverte du principe alphabétique et au développement de la conscience phonologique (Cf. 1.5.2). Cela suppose, à un premier stade, que les textes produits (généralement relativement courts) soient relus par le formateur avant d'être exploités, afin de décharger les apprenants de l'activité de décodage qu'ils ne sont pas encore en capacité de réaliser seuls, même partiellement. Ces relectures seront accompagnées d'activités collectives et individuelles de pré-alphabétisation à partir du texte et aideront par ailleurs à fixer les structures syntaxiques et à mémoriser le lexique.

Principe alphabétique :

La mobilisation de la démarche de la DF pour entrer dans l'écrit permet aux apprenants non lecteurs et non scripteurs (profil 1) de comprendre rapidement que l'écrit permet de transcrire l'oral à partir d'un code établi. De plus, étant immergés dans un monde fortement scriptural, ils possèdent généralement des connaissances partielles sur l'écrit, même s'ils n'ont pas été scolarisés.

Deux compétences doivent complémentairement être construites pour assurer ensuite un apprentissage systématisé du code alphabétique :

- il faut que les apprenants acquièrent le nom des lettres. Il ne s'agit pas seulement d'apprendre l'alphabet par cœur, (ce qui ne doit d'ailleurs pas

être un point de focalisation trop surinvesti en début d'apprentissage[34]) mais de pouvoir nommer les lettres, par exemple en épelant un mot. Le nom et le prénom des apprenants constituent généralement la première porte d'entrée pour mener ce travail puisqu'il est fréquent de devoir les épeler dans des contextes administratifs. L'apprenant doit également apprendre à distinguer le nom de la lettre du son qu'elle fait, car c'est ce dernier qui est mobilisé dans le décodage et l'encodage ;
- il leur faut acquérir la connaissance des différentes formes graphiques des lettres : la script, la cursive et la capitale d'imprimerie. On peut ainsi faire associer un même mot dans différentes écritures, travailler sur la discrimination visuelle de mots ou encore faire identifier les lettres qui composent un mot clé du texte.

Y a-t-il une utilité à enseigner la cursive à des apprenants adultes ?
Les textes produits en DF étant manuscrits par le formateur, cette écriture apparait comme la première mobilisée avec les apprenants, elle est donc incontournable. Elle présente l'avantage de bien délimiter les mots et les blancs qui les séparent ; les textes, phrases ou mots peuvent ensuite être dactylographiés dans les activités proposées à l'écrit. Par ailleurs, les apprenants peuvent être confrontés à la lecture de documents manuscrits dans des situations de la vie sociale ou professionnelle (liste de courses, message d'un enseignant dans le cahier d'un enfant, message laissé par un ou une collègue, …), il n'y a donc pas lieu d'occulter la cursive. Toutefois, elle ne doit pas nécessairement être imposée dans les activités d'écriture car la capitale d'imprimerie est la plus facile à acquérir par les apprenants non scripteurs. De même, en situation de copie et de production les apprenants ont fréquemment recours à la script, les lettres étant plus faciles à identifier et reproduire. L'apport d'un alphabet dans les trois écritures comme outil référent s'avère donc précieux.

---

[34] On peut également questionner la pertinence de travailler sur l'ordre alphabétique dans les tout premiers cours. Cette compétence spécifique, qui n'intervient pas directement dans la construction des compétences de lecture, peut être travaillée de manière différée dans une situation où elle aura du sens comme dans la liste de contacts dans un smartphone ou un classement dans une médiathèque.

Fiche 1 : Exemples d'exercices conçus à partir des mots de la DF pour travailler le principe alphabétique

* **1.** Entoure la lettre A, **a**, *a*. mot

(A)	d	a	q	b	d	A	R	**a**	d	p	a	*a*	g	a
F	a	d	b	A	p	a	q	R	N	a	A	d	a	b
a	d	a	a	N	p	o	o	q	a	A	V	a	u	a

Entoure les lettres des mots. mot

matin

t n f
h d m
i a m

jeudi

r b i p
d r u
e t i

sport

s v s t
l é r
u i p o

3. Colorie **i** dans les mots.

fille

livre

midi

10
dix

ordinateur

Ecris le mot sous le dessin correspondant.

LE SPORT - LES MATHS - LE FRANÇAIS

le français	*les maths*	*le sport*

Entoure.

(mot)	(Lille)
mat	Lire
mur	Lite
mot	Lille
vote	Lile
note	Tille
mot	Lolle
mue	Lille
mot	Libe

4. Découpe et colle les lettres dans l'ordre.

LIVRE	ECRIRE

E	R	E	I	V	I
L	C	R	R	E	

Conscience phonologique :

En langue maternelle comme en langue seconde, les recherches s'accordent pour considérer que l'acquisition de la conscience phonologique est essentielle au développement de la lecture dans un système alphabétique[35] (Royer, Abadzi & Kinda, 2004 ; Sosinski, 2020). Cet apprentissage doit s'engager sur quatre niveaux distincts, du plus simple au plus complexe à acquérir : le mot, la syllabe, les unités infrasyllabiques et enfin le phonème (Ecalle et Magnan, 2021).

- *La conscience lexicale* : à un premier niveau, il faut que l'apprenant soit en capacité d'isoler les mots de la chaine parlée. En effet, la prosodie du français oral, qui fonctionne par groupes de souffle, ne permet pas

[35] On peut souligner que pour un lecteur dans un système idéographique (le chinois) ou syllabique (l'hiragana), la conscience phonémique fait également plus ou moins défaut, même chez le lecteur expert et qu'elle doit donc être travaillée pour saisir le principe alphabétique.

de percevoir la segmentation de la parole en mots, ceux-ci n'étant pas accentués isolément comme dans certaines langues comme l'anglais ou l'espagnol. Si on prend une phrase telle que « *Chaque matin, je prends le bus pour aller travailler.* », la segmentation orale se fera en 3 groupes de souffle : *chaque matin/je prends le bus/pour aller travailler.* Chaque groupe est perçu comme un continuum et un apprenant adulte qui ne sait ni lire ni écrire ne parvient donc pas à isoler les mots de la phrase (Kurvers, 2015). En produisant les textes en DF, le formateur rend visible l'unité mot et les espaces qui séparent les mots et la phrase peut être décomposée en mots en pointant ceux-ci lors des phases de relecture.

- *La conscience syllabique* : le niveau inférieur de traitement de l'oral va se situer sur le mot pris isolément dans lequel il faut que l'apprenant puisse percevoir les unités plus petites, à commencer par les syllabes. Cette conscience syllabique est relativement rapide à acquérir pour les adultes, la syllabe étant facilement perceptible et isolable à l'oral et les différentes manipulations étant plus faciles à réaliser qu'avec les phonèmes. On peut localiser, supprimer, inverser ou modifier une syllabe dans un mot.
- *La conscience infra-syllabique* : dans la syllabe, il est également possible de travailler sur deux éléments : l'attaque et la rime. Cette analyse est particulièrement pertinente dans les syllabes complexes de type CCV, CVC ou CCVC. Ainsi dans la syllabe CRA, il faut pouvoir distinguer l'attaque CR- constituée de deux phonèmes, et la rime -A. De même dans la syllabe BOL, la segmentation doit s'opérer entre B- en attaque et -OL en rime.
- *La conscience phonémique* : enfin, le phonème constitue le dernier niveau car il est la plus petite unité orale. La conscience phonémique doit faire l'objet d'un apprentissage systématisé et prolongé car elle est la plus difficile à percevoir et acquérir (Écalle et Magnan, 2021). Or elle est essentielle car elle conditionne principalement la réussite de l'apprentissage de la lecture et de l'écriture. Par exemple, pour encoder un mot, c'est-à-dire passer de l'oral à l'écrit, l'apprenti-scripteur devra le décomposer en phonèmes auxquels il associera des graphèmes.

Fiche 2 : Exemples d'exercices conçus à partir des mots de la DF pour travailler la conscience phonologique
(le formateur donne les mots à l'oral, les activités sont toujours réalisées en dirigé)

Segmenter un mot en syllabes orales

2. Dessine un point pour chaque syllabe. ●

Localiser une syllabe dans un mot

3. Entoure le point qui correspond à la syllabe MA

Discriminer une syllabe dans un mot

2. Entoure les mots où tu entends **TO**

Discriminer un phonème dans un mot

3. Entoure les mots où tu entends O

Discriminer un phonème dans un mot

4. Ecris si tu entends U ou E

E					

Les différentes connaissances et compétences qui doivent être construites lors de cette première phase d'entrée dans l'écrit sont travaillées de manière intégrative à partir des textes de la DF, comme le montre l'extrait de scénario pédagogique suivant :

Fiche 3 : Exploitation ritualisée collective du texte de DF en pré-alphabétisation lors des premières séances

DF collective
Profil des apprenants : profil 1 – première entrée dans l'écrit

Objectifs linguistiques :
- Identifier différentes unités linguistiques (*lettre, syllabe, mot, phrase*)
- Nommer les lettres de l'alphabet pour épeler un mot
- Segmenter un mot en syllabes orales
- Dénombrer le nombre de syllabes orales dans un mot
- Localiser une syllabe ou un phonème dans un mot
- Copier un mot (passage du plan vertical au plan horizontal)
- Identifier des mots-outils par voie directe
- Repérer une syllabe dans un mot

Organisation de la séance :
- Les apprenants observent le texte projeté (celui-ci peut être très court au départ, d'une ou deux phrases).
- Le formateur relit intégralement le texte de DF. Il pointe les mots lus au fil de la lecture au tableau.
- Il relit le texte de manière fragmentée (variable en fonction de la longueur du texte) et fait répéter chaque fragment collectivement aux apprenants.
- L'enseignant mène des activités d'exploration du texte pour travailler les différents objectifs fixés. Il peut utiliser l'ardoise pour s'assurer de l'engagement de tous les apprenants sur certaines activités :
  - compter les phrases
  - compter les mots d'une phrase
  - repérer les majuscules
  - repérer des mots-outils connus (article, prépositions, auxiliaires, …)
  - compter les occurrences d'un mot dans le texte
  - épeler des mots-clés du lexique (au départ des mots-outils et des mots courts)
  - segmenter un mot issu du texte en syllabes orales
  - localiser une syllabe ou un phonème dans un mot du texte (attention : cette activité est menée uniquement à l'oral, il ne s'agit pas de travailler sur le découpage du mot en syllabes écrites mais bien en syllabes orales)
  - copier un mot du texte sur l'ardoise (notamment mots outils au départ)
  - écrire de mémoire un mot du texte effacé par le formateur après l'avoir analysé
  - repérer une syllabe écrite dans un mot (avec ou sans modèle)
  - etc.

Pour les apprenants, notamment les plus fragiles, il est important de souligner la nécessité d'adopter des routines de travail, en prenant le temps de présenter et d'expliciter collectivement chaque nouvelle activité introduite afin de pouvoir les guider sur la compréhension des consignes et les stratégies d'apprentissage à mobiliser. Il est donc recommandé de d'abord faire collectivement l'activité ou l'exercice lors des premières fois avant de le proposer individuellement. Le formateur doit se départir d'une idée reçue selon laquelle ce serait « trop facile » ou que cela perdrait de son intérêt pédagogique. Bien au contraire, cela permet de développer l'apprendre à apprendre, indispensable pour guider les apprenants sur la voie de l'autonomie.

Acculturation à l'écrit :
Enfin, il est également nécessaire de proposer des activités familiarisant à la culture de l'écrit et à ses codes, des écrits de natures et de formes variées

circulant tant dans la sphère privée que dans les sphères sociale et professionnelle. Certes, les apprenants adultes ont souvent déjà développé des compétences sur ce plan dans le pays d'accueil mais aussi dans leur pays d'origine avant leur départ, mais celles-ci restent très parcellaires, c'est pourquoi cette acculturation à l'écrit ne doit pas être négligée. L'apprenant qui n'a jamais appris à lire ni à écrire doit pouvoir être confronté à des documents fonctionnels et culturels divers dont il doit identifier la nature, la fonction, le mode de diffusion, l'émetteur et le destinataire, autant d'informations qui aideront à créer un horizon d'attente et faciliteront la compréhension écrite.

Cette phase de pré-alphabétisation peut nécessiter un nombre de séances variables au début de la formation en fonction de la fréquence et la durée des séances et des profils d'apprenants accueillis. Par ailleurs le travail sur la connaissance des lettres et sur la segmentation orale des mots en syllabes et en phonèmes se poursuit de manière régulière au cours des premiers cours de la phase d'alphabétisation lorsque débute l'apprentissage systématisé et progressif des correspondances graphophonologiques qui permettra aux apprenants d'entrer dans une phase de décodage/encodage.

4.1.2. Étude systématisée des correspondances graphophonologiques (étapes 2 et 3)

L'acquisition des correspondances graphophonologiques (CPG) du français ne va pas s'engager de la même manière selon que l'apprenant est déjà alphabétisé (même partiellement) dans une première langue (profils 2 et 3) ou qu'il entre pour la première fois dans un système écrit (profil 1).

Prendre en compte les différents profils d'apprenants :

Pour les apprenants du profil 1, l'enjeu est de pouvoir entrer dans un premier code alphabétique dans une LS (Cf. 1.5.3). Après le travail de pré-alphabétisation, le formateur va conduire progressivement les apprenants vers l'acquisition des correspondances graphophonologiques de base du français et développer la combinatoire pour décoder et encoder des syllabes et des mots en mobilisant notamment la conscience phonémique.

En partant des textes de la DF, le formateur va engager les apprenants dans une démarche analytique qui part des unités porteuses de sens, les mots des textes, pour aller vers les unités plus petites que sont les syllabes et les graphèmes. Plusieurs possibilités s'offrent au formateur pour entrer dans le code : soit en analysant les unités minimales (les graphèmes et les phonèmes qui leur correspondent) soit en analysant préalablement les syllabes. L'entrée par l'identification de syllabes se prête bien, selon nous, à une démarche d'alphabétisation au tout début de l'apprentissage car sur le plan phonologique, cette unité est plus facile à percevoir et à isoler. Elle constitue un premier niveau d'analyse des unités infra-lexicales et permet de se focaliser ensuite sur le second niveau graphophonologique.

Fiche 4 : Exemples de traces de la démarche analytique menée avec des apprenants non lecteurs lors de cours sur la découverte du code à différents moments de la formation

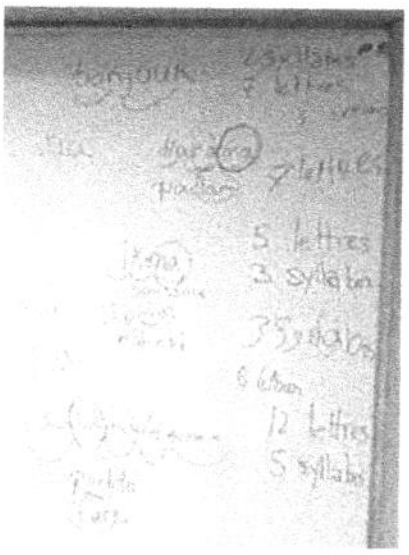

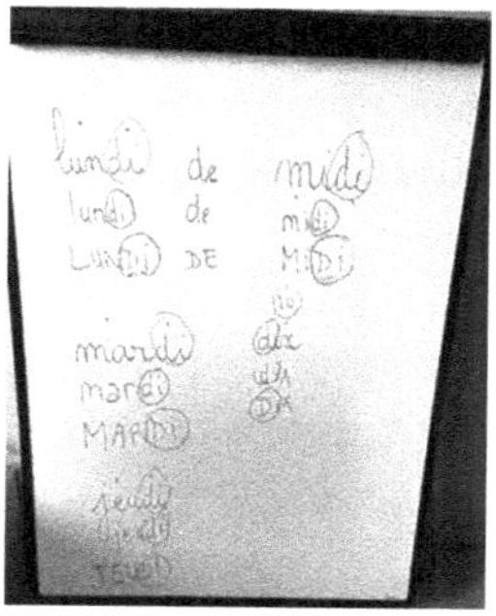

Dès les premières séances, il est possible de commencer à analyser les unités infra-lexicales et notamment des syllabes simples comprenant les voyelles A et I, très fréquentes dans les noms et prénoms. Progressivement, on passera d'une analyse syllabique (photos 1 et 2) à une analyse graphémique (photo 3).

Pour les apprenants de profil 2, il s'agit de poursuivre un processus d'alphabétisation déjà engagé dans une première langue ou en français[36] mais avec des acquis fragiles qu'il faut consolider. Dans ce cas, les prérequis sont

[36] Certains apprenants initialement non scolarisés ont déjà bénéficié de cours d'alphabétisation antérieurement, que ce soit dans des organismes de formation, des structures associatives ou lors du parcours migratoire. Ainsi il n'est pas rare de voir des migrants ayant commencé à apprendre à lire et à écrire en espagnol ou en italien. D'autres apprenants peuvent avoir été scolarisés mais ne pas maitriser complètement les compétences de base en lecture et en écriture dans leur L1.

généralement déjà construits, même si les compétences sont partielles. Il n'est donc pas nécessaire de passer par une phase de pré-alphabétisation et l'apprentissage des correspondances graphophonologiques sera plus rapide. Le geste graphique a également déjà été développé dans un premier système d'écriture et une expérience scolaire antérieure a permis l'acquisition de stratégies d'apprentissage et de méthodes de travail qui pourront être transférées et favoriseront l'autonomie de l'apprenant. Il est donc nécessaire d'établir une distinction entre le profil 1 et le profil 2, même si les objectifs visés peuvent être en partie communs pour le travail sur le code (Minuz et al. 2022).

Enfin pour les apprenants de profil 3, qui sont déjà lecteurs-scripteurs dans une première langue, même dans un autre alphabet, les enjeux sont tout autre. Un apprenant qui sait lire et écrire en pachto, en dari ou en arabe a déjà acquis un grand nombre de compétences et connaissances littéraciques, mais aussi de stratégies, qu'il va pouvoir transférer et mobiliser en français. Il a déjà développé de nombreuses habiletés pour déchiffrer ou transcrire les mots d'une langue alphabétique, quelle qu'elle soit. Il sait notamment que la langue se compose de mots et que ceux-ci sont composés de lettres, associées à des sons, qui se constituent en code alphabétique ; il a acquis une conscience syllabique et phonémique : il sait fusionner des phonèmes pour produire des syllabes et inversement il peut décomposer une syllabe en phonèmes. Ce qui est alors en jeu c'est l'acquisition d'un nouveau code alphabétique, différent de celui déjà acquis et maitrisé. La progression des apprenants est dans ce cas beaucoup plus rapide puisque les nombreuses habiletés déjà construites en L1 sont mobilisées en L2. Il n'est par exemple pas nécessaire de travailler préalablement au niveau syllabique, l'entrée graphophonologique pouvant être directement mobilisée. Deux obstacles pourront néanmoins se poser aux apprenants de profil 3 : les différences phonétiques entre les deux langues, comme pour tout apprenant en FLE, et l'opacité du système orthographique français. Là encore, le formateur peut procéder par analogie à partir de corpus de mots vus dans les textes de DF.

Fiche 5 : Exemples de la démarche analytique menée avec des apprenants apprentis lecteurs et lecteurs dans un alphabet non latin (profils 2 et 3)

Repérage des graphèmes comportant la lettre O dans le texte de DF

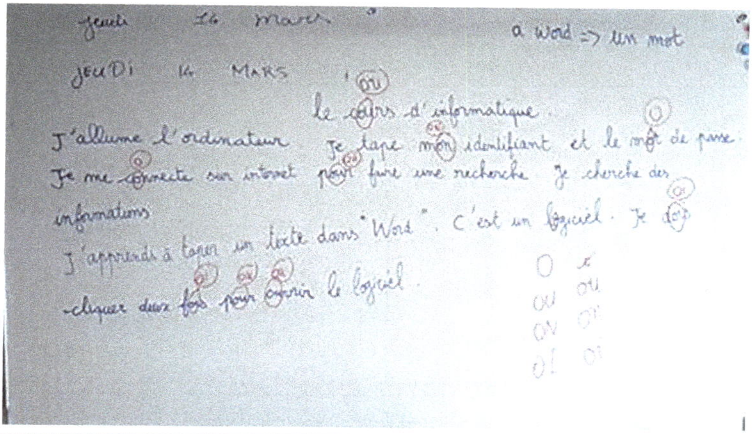

Exercice de structuration à partir des mots du texte et d'autres mots connus par les apprenants avec une différenciation entre profil 2 et profil 3.

1. **Écris** les mots suivants dans le tableau : mot

pour – un logiciel – ouvrir – une fois – un cours – un ordinateur – je dois - bonjour – marron – une ardoise – une leçon – orange – un crayon – rouge – noir – un ballon

o	ou	oi	on

1. **Écris** les mots suivants dans le tableau : mots

pour – un logiciel – ouvrir – une fois – un cours – un ordinateur – je dois - bonjour – marron – une ardoise – une leçon – orange – un crayon – rouge – noir – un ballon – connecter – une information – le soir – un robot – un bouton – un avion – le brouillard – la maison – le froid – comment – un objet – une boisson – un répertoire

o	ou	oi	on

Programmation et progression :
En partant des textes produits avec les apprenants il peut paraitre difficile d'anticiper les graphèmes/phonèmes à travailler au fil des séances. Pour autant, même si le formateur ne sait pas précisément les mots qui seront mobilisés dans les DF, il a généralement une idée du lexique qui pourra émerger en fonction de la thématique qui sert d'appui à la DF. De plus, il est possible de mobiliser des mots vus dans les textes précédents ou issus directement de l'environnement de formation. Il est donc possible de fixer un cap et d'établir les CPG qui seront étudiées de manière systématisée dans chaque unité. La recherche a pu établir qu'un enseignement explicite et structuré avait de meilleurs effets sur l'apprentissage des apprenants (Fayol et al., 2013). Cela évite également au formateur de tomber dans la dérive d'un cours qui ne serait construit qu'à partir des questions des apprenants (ce qui ne doit pas être confondu avec leurs besoins d'apprentissage) au fil de l'eau, donnant lieu à des explications, généralement non préparées et très transmissives, qui ne permettent pas de construire de réels apprentissages et ne s'adressent le plus souvent qu'à un nombre très restreint d'apprenants dans le groupe (ceux capables de suivre une explication métalangagière).

Par ailleurs cette programmation doit également être pensée en termes de progression pour aborder de manière adaptée la complexité du système orthographique du français (Hazard, 2009). Quelques principes essentiels sont notamment à prendre en compte (Springer-Charolles (2017) :

- privilégier d'abord les graphèmes réguliers qui se lisent toujours de la même façon ;
- tenir compte de la fréquence des graphèmes ;
- introduire d'abord les voyelles de base et les consonnes fricatives (v, s, ch, f, ...) qui sont constantes et peuvent être prononcées isolément, puis les occlusives (p, b, t, d, ...) plus difficiles à percevoir et à isoler ;
- ne pas retarder l'apprentissage des graphèmes complexes quand ils sont constants et fréquents (ou, eu, ch, an, on, ...) ;
- tenir compte de la complexité de la structure syllabique en commençant par CV, VC puis CVC et enfin CCV et CCVC ;
- introduire dès le début des mots ayant des lettres muettes en position finale (E, S et T) puisqu'elles sont très fréquentes ;
- introduire également rapidement des mots-outils très fréquents qui seront mémorisés par voie directe, sans recours au décodage.

Exemple de progression pour les apprenants de profil 1

Au début :

- Graphèmes simples (voyelles et consonnes fricatives (R, S, V, J, ...) et labiales (L, M, N) les plus fréquentes et les plus stables) : structure syllabique CV avec d'abord des mots courts (*la, sa, je, ne, dit, ...*), puis plus longs (*samedi, vélo, madame ...*), puis VC (*il, or, ...*), et quelques CVC (*bol, mur, bus, ...*)
- Les mots-outils courts et hyper-fréquents (*des, un, est, ...*).
- Quelques lettres muettes très fréquentes en position finale, notamment le -E, le -S et le -T de l'adjectif (*petit*) et le -T du verbe (*il lit*). Au départ il est possible de les signaler avec une croix ou un point en dessous ou une couleur spéciale (mais ne pas la barrer).
- Dès le début de l'apprentissage, la rencontre de graphèmes lexicaux et grammaticaux permet d'amorcer une démarche réflexive sur la langue (le -T final de *petit* permet de faire le féminin *petite*, on met un -S à la fin de *des vélos* car il y en a plusieurs).

Puis :

- Les premiers digrammes très fréquents et stables : *OU, AN, CH, ...*
- Les consonnes occlusives (D, T, P, B, ...) avec une complexification progressive des structures syllabiques : poursuite des CVC puis CCV (*bravo, drôle*), la structure CCVC (*fleur, pleur, ...*) sera abordée en dernier.
- Les mots très fréquents dont les CPG n'ont pas encore été enseignées (*dans, il fait, mais, pour, ...*).

Il est également recommandé de proposer un rythme soutenu et d'étudier plusieurs graphèmes/phonèmes simultanément. Deux raisons principales à cela : d'une part, certains graphèmes ont pu être découverts et mémorisés lors des premières semaines de pré-alphabétisation (notamment les voyelles de base) ou peuvent être déjà connus des apprenants qui n'arrivent jamais vierges de toute connaissance sur le code, et d'autre part, un tempo rapide d'enseignement des CPG est essentiel pour parvenir à lire rapidement seul un maximum de mots (Riou, 2023).

Exercices et activités :

Trop souvent les manuels d'alphabétisation ou de post-alphabétisation se limitent à un nombre très réduits d'exercices sur les CPG et ne mettent pas en place une phase d'appropriation et de consolidation suffisante. Pour que les apprentissages se fixent, il est indispensable de proposer plusieurs exercices et activités sur le code et de varier les modalités de travail (en collectif, en binôme, individuellement) comme les supports (sur papier, sur ardoise, au tableau, avec des étiquettes, des bandes de papier, sur tablette ou sur ordinateur). Il est également nécessaire de remobiliser régulièrement les connaissances acquises, notamment pour la mémorisation des graphèmes complexes. Par ailleurs, les CPG doivent être travaillées en décodage mais aussi en encodage en proposant par exemple des dictées de syllabes et de mots (sur ardoise ou sur cahier), en utilisant des lettres mobiles ou un syllabaire et en donnant des exercices sur fiches.

Fiche 6 : Exemples d'exercices conçus à partir des mots de la DF pour travailler l'acquisition des graphèmes/phonèmes

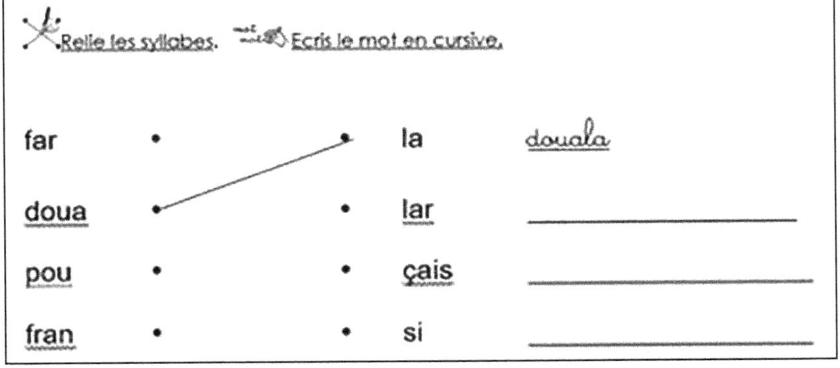

2. **Écoute** et **complète** chaque mot.

t	b	d

le ____os

u	e	a

la r____e

s	ch	z

une ____aise

z	ch	s

dou____e

b	d	p

du ____ain

i	u	o

un c____tron

7. Remets les lettres dans l'ordre.

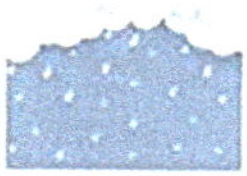

u i
p l e

la ____________

a p
r l e

il ____________

o t
p e r

une ____________

Dictée de mots sur ardoise avec C=[k] (café, colorie, cantine, continent)

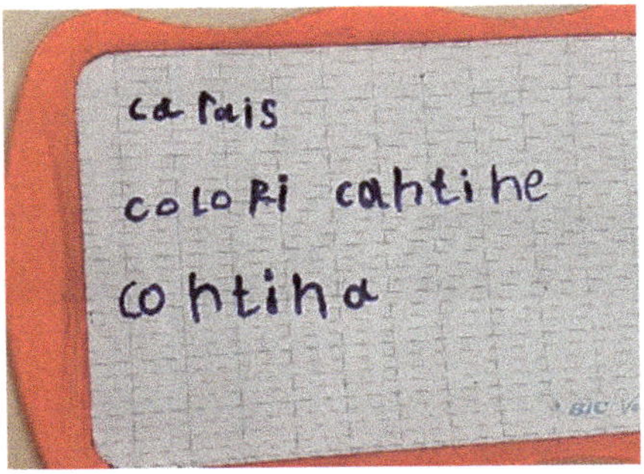

4.1.3. Gestion de l'hétérogénéité avec trois profils d'apprenants

En formation pour adultes, l'hétérogénéité est généralement de mise et il est fréquent que les trois profils d'apprenants que nous avons identifiés se retrouvent au sein d'un même groupe (quand ils ne sont pas également mixés avec des apprenants natifs). La différenciation pédagogique s'avère alors indispensable pour répondre aux besoins d'apprentissage de chacun et éviter que les plus avancés ne s'ennuient et que les plus faibles ne décrochent. L'élaboration de textes en DF se basant au départ sur les compétences orales des apprenants, l'absence de maitrise de l'écrit en L1 par certains d'entre eux ne constitue pas un frein à la réalisation de la production. En revanche, dans la phase d'exploitation du texte en lecture et en écriture, le formateur ne pourra pas avoir les mêmes objectifs pour tous. Des sous-groupes peuvent alors être constitués pour permettre à chaque profil de travailler des objectifs distincts.

Les activités de production écrite ayant été traitées dans cette perspective dans le chapitre 2 (Cf. 2.5), nous nous limiterons ici à l'organisation de la différenciation pour les activités de lecture. À partir d'un texte, nous proposons un exemple d'organisation pédagogique qui varie à la fois les modalités de travail au sein de la classe, les objectifs et contenus selon les profils, les processus d'enseignement-apprentissage et les productions attendues des apprenants (Nootens et al., 2012).

Fiche 7 : Exploitation du texte de DF en lecture avec un groupe hétérogène

Texte élaboré en DF avec des apprenants de profils 1 et 2 au cours précédent :

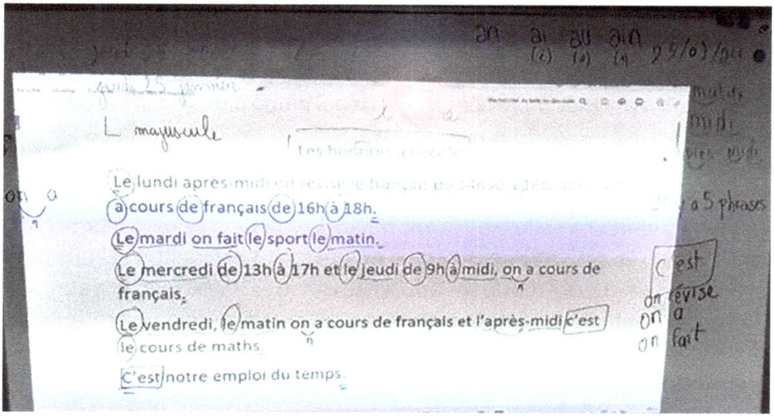

Groupe entier :

Texte dactylographié en script projeté au tableau et distribué en format individuel.

- *Lecture silencieuse individuelle :*

Laisser quelques minutes aux apprenants pour parcourir le texte en lecture silencieuse mais en différenciant la consigne selon le niveau : pour les apprenants de profil 1 leur demander de chercher des mots/phrases qu'ils connaissent déjà ; pour les apprenants de profil 2 demander de lire au moins une fois le texte intégralement ; les apprenants les plus rapides peuvent le lire une seconde fois.

- *Lecture collective :*

Le formateur relit intégralement le texte (relecture lente) en pointant du doigt les mots lus au fur et à mesure. Le texte est ensuite relu de manière fractionnée une ou deux fois par les apprenants de profil 2. Les phrases à lire sont attribuées en fonction de leur longueur et de leur complexité. L'enseignant corrige les erreurs d'oralisation (prononciation des graphèmes, lecture de lettres muettes, liaisons obligatoires, …). Il marque le texte pour aider au déchiffrage pour ceux qui en ont encore besoin : il entoure les graphèmes complexes pour aider à leur identification, il trace des arcs sous les syllabes pour les mots longs ou difficiles à segmenter, il fait une croix sous les lettres muettes, il entoure les mots outils déjà connus. Il peut également accompagner la correction phonétique du geste de Borel-Maisonny.

- *Exploitation du texte sur ardoise en groupe classe :*

Travail individuel ou possibilité de constituer des binômes hétérogènes pour faire coopérer les apprenants et aider les apprenants les plus faibles (lecteur/non lecteur ou apprenti lecteur/non lecteur selon la composition du groupe).

Le formateur mène des activités d'exploration du texte : faire compter les lignes/les phrases, faire compter les mots d'une phrase, faire repérer les majuscules, faire épeler des mots-clés du lexique, cacher un mot du texte et le faire écrire sur l'ardoise, etc. Pour les apprenants non lecteurs, le formateur a préalablement préparé les étiquettes avec les mots à copier ou à épeler. Il veille également à solliciter les apprenants pour des tâches à leur portée, notamment les activités de repérage ou de dénombrement d'occurrences à partir de l'étiquette-mots. Les apprenants entrés dans la lecture auront à réaliser des activités visant la mémorisation orthographique des mots les plus fréquents.

Les apprenants de profil 1 sont ensuite spécifiquement sollicités sur les activités de repérage (graphème étudié, syllabes, reconnaissance de mots-outils, ...) pendant que les apprenants de profil 2 ont un travail de copie sur ardoise ou sur cahier (les mots-outils ou une phrase ou les mots difficiles à écrire, selon le niveau).

- Si possible, le texte oralisé est enregistré sur le téléphone portable des apprenants ou un QRcode leur est donné pour qu'il puisse accéder au texte oralisé après le cours.

En sous-groupes par profil :

Le formateur constitue des groupes de niveau et attribue des tâches différentes à chaque groupe selon les objectifs visés.

Une fois les consignes passées, les apprenants les plus avancés vont pouvoir travailler en autonomie sur des exercices de structuration ou de consolidation, préparés par le formateur, tandis que le groupe le moins avancé pourra travailler en atelier dirigé sur les activités de pré-alphabétisation au début, puis sur l'identification des graphèmes/phonèmes étudiés avec des activités permettant de développer la combinatoire (ardoise, syllabaire, lettres mobiles, puis sur fiche).

Le formateur peut ensuite proposer une activité simple aux apprenants débutants (recomposition de mots avec lettres mobiles, copie de mots-outils sur le cahier, graphisme, ...) pour pouvoir intervenir avec le groupe le plus avancé dans un deuxième temps, soit pour réaliser une activité nouvelle en dirigé, soit pour répondre à des questions ou s'assurer de la bonne compréhension des activités.

On le voit à travers cet exemple, la différenciation pédagogique peut prendre des formes variées qui ne nécessitent pas toutes un travail de préparation conséquent en amont de la part du formateur mais qui nécessite tout de même une organisation spécifique de la classe et une capacité d'adaptabilité certaine.

4.2. Les compétences littéraciques liées à la compréhension de textes

Comme nous l'avons explicité au chapitre 1 (Cf. 1.5.3), connaitre le code graphophonologique constitue une compétence indispensable pour permettre l'identification de mots, mais celle-ci n'est qu'une des composantes qui entrent en jeu dans la compréhension écrite. Le lecteur doit également être capable de mobiliser des capacités cognitives spécifiques, de faire appel à ses connaissances et de traiter le discours en continu au fil de la lecture (Bianco, 2015).

Les faibles lecteurs, mais aussi les lecteurs de niveau débutant dans une langue étrangère, mobilisent essentiellement l'identification de mots par déchiffrage car ils n'ont pas encore mémorisé les mots lus dans leur répertoire orthographique. Ce procédé est plus couteux sur le plan cognitif et ne permet pas aux apprenants de se focaliser sur la construction du sens du texte. Faut-il pour autant se centrer uniquement sur le décodage et la fluence avant de travailler plus spécifiquement la compréhension écrite ? Ce serait selon nous une erreur car cela entretiendrait les apprenants dans des stratégies de lecture inefficace, uniquement orientées sur un déchiffrage tournant à vide (Hughes et Schwab, 2010). C'est pourquoi nous recommandons d'exploiter les textes de DF pour développer également des compétences de haut niveau entrant en jeu dans la compréhension. En nous appuyant sur les déterminants de la compréhension en lecture établis par Ecalle et Magnan (2021), nous proposons de travailler plus spécifiquement et de manière ciblée les éléments suivants :

- les connaissances lexicales : la connaissance du sens des mots utilisés dans un texte mais aussi les connaissances morphologiques avec un travail mené régulièrement sur des mots de la même famille (« porter », « portable », « transporter ») et sur les mots composés (« portefeuille », « portemonnaie », « porte-serviette », …) ;

- les connaissances morphosyntaxiques : par exemple la place des mots dans la phrase négative, le changement de la terminaison des verbes en fonction de la personne et du temps ou encore l'importance de la place des groupes nominaux dans la phrase (*La table tombe sur le garçon./Le garçon tombe sur la table.*) ;
- les compétences textuelles qui assurent la cohésion d'un texte : la ponctuation, les connecteurs logiques et temporels (« d'abord », « puis », « après », « et », « mais », « donc », « parce que », ...) et les substituts lexicaux et pronominaux qui permettent par exemple de suivre un personnage dans une histoire (« Moussa », « le jeune homme », « il », « lui », ...) ;
- enfin la capacité à inférer : pouvoir retrouver une information qui n'est pas explicitement dans le texte mais qui est induite par d'autres éléments du texte et/ou par des connaissances sur le monde (Dans la phrase « *Il a raté son rendez-vous car il y a encore des grèves de train* », le lecteur doit inférer une partie des informations – la grève a entrainé un retard – et il doit également disposer de connaissances référentielles pour savoir en quoi consiste une grève pour en comprendre les effets et se représenter la situation évoquée).

Selon le niveau des apprenants et la composition du texte produit (degré d'élaboration des phrases, connaissances référentielles convoquées, lexique utilisé, ...), les objectifs visés pourront varier et, à ce stade, il ne s'agit pas de proposer des activités trop complexes hors de portée des apprenants. Les modalités de travail pourront également être adaptées, notamment en proposant des phases de questionnement collectif lors de la relecture du texte produit. Par ailleurs, il est important de souligner que tous les apprenants, même les non lecteurs, peuvent être associés à ce travail, si une tierce personne (le formateur ou un apprenant lecteur) prend en charge la phase d'oralisation qu'ils ne sont pas encore capables d'assurer seuls.

Fiche 8 : Exploitation collective du texte de DF en compréhension écrite

Quand le texte a été relu (si possible individuellement en lecture silencieuse puis collectivement en lecture à voix haute), le formateur peut procéder à un questionnement collectif avec les apprenants (qui pourront répondre oralement ou sur ardoise) sur différents éléments du texte qui entrent en jeu dans le processus de compréhension. Les éléments étudiés varient en fonction des caractéristiques du texte. L'enseignant propose des questions et activités ciblant deux ou trois composantes pour éviter une dispersion et une surcharge chez les apprenants les plus faibles.

Les questions peuvent porter sur :

- la ponctuation : repérer les points d'interrogation ou d'exclamation, changer le point et faire varier la prosodie de la phrase, identifier les signes d'un discours direct, etc. ;
- les connecteurs logico-temporels : trouver un connecteur synonyme parmi plusieurs propositions, expliquer le sens de la relation logique, changer le connecteur et faire expliciter le changement de sens, etc. ;
- la signification d'un terme : trouver un synonyme dans une liste de 3 termes écrits au tableau, trouver le contraire, produire une autre phrase avec le même mot, etc. ;
- la composition morphologique d'un mot : décomposer les préfixes/suffixes, trouver un mot de la même famille, retrouver les mots de base qui composent un mot composé, etc. ;
- la syntaxe d'une phrase ou d'une proposition : déplacer ou ajouter un complément circonstanciel dans la phrase, ajouter/supprimer un adverbe ou un adjectif, transformer une phrase négative en phrase affirmative ou inversement, supprimer ou substituer un élément, etc. ;
- les reprises anaphoriques : identifier l'antécédent d'un pronom ou d'une reprise lexicale, relever les différents termes pour parler d'un même référent, réintroduire le mot remplacé par un pronom, etc. ;
- une inférence du texte : faire expliciter une information implicite, faire préciser les connaissances référentielles à mobiliser pour comprendre, etc.

Certaines activités peuvent également être proposées à l'écrit pour les apprenants capables de réaliser des tâches écrites individuelles. À un premier niveau, le formateur peut par exemple élaborer des questions portant sur la compréhension littérale du texte sous forme de QCM en proposant des réponses qui peuvent être une reprise à l'identique des termes du texte ou une reformulation de l'information, la seconde option étant plus difficile pour les apprenants les plus faibles, mais nécessaire pour s'assurer de la bonne compréhension. À un second niveau, la reformulation peut également prendre la forme d'un résumé du texte qu'il faudra remettre dans l'ordre ou dans lequel il faudra retrouver les mots manquants.

Il nous semble enfin important de souligner que le déficit lexical constitue certes le premier obstacle à la compréhension mais qu'il ne doit pas être le seul point d'entrée dans les activités proposées. Pour comprendre un texte il ne suffit pas de comprendre les mots qui le composent. Par ailleurs, pour que les apprenants développent des stratégies de compréhension du lexique, il importe de sortir de la seule approche sémantique (et souvent thématique) et d'aborder le lexique dans sa dimension morphologique. De nombreux mots en français sont en effet former par préfixation et/ou suffixation (mots de la même famille comme *porter, portable, importer, …*) ou par composition (*portefeuille, machine à laver, …*).

Fiche 9 : Exemples d'exercices pour travailler des compétences de compréhension à partir du texte de DF

Relie les mots de la même famille. 

fleur	•	•	nourrir
nourriture	•	•	commerçant
Lille	•	•	vendre
commerce	•	•	fleuriste
vendeur	•	•	Lillois

iL part → Le départ
iL Arrive → L' Arrivée

Recopie les phrases dans le bon ordre.

Je tape mon mot de passe.
J'allume l'ordinateur.
J'ouvre le logiciel Word.
Je tape mon identifiant.
Je tape mon texte.

n°1	
n°2	
n°3	
n°4	
n°5	

Cochez la bonne réponse.

1) le lundi matin ☐ on fait sport.
☐ on reste à la maison.
☐ on a cours de maths.

2) Le jeudi matin ☐ on révise.
☐ on fait sport.
☐ on a cours de français.

3) Le vendredi après-midi ☐ c'est les maths.
☐ c'est le français.
☐ c'est le sport.

Complète le texte avec les mots suivants :

ordinateur – informatique – taper – passe – recherches

Le lundi c'est le cours d'__________. Il faut allumer l'____________et il faut taper son identifiant et son mot de ___________. Sur internet on peut faire des _____________. On peut aussi ___________ des textes dans Word.

4.3. L'étude de la langue

Comme nous l'avons exposé brièvement au chapitre 2 (Cf. 2.6), grâce aux textes produits en DF, il est possible de proposer un travail sur l'étude de la langue, par le biais d'une approche inductive s'appuyant sur des corpus constitués. En DF une activité épilinguistique s'engage chez les apprenants à partir des structures syntaxiques mobilisées pour produire un texte écrivable. Celles-ci constituent une entrée possible dans une observation réfléchie de la langue qui peut se construire à l'oral comme à l'écrit. D'autres compétences linguistiques relevant de l'orthographe lexicale et grammaticale peuvent également être travaillées suite à l'élaboration du texte, comme nous allons le voir.

4.3.1. Une grammaire de l'oral et de l'écrit

La grammaire explicite, descriptive et formelle, telle qu'elle est enseignée en FLE, est inopérante avec les apprenants ayant été peu ou pas scolarisés car ils n'ont, le plus souvent, aucune expérience antérieure de ce type d'apprentissage ni aucun recul réflexif sur la langue. Par ailleurs, cette approche de la grammaire est très ancrée dans l'écrit, ce qui constitue un frein supplémentaire pour des publics fragiles. Enfin, une partie du public allophone, en France depuis plusieurs années, a déjà acquis une certaine maitrise du français oral en immersion mais celui-ci présente souvent des approximations avec des constructions morphosyntaxiques erronées et fossilisées, plus ou moins éloignées de la norme grammaticale telle qu'elle est enseignée.

Comment travailler la conjugaison avec un apprenant qui ne sait pas ce qu'est un verbe, ni même que les mots de la langue peuvent être de différentes natures, qui n'a aucune idée des fonctions dans la phrase et n'appréhende pas la notion de sujet ? C'est à ce type de problématique que doit répondre le formateur.

Avec les publics en insécurité langagière, la grammaire doit d'abord être travaillée de manière implicite avec un ancrage important dans l'oral en faisant appel au départ à des activités de manipulation sans recours au métalangage. L'apprenant va progresser en procédant par imitation, en reproduisant des modèles linguistiques qui prennent appui sur ses propres productions. Les exercices structuraux, souvent décriés en didactique du FLE, trouvent ici leur pertinence, car ils permettent d'exposer les apprenants à des structures grammaticales (*chunks*) et de faire fonctionner la langue sans passer par une phase d'explicitation formelle.

Ces activités, d'abord proposées à l'oral, peuvent également être prolongées à l'écrit pour les apprenants lecteurs/scripteurs. Il est également possible de construire des activités liées à la syntaxe.

Fiche 10 : Exemples de traces écrites et d'activités en grammaire à partir des textes de DF

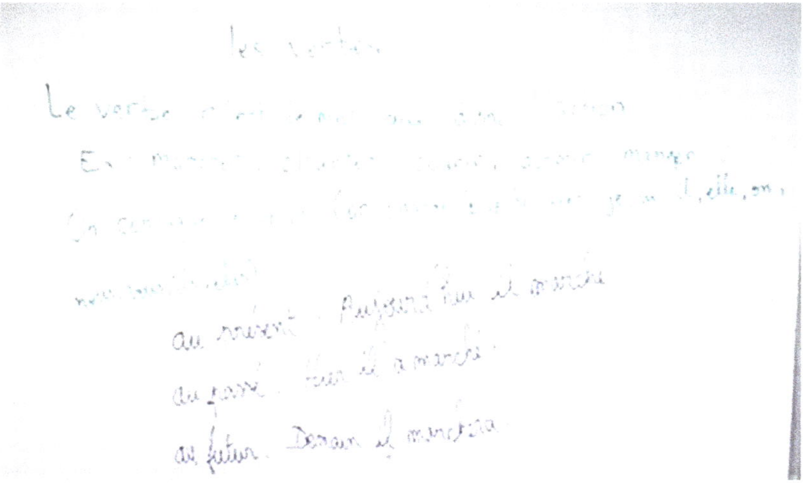

5. **Relie les phrases.**

		• soudanais.
Je suis	•	• quarante ans.
		• séparé.
J'ai	•	• deux enfants.
		• en France.
		• un cahier de français.

Cochez la bonne réponse.

☐ le	☒ la	dame
☐ le	☐ la	police
☐ le	☐ la	poste
☐ le	☐ la	prénom
☐ le	☐ la	carte

Ecris les mots au pluriel (quand il y en a plusieurs) :

le vendeur → **les** vendeurs

la soupe → ....

la fleur → ....

le poisson → ....

le fromage → ....

Ecrire les mots dans le tableau :
dire quand c'est pour un homme (dans la première colonne = masculin) et
dire quand c'est pour une femme (dans la 2ème colonne = féminin)

Française	Guinéen	Syrien
Nigérian	Ethiopienne	Syrienne
Belge	Marocaine	Afghan
Anglais	Algérien	
Soudanaise	Soudanais	

Au masculin (pour les hommes)	Au féminin (pour les femmes)
-	- ....
-	- ....
-	- ....
-	- ....
-	- ....
-	- ....
-	- ....

Change le verbe comme dans l'exemple :

allumer → j'allume

chercher → je ....

connecter → je me ....

taper → je ....

cliquer → je ....

Il ne faut toutefois pas renoncer à toute explication grammaticale car la construction d'une conscience morphologique et d'une réflexion métalangagière aide à progresser dans la maitrise de la lecture et de l'écriture (Gombert et Colé, 2000).

Il est donc crucial d'intégrer l'apprentissage de notions grammaticales très simples (masculin/féminin, singulier/pluriel ; sujet/verbe) et de quelques termes de métalangage comme des objectifs pédagogiques à part entière.

4.3.2. Introduction d'un premier métalangage

En mettant en scène l'activité d'écriture puis en proposant des activités de lecture et d'étude de langue à partir des textes produits, le formateur mobilise nécessairement un minimum de métalangage (« Je vais écrire quel mot ? », « Je vais mettre un point à la fin de la phrase. », « Tu peux épeler le mot ? », etc.). Or, les apprenants peu ou pas scolarisés antérieurement ou avec un faible niveau scolaire n'ont pas appris à analyser la langue et ne connaissent généralement pas ce métalangage en L1. Pour les apprenants bien scolarisés, ce métalangage fait également défaut, même s'il est connu en L1 (ce qui n'est d'ailleurs pas toujours le cas). Il est donc essentiel que le formateur intègre cet apprentissage dans ses objectifs en introduisant progressivement les notions de *lettre*, *mot*, *syllabe*, *phrase*, *verbe*, etc.

Fiche 11 : Exemples de traces écrites dans une activité collective pour acquérir le métalangage

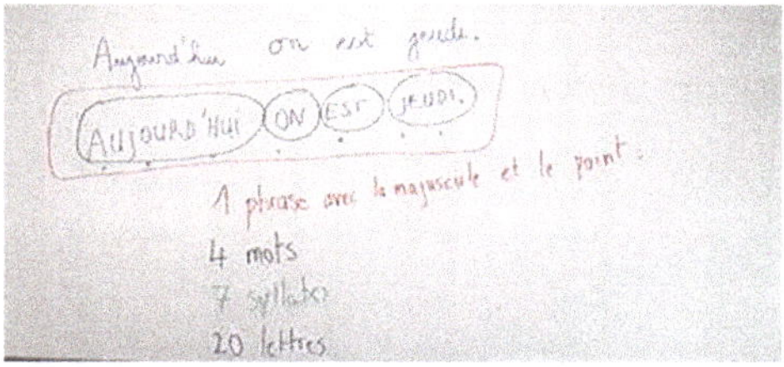

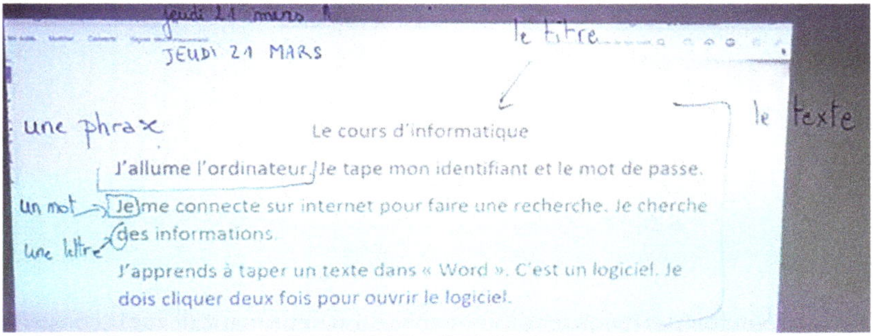

4.3.3. Le développement de la mémoire orthographique

Malgré la complexité orthographique du français, son étude est généralement absente des manuels de FLE qui se focalisent sur une approche grammaticale de la langue et, dans une moindre mesure, sur ses aspects phonétiques. Pourtant, au-delà de l'orthographe grammaticale que nous avons déjà abordée dans la partie consacrée à la grammaire, la mémorisation de l'orthographe des mots est essentielle pour développer les compétences en lecture. Elle permet aux apprenants de passer d'un stade alphabétique, basé sur le déchiffrage, à un stade orthographique grâce à l'identification des mots par voie directe, ce qui améliore la fluence et libère l'attention pour se focaliser sur la compréhension. De même, en écriture, en maitrisant l'orthographe des mots les plus courants, l'apprenant franchit une étape importante et s'affranchit de la transcription phonétique approximative.

Le travail que nous proposons de mener sur les CPG du français, y compris avec des apprenants de profil 3, lecteurs et scripteurs, constitue un premier axe pour améliorer cette compétence orthographique. Mais cela ne saurait suffire pour fixer l'orthographe des mots, tâche qui doit faire l'objet là aussi d'un enseignement explicite en cours.

Ainsi, à partir du texte de DF, le formateur peut mener des activités ritualisées pour mémoriser l'orthographe de certains mots. Il commencera par les mots les plus fréquents, notamment les mots-outils et par ceux mobilisés ensuite dans les activités écrites.

Les activités proposées peuvent également se focaliser sur les principales spécificités orthographiques du français qui posent des difficultés de déchiffrage aux apprenants, entravant l'accès à la forme sonore correcte du mot et, *in fine*, à sa compréhension, alors même qu'il peut être connu à l'oral (par exemple l'oralisation des lettres muettes dans un mot ou une erreur dans le décodage de graphèmes complexes).

Fiche 12 : Exemples d'activités pour mémoriser l'orthographe des mots

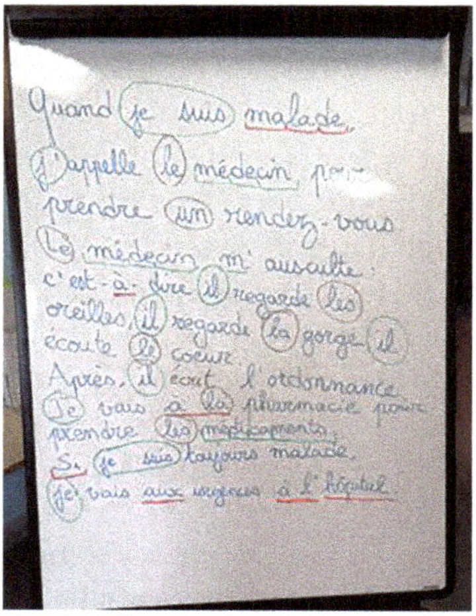

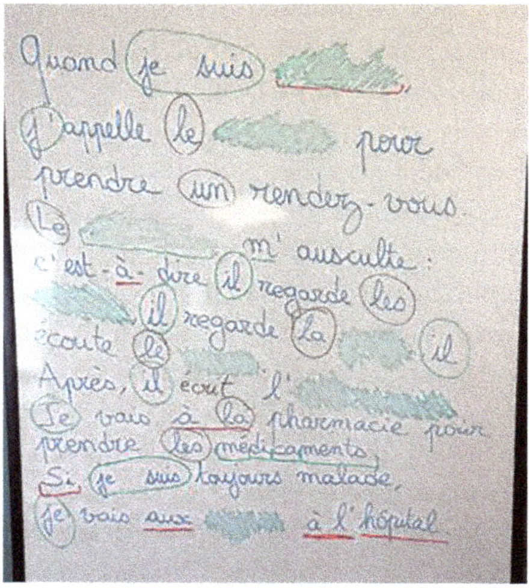

Voici deux exemples d'activités qui peuvent être menées. Il est possible de commencer par la première activité pendant les premières semaines puis la seconde, ou d'alterner l'une ou l'autre selon les séances.

- Jeu du mot caché : l'enseignant cache (ou efface) un mot et les apprenants doivent le réécrire sur l'ardoise ou sur le cahier. Avant d'être cachés, les mots sont épelés avec les apprenants et les spécificités orthographiques sont soulignées (lettre muette, graphème complexe, double consonne, préfixe, etc.)

  Variante 1 : Pour les apprenants de profil 1, on peut demander d'écrire seulement la première lettre ou la première syllabe du mot, donner un support d'aide comme une liste avec les mots qui seront effacés, donner des syllabes mélangées, laisser l'apprenant chercher dans son texte sur le cahier.

  Variante 2 : Il est possible d'effacer plusieurs mots pour les apprenants les plus avancés.

  On peut décliner cette activité avec une phrase complète et, dans ce cas, on différenciera sur le nombre de mots à trouver (d'un seul mot à toute la phrase).
- Dictée noircie : L'enseignant choisit une phrase du texte et la relit. Les apprenants la copie sur leur cahier (pour les apprenants de profil 1, elle est donnée sur une bande papier). Les apprenants doivent noircir le ou les mots qu'ils peuvent écrire de mémoire. Le texte au tableau est caché. L'enseignant dicte la phrase et les apprenants écrivent les mots qu'ils ont choisis de noircir. Ensuite, le texte du tableau est montré et les apprenants corrigent les erreurs éventuelles.

Variante : Les apprenants de profil 1 peuvent noircir juste une syllabe, la première lettre d'un mot ou un mot-outil très simple.

Il est important de faire émerger les stratégies de mémorisation en les faisant verbaliser par les apprenants (*Comment tu fais pour te souvenir du mot ? Comment tu peux faire pour apprendre à écrire un mot ?*).

Enfin, la ponctuation, qui a un rôle essentiel dans la compréhension et la production écrite, mérite également une attention particulière. Nous l'avons déjà évoquée en lien avec les compétences textuelles dans la partie consacrée à la compréhension (Cf. 4.2).

CHAPITRE 5

Accompagner des migrants peu ou pas alphabétisés : une expérimentation

Les migrants peu ou pas scolarisés dans leur langue d'origine se trouvent confrontés dans le pays d'accueil à un enjeu (politique) majeur : apprendre la langue pour pouvoir s'insérer rapidement dans la société, c'est-à-dire avoir accès à une formation professionnelle, un logement, et bénéficier de droits juridiques et sociaux. Cet apprentissage d'une langue étrangère est d'autant plus complexe que le niveau d'alphabétisation dans sa/ses première(s) langue(s) est faible. Les différents rapports nationaux ou européens font régulièrement mention d'échecs ou de difficultés persistantes dans l'accès à une maitrise minimale de la langue pour cette frange de la population migrante la plus vulnérable. Partant de ces constats, des chercheuses[37] ont proposé un programme innovant d'accompagnement globalisé pour un public migrant de faible niveau d'alphabétisation, *MigraFLE*, en expérimentant une approche pédagogique basée sur une démarche de l'oral à l'écrit, telle que décrite dans les chapitres précédents. Nous déclinons ici la démarche à l'échelle d'un programme complet de formation.

5.1. Contexte de la formation linguistique des publics migrants

Avant de déployer le dispositif expérimental, il convient de contextualiser sa mise en place en revenant sur la politique de formation linguistique des

[37] Juliette Delahaie, Emmanuelle Canut et Céline Beaugrand : projet *MigraFLE* (*Apprendre/enseigner le français pour s'intégrer : dispositif expérimental innovant*). Projet BOP 104/12 financé par la DDCS du Nord (Direction départementale de la cohésion sociale)

migrants au niveau national, pour mieux identifier les écueils (et donc les besoins) en matière d'apprentissage du français LS.

5.1.1. Le contexte socio-politique

La question de l'apprentissage de la langue du pays d'accueil est cruciale pour les publics adultes qui souhaitent s'installer durablement en France. Il s'agit d'un choix politique à l'échelle européenne soutenu par exemple à travers le projet ILMA (Intégration Linguistique des Migrants Adultes[38]). Ce qui est appelé communément « l'intégration linguistique des migrants » (Beacco et al., 2017) n'est donc pas spécifiquement une préoccupation française. Les Pays-Bas ont été les premiers à créer un programme d'intégration en 1998, où les migrants recevaient jusqu'à 600h de cours de néerlandais ainsi que des cours d'orientation sociale et culturelle durant 18 mois. L'Allemagne propose des « integrationkurse » à partir de 2005. En France, le premier programme obligatoire voit le jour en 2007 avec le Contrat d'Accueil et d'Intégration que doit signer tout migrant d'un pays tiers (hors UE) arrivant sur le sol français de manière régulière.

L'ensemble du dispositif est géré par l'Office Français de l'Immigration et de l'Intégration (OFII), et permet à tout migrant primo-arrivant de niveau inférieur à A1 en français, de bénéficier de cours de langue dans les centres de formation agréés par l'OFII et d'une formation sur les « valeurs de la République ». Le dispositif de cours de langue proposé par l'Etat a cependant subi plusieurs évolutions et améliorations depuis.

Tout d'abord, un travail régulier a été fait concernant l'orientation des cours, aussi bien au niveau du contenu que de la pédagogie. Ainsi, le *Référentiel Français Langue d'Intégration* (Vicher et al., 2011) entend donner des orientations aux formateurs de la formation pour adultes. Ce référentiel traite du public migrant ayant un niveau post-alphabétisation en français ; il oriente vers une formation centrée sur l'acquisition de compétences orales nécessaires à une utilisation de tous les jours, à la fois pour la vie quotidienne et la vie professionnelle. La mallette pédagogique de l'OFII publiée en 2021, et accessible uniquement aux formateurs des formations agréées par l'OFII, propose également des spécifications pédagogiques pour différents niveaux

---

[38] [En ligne]. URL <https://www.coe.int/fr/web/lang-migrants/guiding-principles> (15/12/2024)

en français, allant du public non scolarisé et non alphabétisé au public infra A1 mais ayant un niveau de scolarisation d'au moins fin du cycle primaire. La grande nouveauté est donc de traiter du public non alphabétisé dans le cadre d'une approche par « scénarios » plébiscitée dans d'autres pays comme la Suisse. Nous détaillerons l'approche un peu plus loin.

Ensuite, le niveau requis pour accéder à une première carte de séjour a été augmenté, passant de A1.1 en 2007 à A1 en 2016, avec parallèlement un nouveau format de CAI appelé désormais Contrat d'Intégration Républicaine (CIR). Le niveau A1.1 a en effet été jugé insuffisant pour permettre une réelle intégration dans la société française, notamment du point de vue de l'insertion professionnelle. Le niveau A1 est cependant également insuffisant et des formations complémentaires orientées vers le français professionnel ont été mises en place par le gouvernement, gratuites et même parfois rémunérées, pour permettre aux bénéficiaires du CIR d'atteindre le niveau B1. Suite à plusieurs rapports gouvernementaux faisant état du faible niveau atteint à la fin des formations linguistiques OFII[39], les pouvoirs publics français ont également répondu par une augmentation du nombre d'heures : depuis le 1er mars 2019, on est passé de modules de formation en français de 50-100-200h à des modules de 100-200-400-600h, le dernier module de 600h étant réservé aux apprenants non-lecteurs et non-scripteurs dans la langue d'origine.

5.1.2. La politique du français « langue d'intégration » : des résultats en demi-teinte

Chaque année, environ 100.000 personnes signent le CIR, et environ la moitié bénéficient de cours de langue dans des centres de formation labellisés. Selon le dernier rapport de l'OFII accessible en ligne, 108.909 CIR ont été signés en 2021, et 51.700 formations linguistiques ont été prescrites.

---

[39] Voir notamment le rapport du député Aurélien Taché : *72 propositions pour une politique ambitieuse d'intégration des étrangers arrivant en France* (2018) et le *Rapport d'information relatif à l'intégration professionnelle des demandeurs d'asile et des réfugiés* des députés Jean-Noël Barrot et Stella Dupont (2020).

Quelques chiffres du rapport de l'OFII (2021)
Personnes signataires du CIR non scolarisées antérieurement : 10,8%
Personnes signataires du CIR ayant atteint le niveau secondaire : 46,3%
Bénéficiaires du dispositif linguistique OFII avec un forfait de 600h : 12,5%
Bénéficiaires du dispositif linguistique OFII avec un forfait de 400h : 39,9%
Taux d'atteinte du niveau A1 :

- parcours 100h : 94% des bénéficiaires de ce parcours
- parcours 200h : 83% des bénéficiaires de ce parcours
- tous niveaux : 70%

Ces quelques chiffres montrent que les niveaux les plus faibles en français peinent à atteindre le niveau A1 requis pour une carte de séjour. Même si l'OFII ne donne pas les chiffres pour les forfaits 400h et 600h, la baisse du taux moyen traduit un moindre succès pour ces deux forfaits. Il faut également souligner que l'évaluation du niveau atteint ne correspond pas à une certification diplômante type DILF (Diplôme Initial en Langue Française, qui sanctionne le niveau A1.1) ou DELF (Diplôme Elémentaire en Langue Française, niveau A1 ou A2). En effet, ce qui est pris en compte dans l'évaluation du niveau A1, c'est l'assiduité aux cours, les progrès en vue d'atteindre le niveau requis et le sérieux de l'engagement de l'apprenant.

Malgré des progrès dans le dispositif, et outre le fait que l'on puisse se poser la question de la réalité du niveau atteint sans certification diplômante, le taux de réussite des niveaux les plus faibles reste assez bas. Le rapport des députés au Parlement Barrot et Dupont sur l'insertion professionnelle des réfugiés et demandeurs d'asile (2020) indique en effet des chiffres de réussite très faible, qui viennent corroborer les chiffres de l'OFII : à la suite d'une formation linguistique OFII en 2019, seulement 54,66% des réfugiés ayant bénéficié de 600h de cours ont atteint le niveau A1, 67,88% pour ceux qui bénéficiaient de 400h de cours (contre un taux moyen de 72% de réussite selon le rapport d'activité de l'OFII 2019).

Pour pallier ce problème, les députés conseillent une nouvelle augmentation du nombre d'heures pour aller jusqu'à 900 heures, sur le modèle allemand qui exige cependant un niveau B1 certifié par un diplôme pour une première carte de séjour. L'intention est louable et témoigne d'un réel effort pour pouvoir répondre à une problématique d'insertion dans la société française liée à la langue. L'étude de Lochmann, Rapoport et Speciale (2019) montre en effet, à partir de l'analyse de l'Enquête Longitudinale sur l'Intégration des Primo-Arrivants (ELIPA, 2010-2013), qu'il existe une corrélation forte entre le niveau de langue et l'insertion dans le monde professionnel, mais cette corrélation n'est convaincante que pour les immigrés avec un haut niveau de qualification dans leur pays d'origine. Reste donc la part des illettrés ou analphabètes, souvent non scolarisés antérieurement, bénéficiaires des 600h de cours, et qui n'atteignent pas toujours le niveau requis pour une insertion professionnelle satisfaisante.

5.1.3. La formation linguistique en question

La réponse quantitative du nombre d'heures de cours n'est cependant pas la seule solution à envisager, et là encore, différents rapports officiels proposent d'autres pistes. Ainsi, le rapport Taché met en valeur un élément essentiel dans le « parcours d'intégration » institutionnel, celui de l'accompagnement global : « La politique d'intégration doit reposer sur un parcours individualisé et global d'intégration. Ce parcours n'a pour l'heure que son point d'entrée qu'est le CIR » (2018, p. 37). Quelques initiatives existent, et notamment les programmes HOPE (Hébergement, Orientation, Parcours pour l'Emploi[40]) et ACCELAIR[41], tous deux orientés vers une catégorie de migrants : les réfugiés. Combinant accompagnement dans l'hébergement et accompagnement pour l'emploi, ces programmes ne sont néanmoins pas associés à des formations linguistiques.

Concernant la formation linguistique justement, le rapport d'activité 2017-2018 de la délégation interministérielle à la langue française pour la cohésion sociale[42] fait plusieurs propositions d'améliorations. Les auteurs préconisent notamment davantage de pédagogie différenciée dans des cours qui accueillent des publics extrêmement hétérogènes ; ils incitent également à la formation à l'interculturalité pour les professeurs de français et une plus grande sensibilisation à l'illettrisme et aux moyens de remédiation. L'ensemble de ces recommandations et points de vigilance montre que d'autres solutions, cette fois-ci qualitatives, sont possibles pour améliorer les cours de langue et la formation des enseignants (voir Bretegnier, 2011 ; Canut & Delahaie, 2018).

---

[40] [En ligne]. URL : <https://travail-emploi.gouv.fr/le-ministere-en-action/pic/parcours-hope-pic> (15/12/2024)

[41] [En ligne]. URL : <https://www.forumrefugies.org/s-informer/ressources/videos/779-les-programmes-d-integration-accelair-et-prir> (15/12/2024)

[42] [En ligne]. URL : <https://www.vie-publique.fr/rapport/38515-delegation-la-langue-francaise-pour-la-cohesion-sociale-2017-2018> (15/12/2024)

Une enquête récente sur les dispositifs d'accompagnement des personnes migrantes sur la métropole lilloise[43] questionne également la formation linguistique, en particulier dans les cours de langue labellisés par l'OFII[44] pour les signataires du CIR. Il ressort de notre enquête un problème structurel lié aux charges demandées aux enseignants de FLE, lesquels doivent assurer 32h d'enseignement par semaine et aussi gérer l'ensemble des tâches administratives et la préparation des cours sur le temps restant. De ce fait, si la question de la formation des enseignants est cruciale, celle des conditions de travail l'est tout autant. Les professionnels de l'enseignement du FLE interrogés pointent ainsi du doigt la piètre qualité des cours de langue proposés aux migrants, allant jusqu'à parler de « prison linguistique », de « stage parking » où les signataires du CIR sont contraints de venir (vérification de l'assiduité) et invités à rester le plus longtemps possible, les structures labellisées captant également une grande partie des formations complémentaires parfois rémunérées. Le constat est accablant et n'engage que la métropole lilloise, par ailleurs bien pourvue en structures spécialisées dans l'enseignement du FLE aux publics migrants.

5.2. Démarche pédagogique des centres de formation OFII

Les choix opérés en matière de politique linguistique française sont doublés de choix didactiques. Les centres de formation OFII sont invités à utiliser notamment l'approche par scénarios/situations et la didactisation de

---

43 Projet ANR Flash MigraLang : <https://migralang.hypotheses.org>. Les résultats s'appuient sur un questionnaire en ligne auprès de 30 structures de la métropole lilloise, sur 8 entretiens de personnes ayant travaillés dans des centres labellisés OFII et 5 entretiens d'enseignants de centres de formation spécialisés dans l'enseignement du FLE pour publics migrants, et sur le verbatim d'une table ronde avec des acteurs locaux. Résultats exposés dans : Delahaie, J., Canut, E., Alfieri, V. & Camara, J. (2024). Enseigner le français aux publics en exil en France : des politiques linguistiques d'intégration à leurs applications sur le terrain. *Colloque International « Migrations »*, Université de Mons, 24-26 janvier 2024.

44 Deux centres de formation spécialisés dans l'insertion professionnelle pour adultes ont obtenu le marché suite à l'appel d'offres de l'OFII. Chaque année, l'appel d'offre est renouvelé.

documents authentiques, même si ces approches restent encore relativement peu documentées pour les apprenants peu ou pas alphabétisés.

5.2.1. L'approche par scénarios/situations

Dans les cours « OFII », l'accent est mis sur l'utilisation des ressources langagières authentiques au service de l'action en situation. L'OFII fournit une liste de cinq situations obligatoirement traitées dans les forfaits 100h-600h : recherche d'emploi, recherche de formation, logement, mobilité, santé. 30% du temps d'enseignement peut cependant être consacré à des situations « au choix », déterminées en collaboration avec le groupe d'apprenants. On voit d'emblée par les situations obligatoires que l'accent est mis sur ce qui est considéré par le gouvernement comme les clés de l'insertion, à savoir le travail et/ou la formation, et le logement, ce qui est constant depuis le Référentiel FLI de 2011.

L'approche retenue doit être itérative (distribution cyclique et régulière des contenus), et la situation doit être abordée de préférence en partant de l'oral pour aller vers l'écrit, et en allant du « simple » au « complexe ». Le formateur est invité, pour construire ses cours, à s'inspirer du guide de planification d'un cours proposé par le gouvernement suisse[45], qui est une approche par « scénarios » ou « situations ».

Les quatre étapes de la planification du travail sur un scénario
<https://fide-info.ch/>

- Étape 1 : visualiser la situation
  L'enseignant fait en sorte que ses élèves s'immergent dans la situation d'apprentissage (un entretien d'embauche, chercher un logement, etc.) et identifient les actions qui la composent. Ils s'approprient ensuite l'enchainement des actions et imaginent comment ils vont les mettre en scène.
- Étape 2 : définir les points centraux et les objectifs d'apprentissage
  Les élèves sont invités à auto-évaluer leurs compétences acquises et à acquérir par rapport à la situation travaillée. Ils établissent leur programme de progression linguistique et grammaticale.

45 *[En ligne]. URL <https://fide-info.ch/> (15/12/2024). Guide téléchargeable.

- Étape 3 : développer les ressources langagières
  L'enseignant planifie son cours sur la base du scénario choisi et des compétences à acquérir de ses élèves.
- Étape 4 : consigner les résultats et conclure le scénario
  Les élèves font une synthèse de ce qu'ils ont appris : ils notent les progrès accomplis après chaque activité à l'aide d'un répertoire d'éléments langagiers, d'un canevas de dialogues et de modèles de textes, d'une liste de vérification, de textes produits à l'écrit et à l'oral.

Cette approche par scénarios/situations n'est pas éloignée des approches communicative et actionnelle qui mettent en avant l'enseignement/apprentissage à partir de documents authentiques et de situations de la vie quotidienne. La nouveauté tient dans le travail sur l'autonomisation des apprenants, invités à prendre en main leur apprentissage à travers plusieurs outils, dont notamment un portfolio d'apprentissage (téléchargeable également en ligne sur le site).

5.2.2. L'utilisation de documents authentiques

La démarche par documents authentiques est la plus courante dans l'enseignement du FLE et reprise dans la mallette pédagogique de l'OFII, pour permettre à l'apprenant d'appréhender la complexité d'une situation qu'il rencontre au quotidien. Il est ainsi préconisé de combiner l'approche par scénario avec la démarche d'enseignement par document authentique, qui permet notamment de construire l'étape 3 de l'approche par scénarios.

Les 7 étapes de la démarche par document authentique*

- Phase 1 : l'exposition
  Elle vise à préparer les apprenants à la découverte du document en introduisant la thématique et en activant leur connaissance du monde.
- Phase 2 : sensibilisation
  Cette étape vise à introduire le document et préparer les apprenants à la compréhension en formulant des hypothèses sur son contenu.
- Phase 3 : compréhension écrite ou orale
  Cette phase de compréhension vise à accéder à une compréhension globale du document à partir de questions guidées.

- Phase 4 : repérage
  Cette étape va permettre aux apprenants de relever les indices qui vont les aider à découvrir les règles d'usage de la langue. Le détail de la compréhension dépend du niveau des apprenants. La compréhension exhaustive n'est pas visée.
- Phase 5 : conceptualisation
  Les apprenants vont formuler une règle à partir des informations fournies à l'étape repérage.
- Phase 6 : fixation/appropriation
  Cette phase de systématisation a pour objectif de manipuler et mémoriser le langage cible par des activités de type structural ou autre, afin de préparer son réemploi.
- Phase 7 : réemploi
  Cette phase permet d'utiliser le langage cible dans des productions à visée communicative. IL ne s'agit plus de répéter les structures mais de les intégrer dans un discours contextualisé. Le degré de guidage nécessaire dépend du niveau des apprenants.

*Tiré de Lemeunier V. : « Elaborer une unité didactique à partir d'un document authentique », [En ligne]. URL: <https://bop.fipf.org/wp-content/images/stories/dossiers/lemeunier2006.htm> (15/12/2024)

Les recommandations de l'OFII, aussi intéressantes soient-elles, ne sont pas toujours accompagnées de ressources pédagogiques. Or, les ressources accessibles aux enseignants concernant l'alphabétisation sont relativement peu nombreuses[46], et surtout elles ne s'inscrivent pas dans une dynamique globale d'apprentissage, insérée dans un parcours de formation cohérent : en effet, elles proposent très rarement une approche intégrative permettant de travailler toutes les composantes de la langue, elles ne se focalisent le plus souvent que sur une composante en priorité (focalisation sur l'oral, focalisation sur la lecture, focalisation sur l'acquisition du code graphophonologique, …). Par conséquent, cela contraint le formateur à devoir recourir à différents ouvrages ou à amender les supports pour couvrir les besoins d'apprentissage

---

[46] On recense une quinzaine de manuels pour public non alphabétisé ou post-alphabétisé et des ressources en ligne, dont la qualité est par ailleurs très inégale.

des apprenants. Ce travail nécessite du temps et une expertise que n'ont pas toujours les formateurs.

5.3. *MigraFLE* : une structure d'accompagnement linguistique innovante

Pour les personnes non/peu communicantes en français et non/peu lectrices-scriptrices, l'OFII propose un forfait de 600h de cours et adresse certaines recommandations quant au parcours de formation : le premier tiers porte sur la découverte du français oral, l'entrée dans le code n'étant préconisée qu'à partir de 200h de cours ; le deuxième tiers est centré sur les compétences orales et les compétences dites de « lecture logographique » (correspondant peu ou prou à une phase pré-alphabétique) ; le derniers tiers est consacré aux procédures alphabétiques à proprement parler, à l'encodage et finalement la production de textes courts (20-30 mots). Ce parcours suit une progression de l'oral vers l'écrit qui parait cohérente. Pourtant nous avons vu précédemment le faible taux de réussite des apprenants les moins alphabétisés impliqués dans cette formation longue.

Pour tenter de répondre au mieux aux besoins des publics migrants les plus vulnérables, et de pallier le manque de ressources et les carences dans la formation, le dispositif *MigraFLE* a proposé une démarche pédagogique différente en expérimentant (entre autres) la DF comme point d'ancrage à un apprentissage de la lecture-écriture.

5.3.1. Présentation du dispositif global

MigraFLE est un dispositif destiné aux apprenants ayant au maximum un niveau A1 à l'oral et faiblement ou non alphabétisés ; il a été expérimenté à Lille pour trois sessions de formation de février à décembre 2020. Face aux difficultés mentionnées précédemment, *MigraFLE* vise à apporter une double réponse : créer un parcours d'enseignement complet de 150h (et non 600h), et proposer de nouvelles procédures didactiques et pédagogiques.

Ce dispositif s'appuie sur une démarche innovante qui intègre en cohérence trois dimensions : l'interculturalité comme base de travail pour l'oral, le passage de l'oral à l'écrit via la DF comme base de travail pour la production d'écrit et une démarche réflexive sur la structuration de l'oral et de l'écrit (décodage, grammaire, lexique, phonologie, …). L'objectif était d'expérimenter des pratiques pédagogiques incorporées dans un dispositif d'accompagnement global, pour ensuite pouvoir les transférer sous forme d'école pérenne et d'outil à la disposition des formateurs[47].

La macrostructure de l'accompagnement global *MigraFLE* est empruntée à l'école de langue *Thot* avec laquelle nous avons collaboré[48]. Elle repose sur l'hypothèse qu'un enseignement/ apprentissage de la langue et culture française fait partie d'un processus global d'intégration. Le dispositif est ainsi constitué de cinq blocs : un accompagnement linguistique, psychologique, juridique et social, des ateliers professionnels, culturels et sportifs[49] (figure 19).

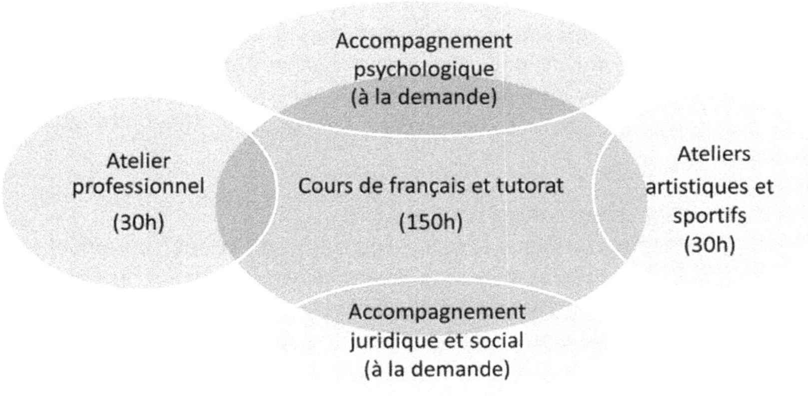

Figure 19 : Macrostructure du dispositif *MigraFLE*.

Ces différents accompagnements dans un même espace et dans une même temporalité ont pour objectif de construire un lieu d'accueil et d'échanges où chaque apprenant pourra trouver un interlocuteur fiable pour répondre à certaines de ses problématiques et ainsi se rendre intellectuellement plus disponible pour apprendre la langue.

---

[47] Un outil pédagogique est en cours de modélisation : projet prématuration/CNRS ModE-FLI.

[48] <https://thot-fle.fr/fr> (15/12/24)

[49] Ces différents accompagnements sont réalisés par des professionnels, excepté le tutorat et les ateliers artistiques/sportifs qui ont été assurés par des étudiants de master en didactique FLE/FLS de l'Université de Lille.

Les cinq blocs du dispositif *Migra-FLE*

Bloc 1 : Accompagnement linguistique
Au cœur du programme d'accompagnement, le module de langue et de culture françaises propose 150 heures de cours sur 15 semaines, dont 2 heures de tutorat par semaine. Les cours sont spécifiquement conçus pour les apprenants de faible niveau en français, peu ou pas alphabétisés dans leur première langue, afin d'atteindre le niveau A1 ou A1.1.

Bloc 2 : Accompagnement psychologique
L'accompagnement psychologique, sous forme d'entretien individuel à la demande, vise à lever les nombreux facteurs de blocage dans l'apprentissage d'une langue, liés entre autres aux traumatismes de l'exil et au stress d'une situation précaire dans le pays d'accueil. Plusieurs études en psychologie ont montré que le bien-être subjectif et émotionnel jouait un rôle primordial dans le processus d'apprentissage (Ager & Strang, 2008 ; Amit, 2010 ; Amit & Riss, 2014).

Bloc 3 : Accompagnement juridique et social
L'accompagnement juridique et social, sous forme d'entretien individuel à la demande, vise l'intégration sociale et permet de répondre aux demandes de démarches administratives des apprenants, leur laissant ainsi plus de disponibilité mentale pour suivre les cours de langue.

Bloc 4 : Ateliers professionnels
Les ateliers sont centrés sur l'acquisition de compétences transversales et la mise en lien avec des entreprises ou des centres de formation de la région.

Bloc 5. Ateliers artistiques et sportifs
Ces ateliers visent à favoriser l'apprentissage informel, c'est-à-dire l'utilisation de la langue dans des situations spontanées ainsi qu'à créer des liens, à la fois entre les apprenants et avec les tuteurs qui animent ces ateliers.

5.3.2. L'approche didactique de *MigraFLE*

Les cours ont été divisés en cinq thématiques (Identité, Espace, Temps, Corps, Vie professionnelle), lesquelles sont découpées en trois séquences de 10h chacune : vie personnelle, vie administrative et sociale, et citoyenneté.

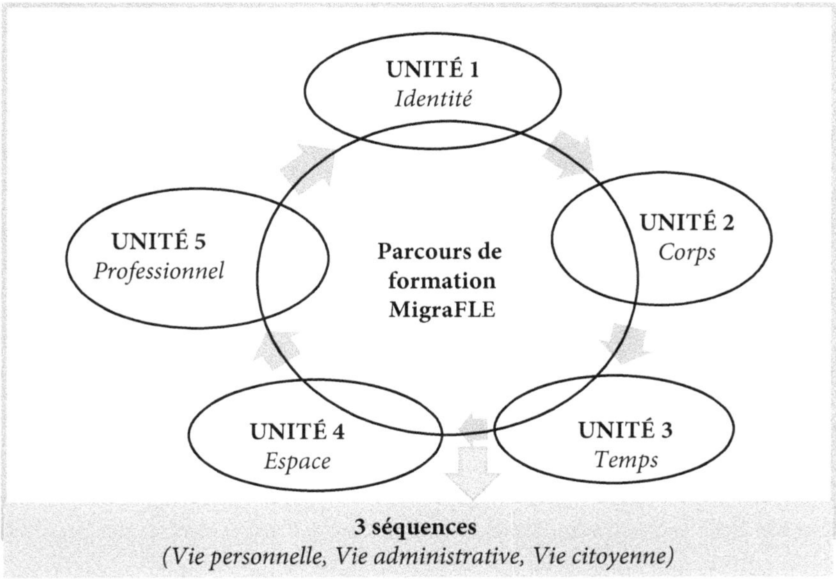

Figure 20 : Thématiques des cours dans le dispositif *MigraFLE*.

Tout comme dans le référentiel FLI et la mallette pédagogique de l'OFII, le choix des thématiques est lié aux préoccupations des publics migrants sur le territoire français en termes de mobilité, de logement, de professionnalisation/formation. Cependant, la progression dans chaque séquence se démarque de ce que l'on trouve dans les manuels : le point de départ (la séquence 1) est axé sur les apprenants, leurs besoins, leur identité, leur culture. La question de la sensibilisation aux usages de la société et à ses valeurs est traitée à partir de la séquence 2 et se poursuit dans la séquence 3.

La dimension interculturelle prend ici une place importante : chaque cours commence par une discussion autour d'un élément linguistique et/ou culturel d'origine des apprenants, pour aller vers des concepts propres à la société française (laïcité, genre, etc.). L'esprit est en cela assez proche des recommandations proposées par le Conseil de l'Europe sur la dimension interculturelle des cours de langue (2014), dans la mesure où les référents culturels, linguistiques et sociaux des apprenants constituent le point de départ des échanges[50].

L'approche interculturelle renvoie à « la connaissance, la conscience et la compréhension des relations (ressemblances et différences distinctives) entre « le monde d'où l'on vient » et « le monde de la communauté cible ». Ce processus est « à l'origine de la prise de conscience interculturelle » (*CECRL*, 2011, p. 83). Elle est une démarche d'enseignement qui tend vers la reconnaissance et la compréhension de la ou des cultures associées à la langue cible en s'appuyant sur la connaissance de la ou des cultures associées à la langue source, afin de développer chez l'apprenant une compétence plurilingue et pluriculturelle. L'objectif est socio-éducatif puisqu'il s'agit de combattre les préjugés et les stéréotypes. Cette démarche est étayée par de nombreux travaux en didactique des langues depuis les années 1980 (voir entre autres Byram, 2002 ; Coste, et al., 1997 ; Kramsch, 1998 ; Zarate, 1986). La plupart des activités proposées dans cette démarche sont basées sur la comparaison de faits culturels ou sociaux différents ou semblables d'une culture à l'autre, stéréotypes projetés sur la culture du pays de la langue cible mais aussi comportements sociaux, par exemple dans un cadre professionnel comme l'entretien d'embauche (voir les fiches pédagogiques de l'ouvrage de Chaves et al., 2012). L'objectif visé est ainsi une meilleure compréhension de la culture de la langue cible et de la culture de la langue source, en favorisant une forme de décentrement qui permet de lutter contre l'ethnocentrisme. Cependant, l'approche interculturelle est peu employée dans les manuels existants sur le marché pour les publics migrants (voir les manuels *Trait d'Union*, 2012 ou *Ensemble*, 2013). Il semble que pour ce type de public, le besoin d'acculturation à la société française prime sur le développement de la compétence interculturelle, si bien que l'accent est mis sur l'enseignement culturel des usages et valeurs de la République. Il est pourtant plus que pertinent d'employer la démarche interculturelle avec le public migrant, mais c'est en marge de l'enseignement, dans le travail social auprès de ce public, que cette démarche a été développée (Cohen-Emerique, 2015).

Dans le cadre de la démarche adoptée ici, l'objectif est de développer la compétence interculturelle pour permettre une meilleure compréhension

[50] Afin de cibler au mieux les points d'incompréhension ou de malentendus, chaque thème abordé dans les leçons a été discuté par une équipe d'experts culturels venant de pays/d'aires d'immigration différents (Irak, Syrie, Afghanistan, Afrique de l'Ouest/ Guinée Conakry, Algérie-Maroc, Erythrée/Ethiopie).

de la société d'accueil en partant de ce qui est connu (dans d'autres langues-cultures), en favorisant les activités de comparaison avec les us et coutumes de la société d'accueil. L'objectif est également d'offrir et de faire produire par les apprenants des énoncés à l'oral qui pourront être réutilisés pour l'activité de DF, en leur fournissant le vocabulaire et la syntaxe visés dans la programmation. Le contenu des échanges n'est pas le fruit du hasard, il est en partie préconstruit en fonction des compétences identifiées des apprenants et de celles visées.

Nous verrons dans la section suivante comment l'enseignant peut éveiller cette conscience interculturelle tout en travaillant la phase orale de la DF.

Constitution d'une unité thématique dans *MigraFLE*
Exemple de l'Unité 1, 'Identité' (30h)

Séquence 1. *Vie personnelle* (10h)
Point de départ : les représentations des apprenants sur la notion d'identité.
Thématiques : la conception des noms dans la culture de la L1/LS, la conception de l'âge, les processus d'identification officiels (carte d'identité, passeport).

Séquence 2. *Vie administrative* (10h)
Point de départ : la question de l'inclusion dans la société du pays d'accueil.
Thématiques : l'identification dans les documents officiels (nom de famille, prénom), détermination de l'âge à partir d'une date de naissance.

Séquence 3. *Vie citoyenne* (10h)
Point de départ : les valeurs de la République (complément ou substitut à la formation OFII).
Thématiques : les éléments de l'identité française/étrangère (devise, drapeau, etc.) et les spécificités du pays d'accueil (religion, relationnel…).

Dans ce socle de l'architecture par séquence, plusieurs modules sont proposés et construits autour de démarches pédagogiques spécifiques où toutes les activités sont interconnectées : le passage de l'oral à l'écrit via la DF se réalise en appui de l'oral développé dans l'activité dédiée à l'interculturel, et sert ensuite de support au travail sur la langue et la production d'écrit.

Modules d'un cours type de *MigraFLE*

1. Module Rituel : premiers échanges (discussions informelles, date du jour…).
2. Module Interculturel : discussion autour de la thématique abordée à partir des caractéristiques des pays/culture/langue d'origine.
3. Module De l'oral à l'écrit : DF en appui des échanges oraux de l'étape précédente, suivie d'activités de compréhension de l'écrit (à partir du texte DF).
4. Module Structuration de l'écrit : en appui sur les textes produits au fil des séquences, activités littéraciques notamment liées aux connaissances lexicales, à l'étude des correspondances graphophonologiques et à la compréhension de texte, avec une différenciation pédagogique entre les apprenants non lecteurs-non scripteurs et les apprenants déjà lecteurs scripteurs dans une première langue.
5. Module Production d'écrit : rédaction de textes en production aidée ou autonome (en appui sur les textes de DF et en fonction des compétences acquises dans les étapes précédentes).

Au-delà de ces modules, qui constituent le socle des cours et qui peuvent être répétés plusieurs fois dans une même séquence, d'autres modules sont proposés une seule fois dans une séquence :

6. Module Grammaire : points de grammaire spécifiques en lien avec les contenus développés dans les étapes précédentes, pouvant prendre appui sur les textes DF, avec un objectif centré sur la structure de la langue, via la comparaison intra ou inter-langues.
7. Module Numératie : activités de calcul et de jeux mathématiques dans des situations concrètes, en lien avec les thématiques.
8. Module Préparation DILF/DELF : entrainement aux types d'exercices en fonction du niveau visé, avec une focale sur la compréhension des consignes, en lien avec les thématiques.

Ces modules sont également tous interconnectés sur le plan linguistique. En effet, le contenu linguistique est prédéterminé dans chaque séquence et sert de base pour toutes les activités dans chacun des modules. La programmation lexicale, syntaxique, grammaticale et graphophonologique a été construite au regard des usages en français parlé et des stades de développement en LS (à l'oral et à l'écrit). Nous donnerons pour exemple la programmation linguistique envisagée entre les séquences 1, 3 et 6 (tableau 5).

Tableau 5 : Exemple de programmation linguistique dans les séquences de *MigraFLE*

Programmation linguistique des premières séquences de *MigraFLE*			
Séquence 1	**Lexique** Identité : *nom (de famille), prénom, passeport, carte d'identité, pays (France), nationalité, homme, femme, jeune, vieux, âge, an* ; la classe : *professeur, classe, étudiant/élève, lettre, alphabet* ; politesse : *bonjour, merci, au revoir*	**Structures syntaxiques** *on est* (+ date) ; *je m'appelle, il/elle s'appelle* ; (*moi/toi/lui/ elle*) *c'est*… ; *mon nom c'est* ; *il y a* ; *je suis* ; *il/elle est* ; *il a X ans*	**Grammaire explicite** Négation (*ne*) … *pas* ; verbe *avoir* au présent : *j'ai/je (n)'ai pas* ; *il y a/il n'y a pas*
Séquence 3	**Lexique** Eléments d'identité : *nationalité, date de naissance, lieu de naissance (villes, pays), adresse, taille, couleur des yeux (bleu, vert, marron, noir)* ; situation : *marié, pacsé, célibataire, divorcé, séparé, veuf/veuve* ; adjectifs de nationalité ; *formulaire, signature, papiers, logo*	**Structures syntaxiques** *j'ai* + N + adj ; *je suis né le*… ; *j'ai/je n'ai pas le droit de* + inf ; *je (ne) peux (pas)* + inf ; *être né en/le/à* ; *venir de* ; *habiter à*	**Grammaire explicite** Masculin et féminin : *il/elle* ; adjectifs de nationalité
Séquence 6	**Lexique** Parties du corps : *tête, dos, bras, jambe, genou, gorge, pied, main, doigt, coude, ventre, oreille, nez* ; état : *température, fièvre, rhume, toux, tousser, se brûler, se casser, regarder* ; lieux : *médecin, pharmacie, hôpital, CPAM* ; documents : *sécurité sociale, AME, ordonnance, carte vitale, maladie* ; exemples de médicaments	**Structures syntaxiques** *être/tomber malade, avoir mal à la/au/aux…, prendre RDV, aller à/chez, quand/si (on est malade)* ; *pour* + inf, *parce que* ; adverbes : *un peu, beaucoup, très*	**Grammaire explicite** *Avoir mal à la/au/aux* ; *aller à/chez*

Par ailleurs, dans la programmation linguistique, une partie des activités et contenus ciblent plus spécifiquement le développement de compétences littéraciques en lien avec le code graphophonologique du français. Sur ce plan, une distinction a été établie entre les apprenants lecteurs-scripteurs dans au moins une première langue et ceux pas ou peu scolarisés antérieurement qui sont en situation d'analphabétisme (voir chapitres 1 et 4). C'est pourquoi une différenciation a été proposée avec deux programmations distinctes pour chaque séquence :

- Pour les apprenants déjà lecteurs et scripteurs dans une première langue, une programmation permettant de développer un apprentissage systématisé des relations graphèmes-phonèmes les plus complexes du français en lien avec l'acquisition de compétences orthographiques ;
- Pour les apprenants non-lecteurs et non-scripteurs, une entrée progressive dans le code écrit avec une première phase de pré-alphabétisation permettant l'acquisition de la conscience phonologique et du principe alphabétique suivi d'un apprentissage systématisé des correspondances graphophonologiques de base du français.

Tableau 6 : Exemple de progression dans l'apprentissage du code

	Lecteurs/scripteurs	**Non lecteurs/non scripteurs**
Séquence 1	- Comparer différents alphabets - Connaitre les 3 écritures différentes utilisées en France (capitale, script, cursive) - Connaitre les lettres de l'alphabet pour épeler un mot/écrire un mot épelé	*Pré-alphabétisation* : - Reconnaitre quelques lettres de l'alphabet - Reproduire des lettres en capitales - Ecrire son prénom en capitales - Conscience phonologique : segmenter une phrase en mot, segmenter un mot en syllabes orales
Séquence 3	- Connaitre les graphèmes commençant par A et leur correspondance phonologique (A, AN, AI, AU, AIN) Discriminer des phonèmes proches (A/AN – AN/AIN)	*Pré-alphabétisation :* - Mémoriser un graphème et un phonème simple : le A et ses graphies - Conscience phonologique : segmenter un mot en syllabes orales et localiser des syllabes dans un mot à l'oral
Séquence 6	- Associer graphèmes et phonèmes : acquérir une compétence orthographique. « La lettre E » (E – É – È – Ê - ET – ER – EZ)	*Alphabétisation* : - Connaitre les correspondances graphèmes/phonèmes : L, M, R - Combiner des graphèmes et des phonèmes (combinatoire) - Lire et écrire des syllabes et des mots simples (mots déchiffrables) - Conscience phonologique : localiser un phonème dans un mot (phonèmes vocaliques)

Les méthodologies d'enseignement utilisées dans *MigraFLE* sont donc plurielles : tantôt empruntées à la démarche actionnelle (l'approche interculturelle, l'organisation du travail par tâches, l'usage de documents authentiques), tantôt empruntées à des méthodes éprouvées en didactique du français langue première (la DA), tantôt à des procédures linguistiques (l'analyse distributionnelle en grammaire), parfois enfin spécifiques au public adulte (méthodes d'alphabétisation contextualisées pouvant s'inspirer de la méthode naturelle). Elles adoptent également une pédagogie différenciée dans la mesure où un certain nombre d'activités sont adaptées au niveau des apprenants, de façon à gérer l'hétérogénéité du groupe et à favoriser l'autonomie d'apprentissage.

Mais au-delà de ces différences, un facteur commun les rassemble : le passage de l'oral à l'écrit prenant appui sur l'expérience langagière des apprenants et à partir de laquelle s'organisent les activités épilinguistiques de production d'écrit et métalinguistiques d'étude sur la langue.

5.4. Mise en œuvre du travail de dictée au formateur, de l'oral à l'écrit

La démarche de l'oral à l'écrit s'est déroulée selon les modalités spécifiques de réalisation de la DF, prenant appui sur les activités langagières orales proposées dans le module interculturel, et visant celui de la production d'écrit et d'analyse de la langue.

5.4.1. La phase orale préalable à la dictée au formateur : l'activité interculturelle

L'activité interculturelle qui ouvre chaque séquence a une double visée : développer la compétence interculturelle des apprenants et leur connaissance de la société d'accueil, et faire produire des énoncés qui serviront ensuite pour l'activité de DF. On prendra pour exemple la séquence 1 de l'unité 1, « Identité ».

Le module « Interculturel » du premier cours de cette séquence traite de la manière de se nommer. On pourrait ainsi penser qu'apprendre à se présenter par son prénom et son nom de famille est une activité relativement simple. Or il existe des verrous culturels très forts qui empêchent la compréhension d'un acte aussi courant de la vie quotidienne en France, car il n'est pas universellement semblable. Ainsi, en Afghanistan, le système d'appellation est complètement différent : une personne est rattachée au nom d'un clan, par exemple *Admadzai*, qui devient souvent un nom de famille en France ; mais en réalité ce qui est considéré comme le nom de famille en Afghanistan est le prénom du grand-père paternel. Cela veut dire que le nom de famille change à chaque génération.

Il arrive ainsi souvent qu'une personne étrangère soit obligée de faire des choix arbitraires dans ses noms : là où sur le passeport il y aura une suite de noms, il n'est pas rare que ne sachant comment faire, la personne choisisse au hasard ce qui correspondra au nom de famille (par exemple le premier nom de la liste) et au prénom (par exemple le dernier) ; il n'est pas rare également que, n'ayant pas compris le système de différenciation et l'immutabilité « Nom de famille/prénom », l'équivalent du nom de famille soit changé par inadvertance (prendre le deuxième de la liste sur le passeport au lieu du troisième), ce qui peut poser des problèmes administratifs incommensurables. Faire prendre conscience de la différence des systèmes est donc primordial d'un point de vue linguistique et pour l'inclusion des personnes dans la société française.

Un exemple d'activité interculturelle à l'oral : décliner son identité

Première étape : sensibilisation à la culture du pays d'accueil

La formatrice projette un passeport français.

F : *je m'appelle Claire. C'est mon prénom. C'est pour mes amis et ma famille. Et mon nom c'est Skandan. C'est pour l'école.*

Au tableau : la formatrice trace deux colonnes, Nom/Prénom, et écrit elle-même son nom/prénom dans les colonnes. Puis elle montre un passeport français.

F : *Où c'est le prénom et le nom sur ce passeport ?*

Deuxième étape : sensibilisation aux différences culturelles et sociales

La formatrice projette un passeport étranger sans distinction Nom/Prénom (généralement « Full Name » avec au moins trois noms à la suite)

F : *ce n'est pas toujours* Nom/Prénom *sur les passeports, regardez c'est quoi sur ce passeport ?*

Troisième étape : éveil de la conscience interculturelle

F : *et pour vous ? c'est quoi sur vos papiers ? c'est comme le 1er ou le 2ème passeport ?*

c'est quoi votre prénom ? et votre nom de famille ? pour les papiers c'est quoi votre prénom et votre nom ? qui peut écrire son nom et son prénom au tableau ?

5.4.2. Les textes de dictée au formateur

À l'issue de ces échanges dans le module « Interculturel », des textes de DF sont proposés. Une autre phase orale préparatoire a souvent été nécessaire pour faire de nouveau émerger le vocabulaire et les structures de phrases prévus en amont dans la programmation linguistique. À titre d'exemple, en lien avec les éléments linguistiques proposés précédemment dans les séquences 1, 3 et 6, voici ce qui avait été envisagé :

Tableau 7 : Programmation linguistique dans les séquences 1, 3 et 6

Thèmes/ supports DF	**Phase orale** Eléments linguistiques à proposer et à faire émerger		**Phase d'écriture** Exemple de texte visé
Thème proposé : Mieux se connaitre (séquences 1/3) **Supports :** Cartes d'identité, passeports	Les structures : *il y a* (+ négation), des pronoms de 3ème personne, verbes au présent (*être*, *avoir*) ; le lexique : *divorcé, séparé, marié, célibataire, enfants, adresse, date de naissance.* Essayez de basculer de la 1ère/2ème personne à la 3ème personne en prenant l'exemple d'une personne du groupe.	Modèles à proposer : *son prénom c'est… ; son nom c'est… ; il a xx ans ; il est né le… ; il est marié/célibataire ; il vient de …. ; il n'a pas d'enfants ; il habite à…. ; sa date de naissance, c'est….. ; dans la classe il y a X personnes mariées…*	Titre : Dans la classe… Dans la classe, il y a 12 étudiants mariés et 8 étudiants célibataires. 4 étudiants ont des enfants, 16 n'ont pas d'enfants. 1 étudiant est né en janvier. Les étudiants sont nés en Guinée, Algérie, Afghanistan. Driss est guinéen, Abdel et Mohamed sont algériens.
Thème proposé : La santé (séquence 6) **Supports :** Images, documents de santé (carte vitale, ordonnance…)	Les structures : *je suis/tu es/il est ; j'ai/tu as/il a, prendre RDV, avoir mal, appeler, aller chez…, être malade, regarder, écrire* ; le lexique : *médecin/docteur, pharmacie, maladie, médicaments, ordonnance,* éléments du corps… Des structures de phrases avec *quand*, *pour* + inf, *parce que*	Modèles à proposer : *quand on est malade, on va chez le médecin, X a mal au cou, à la gorge, il va chez le médecin/il appelle le SAMU ; il va à l'hôpital parce qu'il a le COVID ; quand on a très mal, on appelle le 15, quand on est un peu malade/on a un rhume, on prend un médicament, quand/si mon enfant est malade, je vais chez le docteur à l'hôpital*	Titre : Quand je suis malade… Quand j'ai mal aux oreilles et à la gorge, j'appelle le médecin pour prendre un rendez-vous. Le médecin regarde mes oreilles et ma gorge et après il écrit une ordonnance. Je vais à la pharmacie pour prendre les médicaments.

Au cours de la DF, tous les apprenants n'en étaient pas au même point dans leur apprentissage et les apprenants les plus avancés faisaient davantage de propositions. Mais les formatrices s'efforçaient de faire participer chacun d'entre eux et de retenir différentes variantes. Dans l'exemple ci-dessous, la formatrice interpelle un apprenant avec un très faible niveau pour l'amener à dire une phrase simple complète et écrivable :

F : *alors comment je commence ?*
A1 : *son nom*
F : *son nom c'est…*
A1 : *son nom Da. et après prénom*
F : *son prénom c'est Da. on commence avec ça tu peux me le dire ?*
A1 : *Da. c'est nom*
F : *commence avec son prénom son prénom c'est Da.*
A1 : *son prénom c'est Da*
F : *voilà <u>son prénom c'est Da</u>* (écriture)

À d'autres moments, des apprenants peuvent produire des phrases plus complexes, qui vont être retenues et écrites par la formatrice, même si elles ne sont pas à la portée de tous :

F : *alors qu'est-ce qu'il se passe quand on est malade ? qu'est-ce que je vais écrire ?*
A1 : *j'appelle le médecin*
F : *d'accord quand tu es malade tu appelles le médecin*
A2 : *pour prendre RDV*
F : *ok quand on est malade on appelle le médecin pour prendre RDV vous me le redites ?*
A1 : *quand je suis malade j'appelle le médecin*
F : *d'accord alors j'écris <u>quand je suis malade j'appelle le médecin</u>* (écriture, plusieurs apprenants oralisent en écho de ce que dit et écrit la formatrice)
A2 : *pour prendre RDV*
F : *<u>pour prendre RDV</u>* (écriture)

Voici, à titre d'exemple les textes de DF réalisés à *MigraFLE* sur les deux thématiques proposées ci-avant. On remarquera la progression linguistique entre le texte en phrases simples basiques de la séquence 1 (DF1) et le texte de la séquence 6 (DF2), plus complexe et plus diversifié sur le plan syntaxique et lexical :

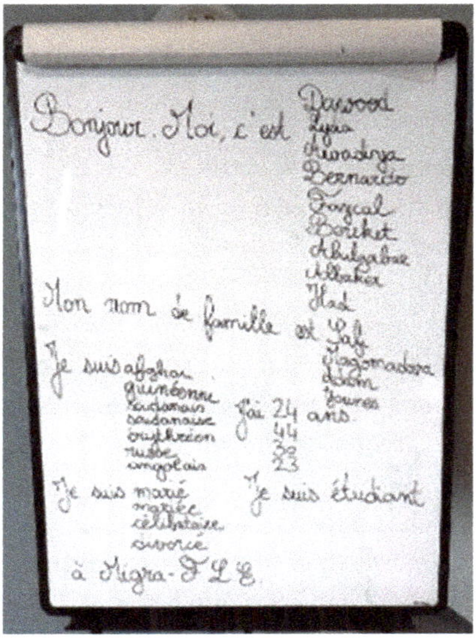	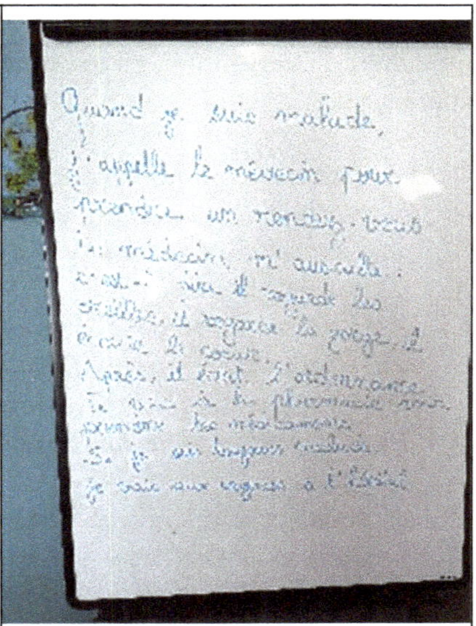
DF1 : Bonjour, moi c'est Dawood, Lydia, Awadya, Bernardo, Fayçal, Bereket, Abulgabar, Albaker, Hadi. Mon nom de famille est Safi, Magomadora, Adam, Younes. Je suis afghan, guinéenne, soudanais, soudanaise, érythréen, russe, angolais. J'ai 24, 44, 30, 23 ans. Je suis mariée, marié, célibataire, divorcé. Je suis étudiant à MigraFLE.	DF2 : Quand je suis malade, j'appelle le médecin pour prendre un rendez-vous. Le médecin m'ausculte : c'est-à-dire il regarde la gorge, il écoute le cœur. Après il écrit l'ordonnance. Je vais à la pharmacie pour prendre les médicaments. Si je suis toujours malade, je vais aux urgences à l'hôpital.

5.4.3. Les textes en production d'écrit aidée/autonome

À partir des thématiques abordées en DF, le sujet des PE ont été les suivantes :

Thématique DF	Thème PE
Mieux se connaitre	*Je suis…*
La santé	*Quand je suis malade…*

Pour réaliser le passage de la DF à la PE, les formatrices ont adopté différentes modalités d'intervention, en essayant de s'adapter au niveau de chacun des apprenants :

– La formatrice explique la consigne : *comment on va écrire*

F : *alors maintenant vous allez sortir le petit cahier et vous allez prendre une page nouvelle une nouvelle page d'accord ?*

A : *oui pas celle-là celle-là*

F : *et je vais vous demander d'écrire un texte mais il faut prendre les mots qu'il y a ici {main sur le texte d'une DF affichée} ici ici ici {main sur un autre texte de DF affiché} et ici aussi ! vous écrivez ce que vous voulez mais il faut prendre les mots qu'il y a sur les affiches. Alors avant on va tout relire*

– La formatrice relit les textes de DF affichés dans la classe

F : *« mon nom de famille est X je suis Guinéenne j'ai vingt-quatre ans je suis célibataire je suis étudiante à MigraFle » c'était il y a longtemps ça ! vous vous souvenez ? Be. tu te souviens ?*

Be : *oui*

F : *et ici, on avait encore écrit autre chose « Le lundi on commence le cours de français à neuf heures trente jusqu'à douze heures le lundi après-midi on a atelier de quatorze heures à quinze heures trente et de quinze heures trente à dix-sept heures » vous vous souvenez de ça aussi ? « Le mardi on commence les cours de français à neuf heures jusqu'à douze heures l'après-midi on a atelier à quatorze heures jusque quinze heures trente et le deuxième atelier à quinze heures trente jusqu'à dix-sept heures » ça c'était déjà plus compliqué ! d'accord vous avez beaucoup de choses vous l'avez dans les cahiers aussi tout est dans les cahiers*

– La formatrice différencie les groupes en fonction de leur niveau de compétence

Groupe d'apprenants en autonomie

F : *alors maintenant Da. et Ha. vous allez écrire ce que vous voulez en utilisant les mots que vous voulez qui sont sur les affiches d'accord ? OK il faut réfléchir avant à ce que vous voulez écrire d'accord ? et vous écrivez quelque chose en vous aidant des mots (…) vous faites tout seuls si vous avez besoin vous nous appelez et vous pouvez vous lever vous pouvez bouger Da. si tu dois aller voir là tu viens là tu te lèves d'accord ?*

Da : *d'accord*

Groupe d'apprenants en PE semi-guidée

F : *vous réfléchissez à ce que vous voulez écrire et vous allez chercher les mots et il faut vous lever d'accord*

AI : *oui ok*

F : *allez ! vous essayez et si vous avez besoin vous demandez à So. (So. une étudiante stagiaire)*

F : *(F. s'adresse à So.) pour Be. et Fa. tu vas essayez de les aider à réfléchir (F. s'adresse aux trois apprenants) et vous réfléchissez à ce que vous voulez écrire d'accord (Be. parle tout haut) dans ta tête Be. dans ta tête tu réfléchis dans ta tête une phrase que tu veux dire ! vous êtes libre vous faites comme vous voulez mais il faut prendre les mots dans le texte hein pas des mots ailleurs d'accord Be ?*

Be : *d'accord*

F : *que les mots qui sont ici i(l) faut pas chercher dans le téléphone hein (rires)*

Groupe d'apprenants en PE guidée

F : *vous allez essayer de me dire ce que vous voulez écrire donc pour l'instant vous pensez à quelque chose dans la tête que vous voulez écrire par exemple Aw. tu me dis je veux écrire « je n'ai pas mal à la tête » tu dis je veux écrire ça « je n'ai pas mal à la tête » et après on va ensemble chercher les mots d'accord ? pareil Am. tu réfléchis ? quelque chose que tu veux écrire par exemple tu veux dire « aujourd'hui il fait froid » d'accord et donc on va aller chercher pour savoir où on va trouver les mots allez ! réfléchissez et puis vous me dites*

– La formatrice guide les apprenants

Apprenant en autonomie

F : *Al. qu'est-ce que tu veux dire ? qu'est-ce que tu voulais écrire ?*

Al : *euh bah je vais les cours français*

F : *je voudrais les courses ? (F. ne comprends pas ce qu'a dit Al.)*

Al : *je /vais, veux/ français*

F : *les cours de français je veux les cours de français ?*

Al : *hum*

F : *ouais je veux les cours de français alors je veux les cours de français je veux les cours de français ou je vais au cours de français ?*

Al : *je vais /euh, le/ cours de français*

F : *je vais au cours de français ?*

Al : *oui oui*

F : *alors je comment tu écris « je » ? regarde viens voir*

(...)

F : *est-ce que y a « cours » on n'a pas « cours » donc je vais écrire une phrase où y a « cours » (F. écrit dans la marge du cahier « je suis au cours à MigraFLE » et relis la phrase en pointant du doigt. Al. repère et commence à écrire)*

Apprenant en PE semi-guidée

F : *Am. est-ce que tu as envie d'écrire quelque chose ? qu'est-ce que tu as envie d'écrire ?*

Am : */les, mes/ courses j'ai cherché*

F : *j'ai cherché les courses très bien alors j'ai cherché mes courses « j'ai » est-ce que tu sais comment on écrit « j'ai » ?*

Am : *j'ai*

F : *est-ce que tu sais comment on écrit ? Si tu sais pas on va chercher regarde viens voir viens avec moi (F. montre une des affiches) regarde Am. (F. pointe du doigt une phrase) ici (F. lit ce qui est écrit en pointant du doigt chaque mot) j'ai besoin de toi*

Am : *oui oui je vois*

F : *tu vas écrire vas-y*

Apprenant en PE guidée

F: *Aw. tu veux écrire quoi ?*

Aw : *la date*

F : *oui la date de naissance alors viens on va voir ensemble (déplacement vers une affiche) alors la date de naissance tu sais où c'est écrit ? (Aw. recherche et pointe) ici {lecture} c'est quoi ta date de naissance ? donc toi tu veux écrire quoi ?*

Aw : *c'est ma date de naissance*

F : *la date de naissance et tu veux dire ta date de naissance à toi ? ma date de naissance ? (F. écrit au tableau et lis date de naissance d'accord ? tu veux essayer d'aller l'écrire ?*

Aw : *oui*

– La formatrice amène les apprenants à créer leur propre texte

F : *(Fa. a recopié une phrase d'une DF) il faudrait écrire quelque chose de nouveau qu'est-ce que tu veux écrire toi ? par exemple je sais pas est ce que t'as envie d'écrire que tu voudrais quelque chose ?*

Fa : *je voudrais une pomme*

F : *oui*

Fa : *pour manger*

F : *je voudrais des pommes pour manger par exemple alors là il faut que tu écrives et il faut que tu regardes si tu as besoin de prendre des mots au tableau d'accord mais faut faire un nouveau texte il faut pas recopier un autre texte il faut faire des nouveaux d'accord ? ok ? (rire) et je peux t'aider pour trouver les mots d'accord ?*

– La formatrice vérifie l'avancée de la PE

Sa : *c'est bon comme ça ?*

F : *attend j'arrive ah toi t'as fait beaucoup c'est bien (lecture) bonjour tu peux aller au magasin acheter du coca oui et là tu n'as pas fini d'écrire (F. lit) le drapeau de la France est… ? tu voulais écrire quoi ? le drapeau de la France est… ?*

Sa : *ah oui c'est vrai*

F : *bleu blanc rouge ?*

Sa : *oui je sais mais y a pas de place ici*

F : *ah tu débordes t'écris là c'est pas grave (rire)*

5.4.4. Le travail sur la langue

Les textes produits en DF lors de la première séance ont ensuite servi d'appui pour développer les compétences linguistiques et littéraciques des apprenants :

mémoriser les structures syntaxiques et le lexique, travailler la compréhension écrite, mémoriser les correspondances graphophonologiques du français écrit et développer les compétences orthographiques et grammaticales. Les différentes activités ont le plus souvent fait l'objet d'un traitement différencié selon le profil des apprenants (lecteurs-scripteurs/non-lecteurs non-scripteurs) et ont été proposées collectivement à l'oral ou en binôme ou individuellement à l'écrit afin de varier les modalités de travail et de favoriser la collaboration entre apprenants. Ce travail de mise à distance de l'écrit a par ailleurs permis de développer les connaissances métalinguistiques des apprenants et d'acquérir un minimum de métalangage.

Ainsi au cours de la deuxième séance, le texte produit en DF était systématiquement relu en pointant les mots et exploité à partir de différentes activités (pour les lecteurs-scripteurs) et d'acculturation à l'écrit (pour les non lecteurs-non scripteurs).

Exemple de questions et consignes d'exploration du texte posées par la formatrice après relecture du texte :

- Questions posées collectivement :

Qui peut nous montrer le titre du texte ? (un apprenant vient montrer le titre)
Qui peut le lire ?
Qui peut venir nous montrer la première phrase du texte ? (un apprenant vient montrer la phrase)
Comment reconnait-on une phrase ? Combien y a-t-il de points ? Combien y-a-il de phrases dans ce texte ?
Combien y a-t-il de mots dans la première phrase ? (un apprenant vient pointer les mots en les comptant)
Quel est le premier mot de la deuxième phrase ?
Combien y a-t-il de fois le mot « sport » dans le texte ?
Qui peut épeler le mot « sport » ? (mot visible ou mot caché selon le profil)

- Puis la formatrice propose des activités avec ardoise (différenciées en fonction du profil) :

Ecrivez le mot « sport » (mot visible ou mot caché).
Ecrivez le mot « sport » au pluriel.
Ecrivez la lettre qui ne se prononce pas dans « sport ».

Des activités de compréhension écrite étaient également proposées aux apprenants lecteurs-scripteurs pour un travail en autonomie afin de permettre à la formatrice d'avoir un temps spécifique en dirigé avec les non-lecteurs/non-scripteurs sur des activités d'alphabétisation visant dans un premier temps le développement de la conscience phonologique et le principe alphabétique à partir de mots du texte (segmenter un mot en syllabes, épeler un mot très court, identifier un mot dans le texte à partir d'un modèle, ...).

Des activités étaient également conçues à partir du texte et de sa thématique, mais aussi des structures et du lexique des textes précédents, pour travailler sur les correspondances graphophonologiques, l'orthographe ou encore les connaissances grammaticales, ces dernières pouvant par ailleurs faire l'objet d'une activité spécifique en décroché au cours de la séquence. Là encore, une différenciation était proposée en fonction du profil des apprenants (voir le chapitre 4 pour le détail des activités proposées et les modalités de différenciation mises en œuvre).

En procédant de la sorte, l'étude des composantes linguistiques était en relation avec la composante pragmatique, permettant aux apprenants de construire des connaissances sur la langue à partir d'éléments langagiers qui font sens.

5.5. Progrès linguistique des apprenants de *MigraFLE* et parcours d'apprentissage

Au cours de l'expérimentation à *MigraFLE*, des progrès ont pu être mesurés, à partir notamment du suivi longitudinal d'une cohorte de 10 apprenants, permettant de conforter la démarche.

5.5.1. Profil des apprenants

Sur l'année d'expérimentation, trois sessions d'enseignement ont mobilisé 55 participants aux statuts administratifs différents, des bénéficiaires du CIR, conformément aux objectifs du projet, mais aussi des catégories exclues de ces dispositifs : mineurs non accompagnés et demandeurs d'asile (tableau ci-dessous). Ces participants viennent de pays différents (Algérie, Angola, Erythrée, Ethiopie, Guinée, Mali, Maroc, Nigeria, Soudan, Afghanistan, Bangladesh, Irak, Lybie, Pakistan, Syrie), et possèdent des parcours d'apprentissage linguistiques assez variés.

Apprenants accueillis à MigraFLE		
55 participants : - 17 femmes - 38 hommes	- Réfugiés : 20 - Demandeurs d'asile : 14 - Mineurs Non Accompagnés : 10 - Carte de résident famille : 9 - Nationalité française : 2	- 16-25 ans : 22 - Plus de 26 ans : 33

L'évaluation du dispositif comprend quatre volets :

- Évaluation du système global : entretien avec les différents acteurs de l'école ; réunions bimestrielles sur le suivi des apprenants ; assiduité.
- Évaluation critériée du niveau de français : test initial/final en interne et examen DILF/DELF ; suivi des progrès des apprenants.
- Évaluation pédagogique : enregistrement des cours et retour d'information des enseignants sur le matériel et la méthode utilisés.
- Évaluation qualitative de l'impact du programme à travers le suivi d'une cohorte de dix apprenants (tableau 8) : entretien initial, entretien pendant et un mois après la session de formation.

Tableau 8 : Caractéristiques des apprenants dans le dispositif *MigraFLE*

Profil des 10 apprenants suivis	**Présentation socio-géographique**	**Scolarisation antérieure**	**L1**	**Niveau et formation en français (à l'arrivée à *MigraFLE*)**	**Statut/ Durée de séjour en France**
Apprenant 1	Homme 29 ans Soudan	Non (école coranique)	Non identifié ("langue du Darfour") + Arabe (oral/écrit)	Oral : A0 Ecrit : A0 *600h cours OFII*	Réfugié *2 ans*
Apprenant 2	Homme 32 ans Soudan	Oui (6 ans de primaire + école coranique)	Arabe (oral/ écrit)	Oral : A0 Ecrit : A0 *600h cours OFII*	Refugié *2 ans*
Apprenant 3	Homme 26 ans Syrie	Non	Arabe (oral)	Oral : A0 Ecrit : non alpha *2h par semaine, organisme de bénévoles, quelques mois*	Demandeur d'asile *2 ans*

Profil des 10 apprenants suivis	**Présentation socio-géographique**	**Scolarisation antérieure**	**L1**	**Niveau et formation en français (à l'arrivée à *MigraFLE*)**	**Statut/ Durée de séjour en France**
Apprenant 4	Femme 23 ans Soudan	Non	Arabe (oral)	Oral : A0 Ecrit : non alpha *Pas de cours antérieurs*	Regroupement familial *1 an*
Apprenant 5	Homme 28 ans Erythrée	Oui (jusqu'à l'âge de 8 ans)	Tigrinya (oral/écrit) Niveau A1 en Anglais (oral/écrit)	Oral : A1 Ecrit : A0 *2h/semaine, quelques mois*	Demandeur d'asile *Non connu*
Apprenant 6	Homme 24 ans Nigeria	Oui (niveau supérieur)	Portugais et espagnol (oral/écrit)	Oral : A0 Ecrit : A0 *Pas de cours antérieurs*	Demandeur d'asile *Quelques semaines*
Apprenant 7	Homme 24 ans Afghanistan	Oui (4 ans d'école primaire)	Pachto (oral/écrit limité)	Oral : A0 Ecrit : A0 *12h/semaine, 2 mois*	Demandeur d'asile *1 an*
Apprenant 8	Homme 44 ans Soudan	Oui (nombre d'années non spécifié)	Arabe (oral/écrit)	Oral : A1 Ecrit : A0 *500h cours OFII + formation en bâtiment*	Réfugié *4 ans*
Apprenant 9	Femme 23 ans Guinée	Non	Susu (oral)	Oral : A2 Ecrit : A1.1 *Quelques heures/ semaine, 3 ans*	Demandeuse d'asile *3 ans*
Apprenant 10	Femme 30 ans Guinée	Non	Malinké (oral)	Oral : A1 Ecrit : A0 *Quelques heures/ semaine, 8 mois*	Demandeuse d'asile *5 ans*

5.5.2. Suivi de la cohorte : progrès linguistiques généraux

Un test interne a été effectué à l'entrée et à la sortie de la session. Entre l'entrée et la sortie du dispositif, les résultats du test interne ont augmenté entre 4 et 26 points, et la moyenne générale passe de 13,2 à 25,2 points sur 35. Le test n'ayant pas été travaillé en amont, ces résultats indiquent une réelle progression des compétences langagières à l'écrit (figure 21).

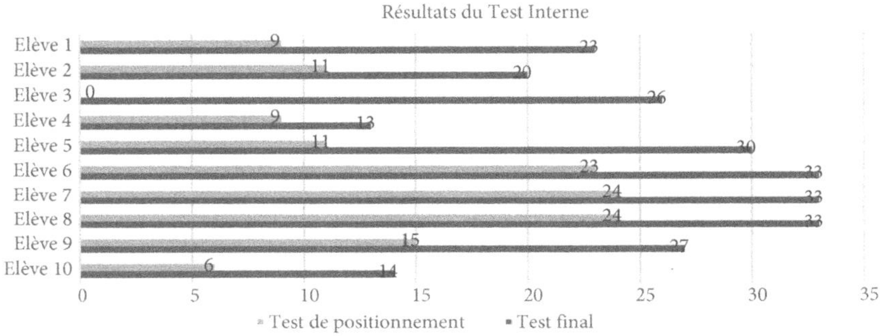

Figure 21 : Résultats au test interne des 10 apprenants de la cohorte.

En ce qui concerne le diplôme officiel, 8/10 apprenants ont obtenu avec succès leur DILF ou DELF A1 (figures 22 et 23).

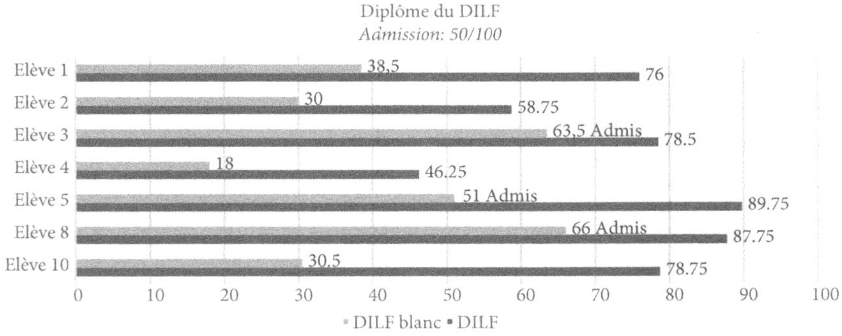

Figure 22: Résultats au DILF.

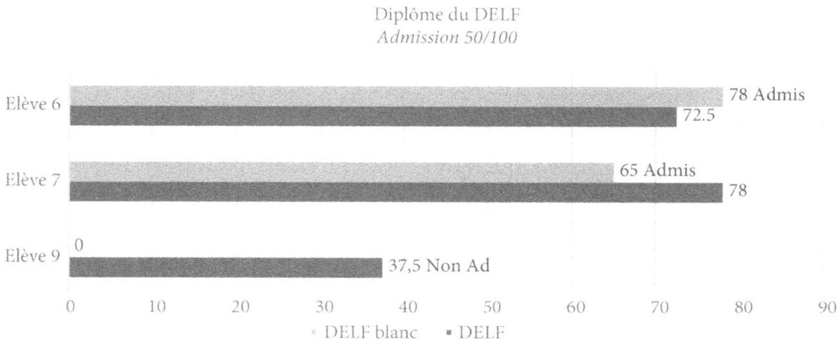

Figure 23 : Résultats au DELF.

Les résultats obtenus par les dix apprenants suivis nécessitent quelques brefs commentaires : les deux apprenants qui n'ont pas réussi (n° 4 et 9) se trouvaient dans des conditions particulières. L'apprenante 4 avait obtenu le score le plus bas (18/100) de la cohorte à l'examen blanc et a échoué à l'examen réel du DILF de seulement 3,75 points, tandis que l'apprenant 9 était absent le jour de l'examen blanc du DELF. Trois apprenants qui n'avaient pas atteint le niveau d'admission au DILF blanc ont réussi l'examen du DILF (apprenants 1, 2 et 10). Les apprenants 1 et 2 sont des réfugiés qui ont bénéficié auparavant de 600 heures de cours de français, mais lorsqu'ils sont arrivés à *MigraFLE*, ils n'étaient pas capables de parler et d'écrire le français. L'apprenante 10 n'a jamais été scolarisée, et elle est juste capable d'écrire des lettres en français parce qu'elle a bénéficié de cours dispensés par un volontaire pendant plusieurs mois. Le programme de 150 heures leur a donc été très bénéfique. Les autres apprenants ont des parcours variés, avec des situations précaires et pour partie traumatisantes, notamment pour les demandeurs d'asile, mais tous ont fait des progrès significatifs avec seulement 150 heures de cours.

5.5.3. Hawa et Sara entrent dans l'écrit

À titre d'illustration de l'évolution des apprenants, nous décrirons brièvement le parcours de deux apprenantes, Hawa et Sara.

Hawa

Quand Hawa arrive à *MigraFLE* (avec le soutien de son mari), elle vient à l'école pour la première fois de sa vie, elle est analphabète. Elle est en France depuis moins d'un an (dans le cadre d'un regroupement familial) et ne parle pas français, tout au mieux quelques mots de la vie courante (niveau A0). Après plusieurs heures « d'imprégnation » en cours, où elle est davantage observatrice que locutrice, elle commence à produire des mots, puis quelques phrases en répétition, sur les sollicitations de l'enseignante. Au fur et à mesure, elle commence à dicter des mots/phrases, dont certaines sont au début des répétitions de ce qu'elle a entendu (exemple ci-dessous).

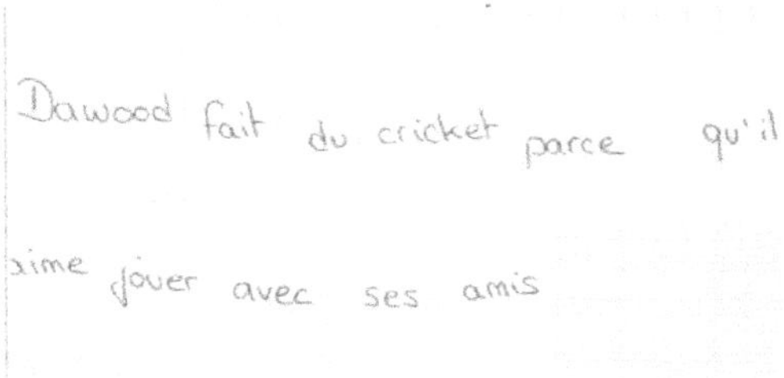

Parallèlement, elle apprend à écrire en majuscules et en script, et durant les cours elle passe du temps à recopier des mots ou des phrases écrits au tableau (exemples ci-dessous).

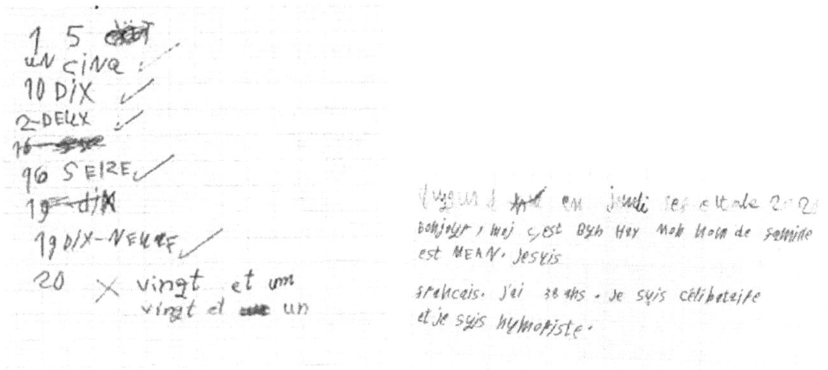

Après cent heures de cours, elle apprend à discriminer des sons et elle commence le décodage graphème-phonème pour des mots isolés et des phrases très courtes.

Elle peut désormais écrire en cursive de petits textes avec un modèle linguistique tiré de certaines DF ou avec l'aide de l'enseignant (exemples ci-dessous).

Exemples de textes recopiés d'Hawa

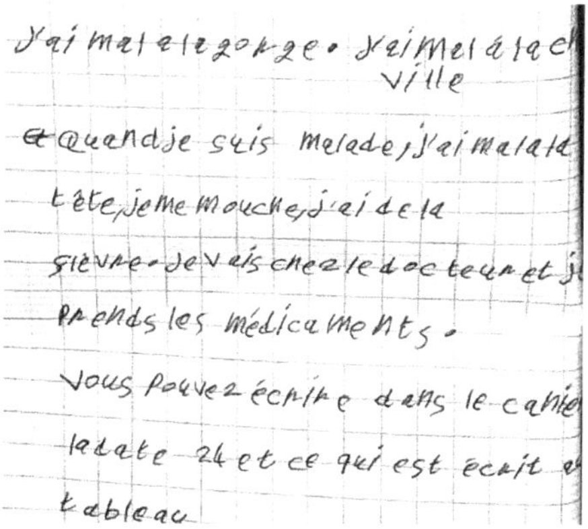

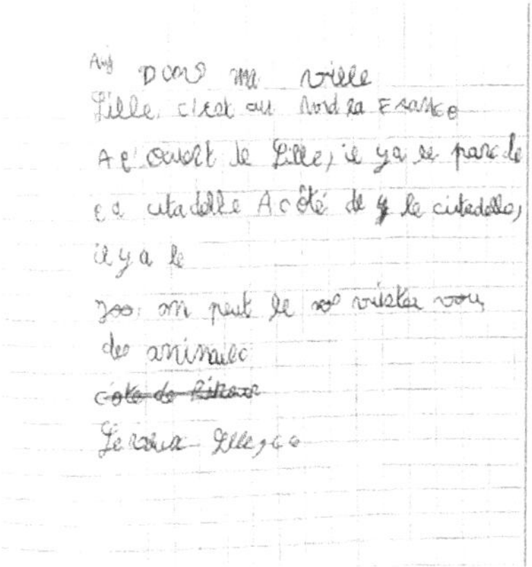

Exemples de textes construits d'Hawa avec l'aide du formateur

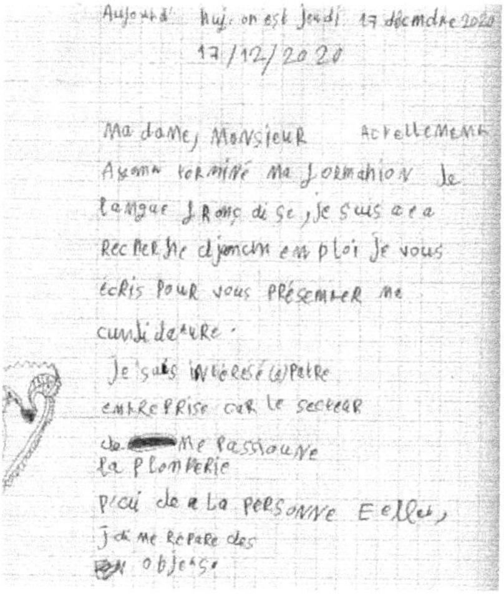

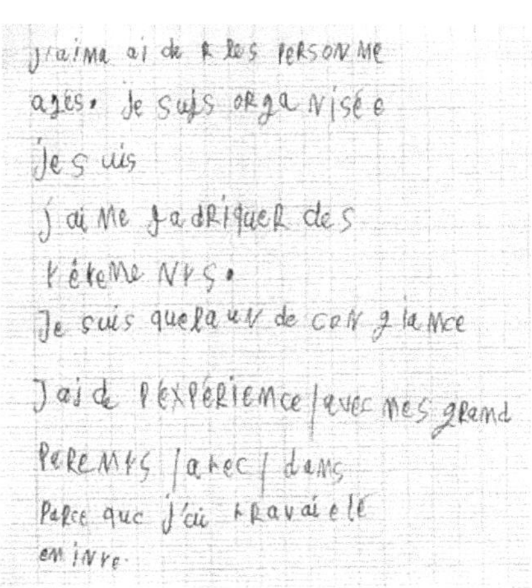

Sara

Quand Sara arrive à *MigraFLE*, elle est considérée comme pré-alphabétisée puisqu'elle a bénéficié de cours quelques heures par semaine pendant huit mois. Elle est en France depuis presque cinq ans et elle a un niveau A1 en français oral. Dans un premier temps, Sara est relativement à l'aise pour dicter quelques courtes phrases et pour recopier en cursive les textes écrits au tableau par l'enseignante et les DF (exemples ci-dessous).

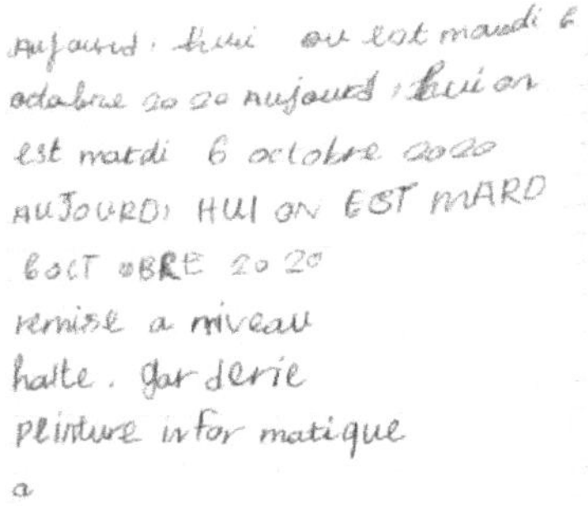
Aujourd hui on est mardi 6
octobre 2020 aujourd hui on
est mardi 6 octobre 2020
AUJOURD HUI ON EST MARD
6 OCT OBRE 2020
remise a niveau
halte . garderie
peinture infor matique
a

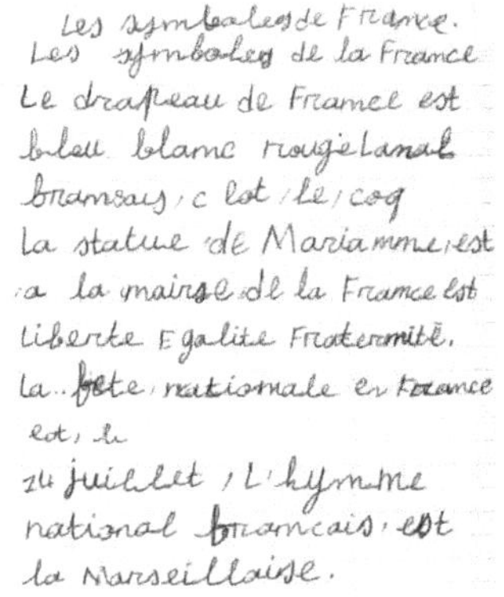
Les symboles de France.
Les symboles de la France
Le drapeau de France est
bleu blanc rouge la nal
bransais, c lot, le, coq
La statue de Marianne est
a la mairie de la France est
Liberte Egalite Fraternite.
La fete nationale en France
est, le
14 juillet, L'hymme
national francais, est
la Marseillaise.

Progressivement, et parallèlement à un travail métalinguistique sur le code, Sara réussit à produire des textes, et même si ses textes sont encore très proches de ceux produits en DF, ils sont le signe d'une certaine autonomie langagière (exemples ci-dessous).

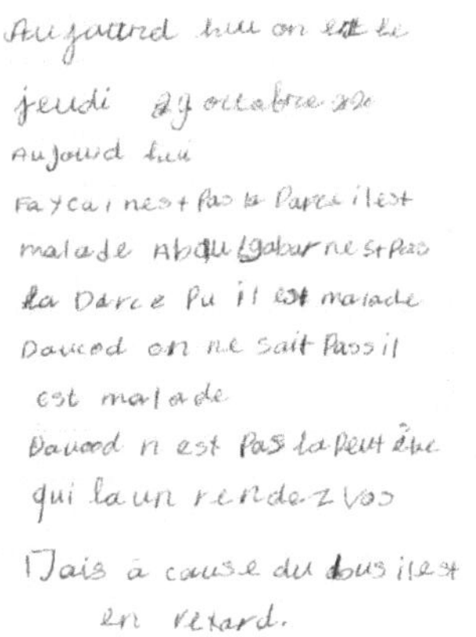
Aujourd hui on est le
jeudi 29 octobre 2020
Aujourd hui
Faycal nest Pas la Parce il est
malade Abdulgabar ne st Pas
la Parce Pu il est malade
Dauod on ne sait Pas si il
est malade
Dauod n est Pas la Peut être
qui la un rendez vos
Mais à cause du bus il est
en retard.

À l'image de l'évolution linguistique visible chez Hawa et Sara, et compte tenu du faible niveau de scolarisation des apprenants, de leur niveau initial en français (moins de A1), des désagréments causés par la crise sanitaire en début d›année, ou encore de la situation précaire dans laquelle se trouvaient certains apprenants (demandeurs d›asile à la rue), les résultats obtenus sont relativement satisfaisants. Quel que soit le nombre d›heures de cours que les apprenants ont eu avant de venir à *MigraFLE*, les 150 heures du programme, assortis d'un dispositif complet d'accompagnement culturel, social et psychologique, leur ont permis d'accroitre leurs compétences linguistiques, et pour certains d'entre eux de sortir de la situation d'analphabétisme ou d'illettrisme.

CHAPITRE 6

Le langage simplifié pour faciliter l'apprentissage du langage oral et écrit

Toutes les personnes qui accompagnent des publics dits vulnérables, et en particulier des personnes en situation d'illettrisme ou d'apprentissage du français comme langue étrangère, savent combien certains documents posent de véritables problèmes de compréhension :

- soit parce qu'ils comportent du vocabulaire et des tournures très spécialisés (comme les textes juridiques, administratifs, médicaux…) ;
- soit parce que les formulations utilisées sont spécifiques (par exemple les consignes) ;
- soit parce que les personnes qui doivent les entendre, les voir ou les lire ont des compétences linguistiques en deçà de celles qui seraient nécessaires pour une compréhension optimale.

Dès lors, il y a un enjeu important pour les formateurs à réfléchir aux contenus des discours oraux et écrits qu'ils proposent, que ce soit dans les modalités d'échanges ou dans les supports qu'ils choisissent. Cela rejoint la notion d'écrivable que nous avons décliné dans les chapitres 2 et 3 : pour être accessible et favoriser l'apprentissage langagier, le formateur doit utiliser des constructions lexicales et syntaxiques à la portée des apprenants, c'est-à-dire qui se situent dans une zone potentielle de compréhension-production langagière, tout en relevant de formulations du français standard. Autrement dit, il y a dans le passage de l'oral à l'écrit des constructions lexicales et syntaxiques plus accessibles que d'autres, pouvant à la fois se dire et s'écrire et que les apprenants sont en capacité de comprendre et de produire.

6.1. Qu'est-ce que le langage simplifié ?

On parle de « langage simplifié » quand on conçoit ou retravaille des documents (oraux, vidéos ou écrits) pour permettre un meilleur accès à l'information aux publics auxquels ces documents sont destinés. Il ne s'agit pas de rendre ces documents moins élaborés (voire de les infantiliser) mais de les transformer pour les rendre plus accessibles à la compréhension. La simplification du langage a d'abord concerné les personnes en situation de handicap, puis, peu à peu, elle s'est étendue à d'autres publics en difficulté langagière comme les personnes en situation d'illettrisme ou ayant le français comme LS/LE.

Plusieurs recommandations ont vu le jour pour adapter et simplifier certains textes administratifs, juridiques, ou relevant de la vie quotidienne. En France, on parle du FALC (*facile à lire et à comprendre*) et plus généralement en Europe de *easy-to-read (and understand)*[51]. De nombreuses structures d'accueil, associations et certaines administrations recourent au FALC pour faciliter la compréhension des informations écrites, à l'image de l'attestation de déplacement dérogatoire pendant le confinement de la crise COVID.

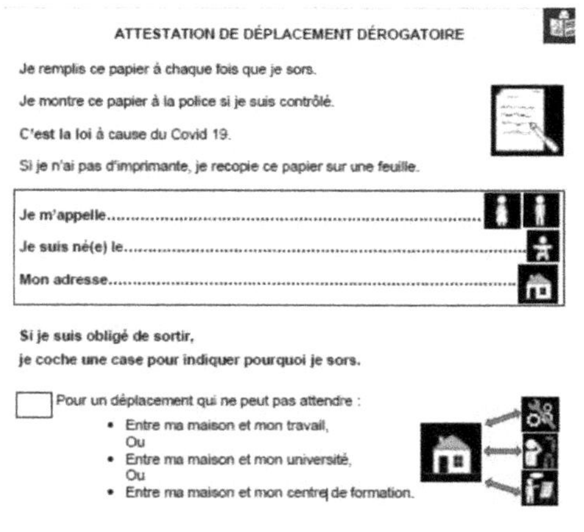
ATTESTATION DE DÉPLACEMENT DÉROGATOIRE

Je remplis ce papier à chaque fois que je sors.

Je montre ce papier à la police si je suis contrôlé.

C'est la loi à cause du Covid 19.

Si je n'ai pas d'imprimante, je recopie ce papier sur une feuille.

Je m'appelle.......................................

Je suis né(e) le.......................................

Mon adresse.......................................

Si je suis obligé de sortir,
je coche une case pour indiquer pourquoi je sors.

☐ Pour un déplacement qui ne peut pas attendre :

- Entre ma maison et mon travail,
  Ou
- Entre ma maison et mon université,
  Ou
- Entre ma maison et mon centre de formation.

---

[51] European standards for making information easy to read and to understand. [En ligne]. URL : <https://easy-to-read.eu/fr/projects/> (28/11/2024). Voir également Unapei. 2009. *L'information pour tous. Règles européennes pour une information facile à lire et à comprendre*. [En ligne] URL : <https://www.unapei.org/publication/linformation-pour-tous-regles-europeennes-pour-une-information-facile-a-lire-et-a-comprendre/> (28/11/2024)

Depuis quelques années, les recherches sur le langage simplifié se sont amplifiées (voir l'état de l'art européen de Lindholm & Vanhatalo, 2021), et s'intéressent à une grande diversité de publics, de terrains et de supports. Cela concerne :

- les types de textes : informatifs, narratifs, juridiques, médicaux, etc. ;
- les profils de personnes en situation de vulnérabilité : les personnes illettrées, les personnes non-natives, les enfants en difficulté d'apprentissage de la lecture… ;
- les niveaux de compétences linguistiques, qui varient selon l'âge, le degré de maitrise de la langue, le type de handicap, etc.

Au regard de la diversité des publics et des textes, les critères du FALC tels que déclinés par Europe-inclusion demandent à être complétés et spécifiés, en considérant un continuum de l'*easy language* au *plain language*[52] (Hansen-Schirra & Maaß, 2020 ; Maaß, 2020). En effet, les principaux critères de simplification recommandés par Europe-inclusion sont très généraux :

- au niveau de l'agencement graphique du texte : police taille 14 ; utilisation de pictogrammes ; espacement des informations.
- au niveau des caractéristiques linguistiques :
  - · utiliser des mots « faciles à comprendre », c'est-à-dire des mots bien connus des personnes qui vont lire le texte ;
  - · définir les mots « difficiles » ;
  - · recourir à des exemples de la vie quotidienne ;
  - · éviter les synonymes, les métaphores, les initiales, les abréviations ou les acronymes ;
  - · remplacer les données chiffrées par des quantités (un peu, beaucoup, …) ;
  - · écrire des « phrases courtes » et directes en utilisant le « vous » d'adresse ;
  - · écrire des phrases avec des verbes actifs plutôt que des phrases avec des verbes passifs ;
  - · proposer des modalités affirmatives plutôt que négatives ;
  - · placer les informations « dans un ordre facile à comprendre et facile à suivre » ;

[52] *Easy language* et *Plain language* impliquent dans les deux cas l'utilisation d'un langage clair, explicite et accessible mais la dénomination *easy language* est réservée au public avec les plus faibles compétences à l'écrit.

- rassembler ensemble les informations sur le même sujet ;
- répéter les informations importantes plusieurs fois.

Ces critères restent en grande partie à l'appréciation de l'utilisateur. Par exemple, comment apprécie-t-on qu'un mot est plus connu qu'un autre ? Parce qu'il est fréquent dans le langage parlé ? Ou dans les textes écrits ? Parce qu'il fait partie d'un certain quotidien des personnes concernées ? Et d'ailleurs, qu'est-ce qu'un mot : un nom, un verbe, une préposition, une conjonction… ? Comment déterminer qu'un mot sera plus "complexe" qu'un autre : par rapport à sa longueur, son positionnement dans la phrase, son sens, sa graphie ? Sur le plan grammatical, sur quoi se base-t-on pour déterminer ce qu'est une phrase courte et simple ? La phrase « Le monsieur se promène. Son chapeau s'envole » est-elle plus simple que « le garçon mange une pomme dans le jardin de sa grand-mère » ? Si la première phrase est plus courte, pour autant l'emploi du possessif « son » et le verbe pronominal « s'envoler » sont plus difficiles à comprendre que la récurrence des compléments de la deuxième phrase. Ou encore, la juxtaposition de deux phrases simples comme « Il a mal. C'est pourquoi il pleure » n'est pas forcément plus simple que la subordination causale « Il pleure parce qu'il a mal ». Au niveau textuel, quel est l'ordre le plus facile à comprendre et à suivre ? Y en a-t-il un ? Autant de questions auxquelles les (psycho)linguistes tentent de répondre pour affiner les critères du FALC et aider les acteurs de terrain à élaborer des documents les plus adaptés possibles pour le public qu'ils accompagnent. Et pour le public migrant peu alphabétisé ou les personnes en situation d'illettrisme, cette question est encore peu documentée (Ahrens & Fioravanti, 2022 ; Canut, Delahaie & Husianycia, 2020)[53].

6.2. Comment simplifier les textes ? Des critères linguistiques

Les recherches en langage simplifié se font dans deux directions : soit en incluant les acteurs de terrain eux-mêmes (recherche participative), soit par

---

[53] Un travail de réflexion translinguistique qui également été amorcé en 2021 avec la création du groupe *Communication sans frontières* : [En ligne]. URL : <https://www.philol.uni-leipzig.de/fr/institut-fuer-germanistik/institut/professuren/germanistische-linguistik-pragmatik/communication-sans-frontieres> (28/11/2024)

des méthodologies expérimentales (recherches en psycholinguistique et Traitement Automatique du Langage).

En recherche participative, il s'agit de présenter à des locuteurs du public visé un document pour mettre en évidence les éléments non compris, et de déterminer avec eux ce qui leur serait le plus accessible (Storup, Millot & Neubauer, 2013). En psycholinguistique, il s'agit de détecter sur quels éléments l'individu achoppe au moment de la lecture du document (par exemple en étudiant les mouvements oculaires) et de dégager une typologie des difficultés de compréhension, en vue de proposer une réécriture plus adaptée du document (voir par exemple le projet *Alector* avec des enfants en difficulté d'apprentissage de la lecture ou dyslexiques[54] : Javourey-Drevet et al., 2022 ; le projet CLEAR concernant la simplification de documents médicaux : Grabar, Farce & Sparrow, 2018 ; ou encore les études avec des publics migrants : Canut et al, 2023). En Traitement Automatique du Langage, l'objectif est de dégager les fréquences de structures lexicales et syntaxiques présentes dans les textes réputés déjà simplifiés (comme les articles de Vikipédia, les manuels de langue étrangère) pour en dégager un script reproductible automatiquement (Brouwers et al., 2012).

Prenons l'exemple d'un travail réalisé en recherche participative dans un établissement pénitentiaire pour mineurs (EPM)[55], en collaboration avec les éducateurs de la PJJ (protection judiciaire de la jeunesse). Ceux-ci avaient constaté la difficulté des jeunes à comprendre les règles de la prison, alors même qu'elles étaient écrites dans un règlement intérieur qui leur était distribué à leur arrivée et le plus souvent réexpliquées oralement. La plupart de ces jeunes incarcérés avaient un parcours scolaire compliqué, accompagné d'échecs, certains étaient en situation d'illettrisme, d'autres étaient des Mineurs Non Accompagnés étrangers ne maitrisant pas le français.

Tenant compte du niveau de compétences de ces jeunes gens, il a été proposé de réécrire le document en s'appuyant sur plusieurs sources de critères :

[54] Le projet avait pour objectifs de réécrire des textes pour améliorer la fluence et la compréhension en lecture et de proposer un répertoire de critères d'écriture. À l'issu de ce travail, un outil pédagogique a été conçu : [En ligne]. URL : <https://lpc.univ-amu.fr/fr/hibou-livre-interactif.html> (13/06/2025).

[55] Ce travail a été présenté en septembre 2022 à la journée d'étude *Simplifier les textes : quels critères linguistiques pour quel public ?* dans le cadre du projet MigraLang 2.0, Université de Lille/MESHS : « Réécriture de documents d›accueil destinés à des mineurs étrangers en établissement pénitentiaire : objectifs et règles de transformation ».

le FALC, les fréquences lexicales et syntaxiques en français parlé (partant du principe que les éléments les plus entendus à l'oral seraient plus susceptibles d'être reconnus, ou du moins anticipés, à l'écrit), les étapes de développement linguistique en langue seconde ou étrangère. Le livret a ensuite été testé auprès des détenus afin d'ajuster les critères.

Sur le plan de l'organisation graphique du document, les informations visuelles ont été privilégiées, c'est-à-dire beaucoup d'illustrations (photos, dessins et schémas) plutôt que des listes :

Texte original	Réécriture

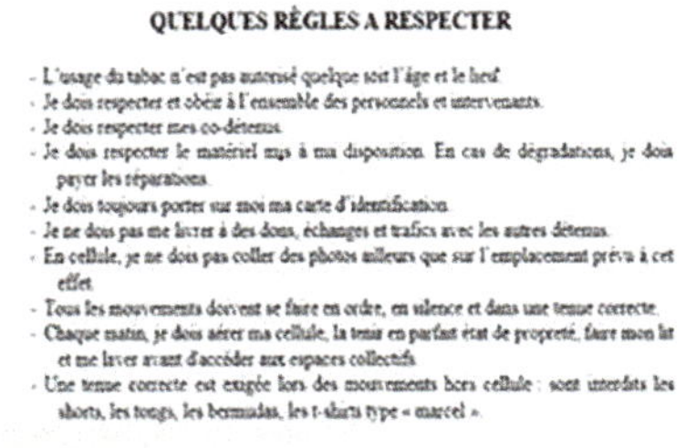

QUELQUES RÈGLES A RESPECTER

- L'usage du tabac n'est pas autorisé quelque soit l'âge et le lieu.
- Je dois respecter et obéir à l'ensemble des personnels et intervenants.
- Je dois respecter mes co-détenus.
- Je dois respecter le matériel mis à ma disposition. En cas de dégradations, je dois payer les réparations.
- Je dois toujours porter sur moi ma carte d'identification.
- Je ne dois pas me livrer à des dons, échanges et trafics avec les autres détenus.
- En cellule, je ne dois pas coller des photos ailleurs que sur l'emplacement prévu à cet effet.
- Tous les mouvements doivent se faire en ordre, en silence et dans une tenue correcte.
- Chaque matin, je dois aérer ma cellule, la tenir en parfait état de propreté, faire mon lit et me laver avant d'accéder aux espaces collectifs.
- Une tenue correcte est exigée lors des mouvements hors cellule : sont interdits les shorts, les tongs, les bermudas, les t-shirts type « marcel ».

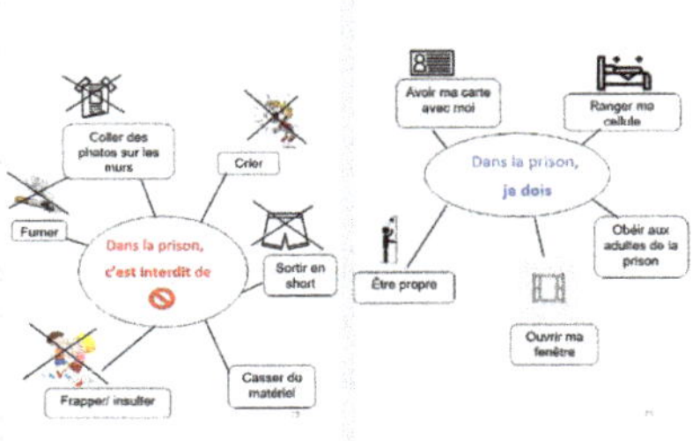

Sur le plan lexical, certains mots ou expressions spécialisés ont été systématiquement remplacés par des éléments plus fréquemment utilisés en français parlé :

Texte original	Réécriture
Modification de constructions lexicales	
Correspondre	*Envoyer du courrier*
Permis de visite	*Pour me voir*
Procureur	*Juge*
je bénéficie d'un encellulement individuel	*Dans ma cellule, je suis tout seul*
Dès mon arrivée	*Quand j'arrive*
Remplacement des adjectifs et des nominalisations par des verbes d'action	
A l'aide de ce numéro, l'établissement ***va établir une carte d'identification biométrique***	*On me donne un numéro et une carte*

Sur le plan morphologique, il y a eu une utilisation préférentielle des verbes modaux (devoir, faire, pouvoir) au temps présent à la première personne du singulier :

Texte original	Réécriture
L'établissement va établir une carte biométrique ***que je devrais constamment avoir en ma possession***	Quand j'arrive : 1-Je vais au **greffe**  On me donne un numéro et une carte.  **Je dois toujours garder la carte avec moi.** 

Les modalités négatives ont été transformées en modalités affirmatives et les verbes à la voix passive en verbes à la voix active :

Texte original	Réécriture

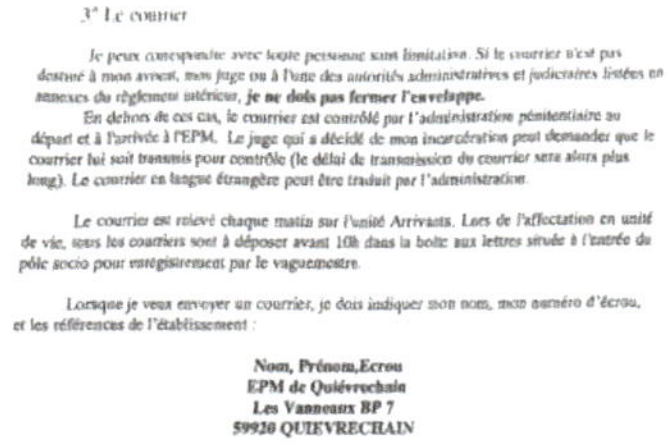

3° Le courrier

Je peux correspondre avec toute personne sans limitation. Si le courrier n'est pas destiné à mon avocat, mon juge ou à l'une des autorités administratives et judiciaires listées en annexes du règlement intérieur, **je ne dois pas fermer l'enveloppe.**

En dehors de ces cas, le courrier est contrôlé par l'administration pénitentiaire au départ et à l'arrivée à l'EPM. Le juge qui a décidé de mon incarcération peut demander que le courrier lui soit transmis pour contrôle (le délai de transmission du courrier sera alors plus long). Le courrier en langue étrangère peut être traduit par l'administration.

Le courrier est relevé chaque matin sur l'unité Arrivants. Lors de l'affectation en unité de vie, tous les courriers sont à déposer avant 10h dans la boîte aux lettres située à l'entrée du pôle socio pour enregistrement par le vaguemestre.

Lorsque je veux envoyer un courrier, je dois indiquer mon nom, mon numéro d'écrou, et les références de l'établissement :

Nom, Prénom,Ecrou
EPM de Quiévrechain
Les Vanneaux BP 7
59920 QUIEVRECHAIN

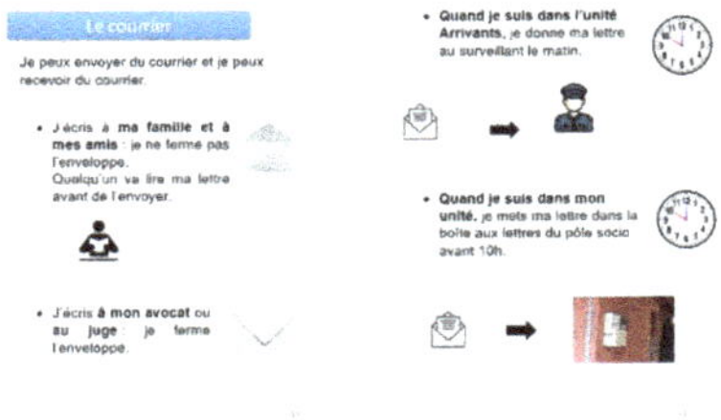

Texte original	Réécriture
La demande doit être adressée auprès du binôme *qui transmettra à la direction*	*Je demande à mon éducateur ou à mon surveillant*
Le courrier est contrôlé par l'administration *pénitentiaire au départ et à l'arrivée à l'EPM*	*Quelqu'un va lire mon courrier*

En ce qui concerne l'organisation grammaticale, les syntagmes prépositionnels en incise et les relatives en incise ont été supprimés :

<table>
<tr><th>Texte original</th><th>Réécriture</th></tr>
<tr><td>Les parloirs familles
Ce tableau permet de connaitre, en fonction de ma catégorie pénale, l’autorité compétente pour obtenir un permis de visite</td><td>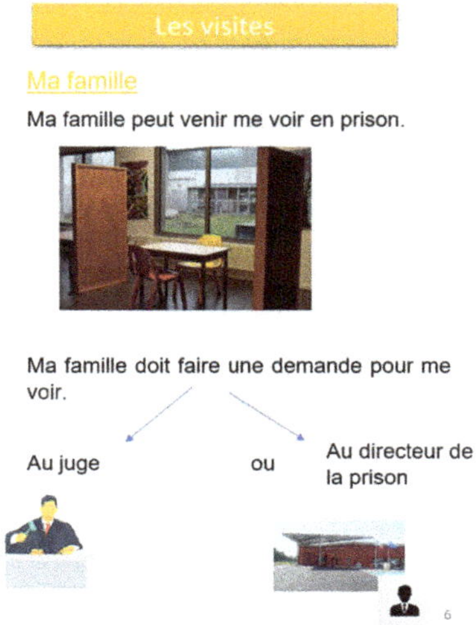
</td></tr>
<tr><td>Le juge qui a décidé de mon incarcération peut demander que le courrier lui soit transmis pour contrôle</td><td>Quelqu’un va lire mon courrier</td></tr>
</table>

6.3. Des supports adaptés pour des adultes en difficulté face à l’écrit : la collection Alt&rité

Les livres de la collection Alt&rité (AsFoReL, 2022)[56] ont été conçus pour apporter une aide dans le (ré)apprentissage de la lecture et de l’écriture à des publics adolescents ou adultes en difficulté par rapport à l’apprentissage de l’écrit (personnes en situation d’illettrisme, allophones ou personnes présentant des déficiences cognitives).

[56] Les livres sont publiés par l’AsFoReL (2022) et disponibles sur le site de l’association : <www.asforel.fr>. La collection tire son nom des modules de formation et d’un référentiel de critères proposés par l’AsFoReL : *Analyse Linguistique de Textes & Rédaction Intelligible de Types d’Écrit*. Les modules de formation traitent des principes linguistiques de la rédaction de textes adaptés à certains publics pour faciliter leur apprentissage de l’écrit et le référentiel répertorie les critères de simplification.

Ces livres peuvent être des instruments de travail entre un formateur et un apprenant ou constituer des expériences de lecture autonome.

Les sujets abordés dans les neuf histoires évoquent des expériences de la vie quotidienne : sorties, santé, vacances, courses, … et du travail : recherche d'emploi, entretien, chômage, …

La mise en page et la typographie reprennent les préconisations du FALC :

- Format facile à manipuler (A5)
- Texte sous illustration
- Pages numérotées
- Police facile à lire *(Century gothic)*
- Taille de police suffisante (14)
- Page numérotée
- Alignement à gauche
- Retour à la ligne à chaque phrase pour les histoires 1 et 2

Le matin dans l'immeuble,
il y a du bruit dans l'escalier.
Un nouveau locataire emménage
au quatrième étage.

2 ABOU A TROUVÉ UN APPARTEMENT · ALT&RITÉ · N° 2

La rédaction des textes s'est appuyée sur les critères dégagés grâce aux recherches en linguistique de l'acquisition et en syntaxe du français parlé.

Pour faciliter la compréhension, l'objectif est de faire le pont entre les variantes orales des apprenants et celles d'un texte écrit qui relèvent de l'écrivable : les textes comportent des formulations à l'intersection entre le registre de la conversation ordinaire et celui d'une narration orale explicite et structurée. De plus, la fréquence des éléments dans les corpus de référence du français parlé a constitué la base de choix des unités lexicales et syntaxiques.

Voici en résumé quelques critères de base pour l'écriture de ces livres :

- Récits à la troisième personne, les personnages sont identifiés par leur prénom. Ces prénoms sont repris au début du texte de chaque nouvelle page. Par exemple :
  - Page 1 : Ce matin, **Ali** va à Pôle Emploi. **Il** cherche un nouveau travail. **Il** est au chômage depuis 15 jours.
  - Page 2 : **Ali** a rendez-vous avec une conseillère. Ensemble, ils regardent les offres d'emploi.
  - Page 3 : **Ali** explique à la conseillère : « J'ai travaillé 5 mois à la Mairie. Je travaillais dans les espaces verts. Mon contrat s'est terminé il y a 15 jours. »
- Pas d'abréviations, d'acronyme, de métaphores, d'initiales, de termes techniques.
- Temps verbaux les plus courants (présent, passé composé, futur proche).
- Questions en « est-ce que » (pas d'inversion sujet-verbe). Par exemple : « Est-ce que vous avez déjà travaillé dans une coopérative ? », « Est-ce que vous êtes d'accord pour commencer la semaine prochaine ? » (Histoire n° 7).
- Des mots potentiellement reconnaissables car ils sont relativement fréquents dans le français parlé. Cependant, certains termes sont spécifiques aux situations évoquées, comme dans l'histoire *Anna va voter*, avec l'utilisation d'une terminologie liée au vote : « le bulletin de vote », « l'isoloir », « l'assesseur », …
- Le nombre d'adjectifs et d'adverbes est plus important dans les histoires où il y a beaucoup de descriptions, notamment dans l'histoire 9 :
  - « Son mari Amadou est en congé **aujourd'hui** et il reste à la maison. » (page 1) ;
  - « En rentrant, elles trouvent que ça sent **drôlement bon** à la maison ! » (page 6).

Toutes les catégories linguistiques ont été utilisées dans les textes, avec des fréquences plus ou moins importantes selon le genre de discours dominant dans l'histoire[57]. Si on compare globalement la proportion des éléments dans les textes de la collection Alt&rité avec ceux présents dans les Corpus d'Étude pour le Français Contemporain (CEFC)[58] et de la littérature[59], on observe qu'ils sont soit plus récurrents, soit moins récurrents. Les pourcentages des catégories grammaticales dans les textes Alt&rité ne se situent jamais entre les pourcentages des deux autres corpus : ils sont soit au-dessus, soit en-dessous. On remarque :

- une proportion plus importante de verbes, de prépositions, de noms et de déterminants dans le corpus Alt&rité que dans les deux autres corpus ;
- une proportion moins importante de pronoms (relatifs, pronoms personnels, démonstratifs), de déterminants, de conjonctions, d'adverbes et d'adjectifs dans le corpus Alt&rité que dans les deux autres corpus (chiffres en gras dans le tableau 9).

Les caractéristiques des textes de la collection Alt&rité ne sont donc pas plus proches de celles de l'un ou l'autre corpus de comparaison. La raison en est que les critères linguistiques pour la rédaction des textes tendent à se rapprocher de variantes écrivables, variantes intermédiaires entre le français parlé et des textes plus littéraires.

Tableau 9 : Répartition des catégories linguistiques par types de corpus

Catégories grammaticales	**Alt&rité** (2800 mots)	**CRFP_PRIVE** (245 835 mots)	**Littérature** (308 257 mots)
Verbes	20,25	17,66	16
Prépositions	15,51	10,75	11
Pronoms relatifs	**1,48**	1,95	2
Pronoms personnels	**7,81**	15,3	10
Pronoms démonstratifs/ indéfinis	**1,51**	2,83	3

(suite)

[57] L'analyse a été réalisée avec le logiciel de textométrie TXM 0.8.2.

[58] [En ligne]. URL : <www.ortolang.fr> (20/05/2024). Nombre de mots pris en compte : 245835.

[59] Corpus de textes littéraires libre de droit de 308257 mots.

Tableau 9 : (*suite*)

Catégories grammaticales	**Alt&rité** (2800 mots)	**CRFP_PRIVE** (245 835 mots)	**Littérature** (308 257 mots)
Noms	28,92	14,71	2
Conjonctions (coordination/ subordination)	**4,23**	7,4	5
Déterminants possessifs/ articles	12,04	11,3	9
Adverbes	**4,2**	9,74	7
Adjectifs	**2,89**	3,8	5

Par ailleurs, ces livres étant des supports d'apprentissage du langage oral et écrit, les histoires suivent une progression dans leur structuration syntaxique : les premiers textes sont rédigés avec uniquement des phrases simples. Progressivement, les textes introduisent des éléments de complexité syntaxique : d'abord des constructions infinitives, puis d'autres constructions complexes qui seront de plus en plus nombreuses (figures 24 et 25).

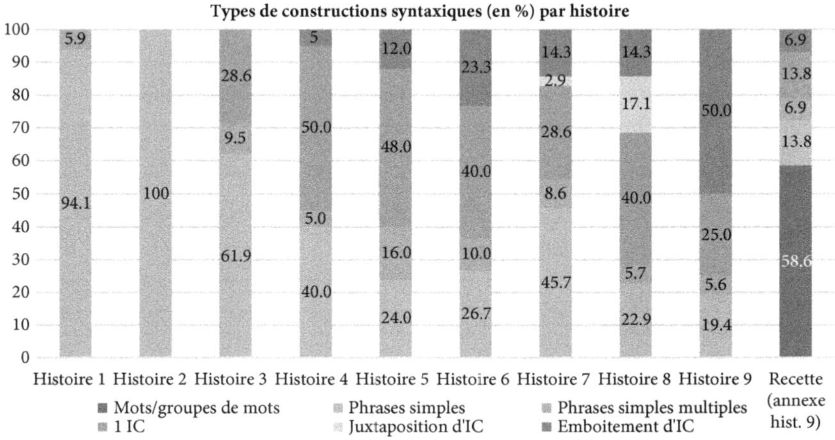

Figure 24 : Types de constructions dans les textes de la collection *Alt&rité*.

Figure 25 : Progression de l'organisation syntaxique dans les textes de la collection *Alt&rité.*

Les histoires de la collection sont également de plus en plus longues (7 pages, puis 10 pages) et les textes sont de plus en plus longs sur chaque page. Le dernière histoire (n°9) comprend une onzième page qui contient une recette de cuisine proposée en annexe (figure 26).

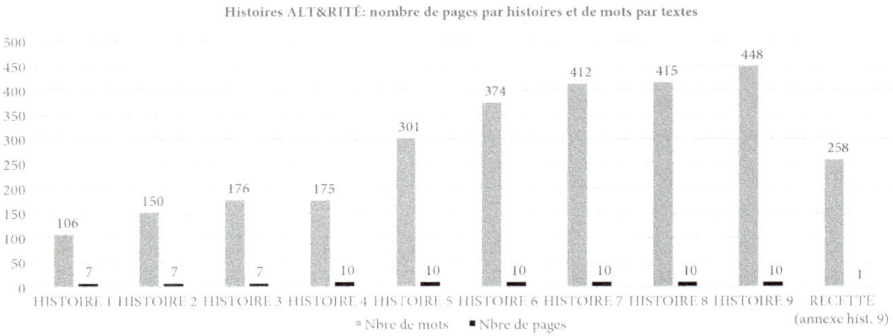

Figure 26 : Longueur des textes de la collection *Alt&rité.*

Ainsi, les livres de cette collection sont utiles :

– *Pour (ré)apprendre à parler*
Dans le cadre d'un (ré)apprentissage, ces livres peuvent être pour le formateur des supports de lecture à haute voix. À partir de cette lecture, des échanges peuvent s'engager : le formateur et l'apprenant peuvent raconter ensemble et discuter des situations (recherche d'emploi, voyage, démarches administratives, etc.) ; en interagissant le formateur donne à l'apprenant l'expérience d'énoncés construits qu'il peut entendre ou rencontrer dans divers écrits et qu'il peut s'approprier pour raconter à son tour l'histoire ou évoquer sa propre expérience.

– *Pour (ré)apprendre à écrire*
Ces livres peuvent fournir des sortes de modèles d'écriture, sur lesquels les apprenants s'appuient pour rédiger leur propre récit. Pour ménager une transition entre la lecture et la production d'écrit, une démarche de dictée au formateur peut être réalisée à partir des illustrations.

Après un certain nombre de lectures par le formateur et de narrations en interaction entre apprenant et formateur, en s'appuyant sur les illustrations, l'apprenant peut raconter l'histoire que le formateur va écrire sous sa dictée tout en interagissant pour l'amener à produire un texte écrivable.

L'apprenant pourra alors lire ce texte qu'il aura pensé lui-même au fil des illustrations.

Il sera aussi capable de retrouver dans ce texte des formulations écrites qu'il pourra utiliser pour créer ses propres écrits.

– *Pour (ré)apprendre à lire*
Ces livres peuvent constituer les premières expériences d'une lecture guidée ou autonome : à mesure que l'apprenant se familiarise avec des formulations de la langue pas trop éloignées de celles de son expérience quotidienne, il peut accéder à leur lecture.

Les acteurs de terrain qui accompagnent des adultes en situation de (ré)apprentissage soulignent la difficulté de trouver des supports adaptés pour un public qui ne maitrise pas (ou peu) la langue française et/ou en difficulté avec l'écrit. Les formateurs qui ont pu utiliser les livres de la collection *Alt&rité* apprécient particulièrement le fait que les histoires ne soient pas trop longues, qu'elles comportent des textes accessibles aux apprenants, et qu'elles permettent d'évoquer des difficultés du quotidien (le travail, les transports, les courses dans les magasins, les actes civiques, l'apprentissage, les relations sociales, …).

Conclusion : poursuivre la réflexion

Nous avons proposé dans cet ouvrage une démarche didactique et pédagogique innovante pour accompagner les personnes fragilisées dans leur (ré)apprentissage de l'écrit, centrée sur les gestes professionnels des formateurs et les pratiques à mettre en œuvre pour travailler l'écrit en s'appuyant sur l'oral, dans un processus continué et situé. Nous avons choisi de faire de la *dictée au formateur* le socle à partir duquel s'articulent les autres apprentissages : production d'écrit, compréhension écrite, étude du code et de la langue, pour deux types de publics, des apprenants de français langue seconde peu ou pas scolarisés antérieurement et des personnes en situation d'illettrisme. Nous avons d'abord exposé les fondements et les principes de cette activité permettant aux apprenants de construire avec l'aide du formateur un texte qui s'appuie sur la verbalisation d'un oral écrivable (que le formateur peut écrire tel quel), pour ensuite montrer comment elle peut être utilisée en formation, en groupe ou en situation individualisée.

Focaliser sur cette activité découle du fait que les approches actionnelles et communicatives plébiscitées en FLE ne sont pas toujours opérantes dès lors qu'il faut entrer dans le processus d'alphabétisation. La dictée au formateur permet un accès à la littéracie en contexte, s'appuyant sur l'usage de variantes langagières qui ne relèvent pas d'un français normé mais d'un français que les apprenants peuvent s'approprier à un stade d'acquisition donné. À l'instar de la dictée à l'adulte pour l'apprentissage du français langue première, la dictée au formateur est particulièrement efficace pour amener les apprenants à faire le pont entre ce qu'ils peuvent dire et ce qu'ils peuvent écrire, et à réaliser une activité métalinguistique, qui prend sens sur des pratiques langagières effectives.

Cette démarche s'appuie sur une expertise que nous avons acquise dans différentes situations et avec différents publics depuis plusieurs années, en particulier dans le cadre du dispositif expérimental *MigraFLE* à Lille (voir chapitre 5). Nous avons notamment pu observer et identifier les difficultés linguistiques spécifiques (et les processus cognitivo-langagiers qui les sous-tendent) rencontrées par les apprenants pour apprendre une autre langue à l'oral et à l'écrit, en raison du fait qu'ils avaient été peu ou pas scolarisés antérieurement ou qu'ils avaient été en échec dans leur apprentissage de l'écrit dans leur première langue. Nous en avons déduit la nécessité de construire un parcours de formation cohérent, sans dissocier l'oral de l'écrit, la compréhension de la production, le lexique de la syntaxe, la rédaction de l'étude de la langue et de la grammaire, en proposant une progression d'un module à l'autre et en intégrant l'interculturalité comme base de travail dans toutes les thématiques.

Ce parcours de formation à destination des formateurs sera prochainement disponible sur une plateforme numérique, permettant de visualiser et tester toute la démarche exposée ici[60].

De nos différentes expériences sur le terrain, nous avons également pu mesurer l'importance de fournir aux apprenants des supports ou des consignes en langage simplifié pour faciliter l'accès à la compréhension (voir chapitre 6). Ce travail a notamment donné lieu à l'élaboration récente d'un référentiel de critères : Alt&rité, pour la production de textes accessibles, permettant de cibler les éléments linguistiques et typographiques à utiliser préférentiellement, et constituant de ce fait un outil précieux pour le formateur[61].

Dans un souci de contribuer à la formation des professionnels et de toute personne qui intervient auprès des publics en situation de vulnérabilité face à l'écrit, nous espérons que cet ouvrage et les outils qui en découlent permettront de combler en partie le manque de ressources en la matière.

---

60 Projet de pré-maturation CNRS ModE-FLI : <https://migralang.hypotheses.org/>

61 Canut E. et Husianycia M., 2023. *Guide alt&rité. Référentiel pour l'Analyse Linguistique de Textes et la Rédaction Intelligible de Types d'Écrits*. AsFoReL (Association de formation et de Recherche sur le Langage). Disponible sur simple demande à l'AsFoReL (<www.asforel.fr>)

Bibliographie

Abdallah-Pretceille, Martine (1982). *Des Enfants non-francophones à l'école : quel apprentissage ? Quel français ?* Paris : A. Colin-Bourrelier.

Adami, Hervé (2020). *Enseigner le français aux adultes migrants*. Paris : Hachette FLE.

Adami, Hervé (2007). Le niveau de scolarisation des migrants : un facteur déterminant dans le processus d'intégration. In : Archibald, James & Chiss, Jean-Louis (eds.) *La langue et l'intégration des immigrants*. Paris : L'Harmattan, 71-83.

Ager, Alastair & Strang, Alison (2008). Understanding Integration: A conceptual Framework. *Journal of refugee Studies* 21/2, 166-191.

Ahrens, Sarah & Fioravanti, Chiara (2022). Cultural implications in Easy Language texts for migrants. Theoretical considerations and insights from practice in Germany and in Italy. *Trans-kom* 15/2, 270-292.

Amit, Karin (2010). Determinants of life satisfaction among immigrants from Western countries and from the FSU in Israël. *Social indicators Research* 96/3, 515-534.

Amit, Karin & Riss, Ilan (2014). The Subjective Well-Being of Immigrants: Pre- and Post-migration. *Social Indicator Research* 119, 247-264.

Armagnague, Maïtena (2019). La « boîte noire » de l'allophonie : la construction d'une segmentation scolaire ethnico-raciale des migrants. *Migrations Société* 2/176, 33-47.

Barrot, Jean-Noël & Dupont, Stella (2020). Rapport d'information relatif à l'intégration professionnelle des demandeurs d'asile et des réfugiés.

Article en ligne : <https://www.assemblee-nationale.fr/dyn/15/rapports/cion_fin/l15b3357_rapport-information>.

Barth, Britt-Mari (1987). *L'Apprentissage de l'abstraction.* Paris : Retz.

Beacco, Jean-Claude, Krumm, Hans-Jürgen, Little, David & Thalgott, Philia (2017). *L'intégration linguistique des migrants adultes. Les enseignements de la recherche.* Strasbourg : Conseil de l'Europe.

Beaugrand, Céline (2024). Le développement de la conscience phonologique : un prérequis indispensable pour une entrée réussie dans l'écrit. [en ligne]. Url : <https://fli.atilf.fr/avril-2024-le-developpement-de-la-conscience-phonologique-un-prerequis-indispensable-pour-une-entree-reussie-dans-lecrit/>

Beaugrand, Céline, Jourdain, Morgane (à paraitre). Les manuels de langue comme support d'enseignement pour des adultes migrants : une offre éditoriale adaptée ? In : Canut, Emmanuelle, Delahaie, Juliette (eds.) *L'accompagnement des publics en exil. Problèmes de langue et de communication.* Lille : Presse universitaire du Septentrion.

Beaugrand, Céline, Lecocq, Bertrand, Bigot de Préameneu, Sophie (2018). *Entrer dans la lecture FLS : apprendre à lire le français aux élèves allophones.* Poitiers : Réseau Canopé.

Bianco, Maryse (2015). *Du langage oral à la compréhension de l'écrit.* Grenoble : Presse universitaire de Grenoble.

Blanche-Benveniste, Claire (1997). *Approches de la langue parlée en français.* Paris : Ophrys.

Borel-Maisonny, Suzanne (1960/2019). *Langage oral et écrit. Pédagogie des notions de base.* Neufchatel : Delachaux et Niestlé.

Bretegnier, Aude (2011). Formation linguistique en contextes d'insertion : Champ, publics, approches didactiques. *Savoirs et Formation. Recherches et Pratiques* 2, 12-26.

Brouwers, Laetitia, Bernhard, Delphine, Ligozat, Anne-Laure & François, Thomas (2012). Simplification syntaxique de phrases pour le français. In: Antoniadis, Georges, Blanchon, Hervé & Sérasset, Gilles (éds.) *Proceedings of the Joint Conference JEP-TALN-RECITAL 2012.* France : Grenoble, 211-224.

Burgat, Sandrine (2007). *Approche directe de l'écrit chez l'apprenant sourd dans une perspective bilingue : analyse longitudinale d'une expérimentation de dictée à l'expert en LSF conduite auprès de cinq enfants sourds*. Thèse de doctorat en Sciences du langage. Université Paris 8.

Byram, Michael, Gribkova, Bella & Starkey, Hugh (2002). *Développer la dimension interculturelle dans l'enseignement des langues : une introduction pratique à l'usage des enseignants*. Strasbourg : Conseil de l'Europe, téléchargeable sur le site <www.coe.int>.

Canut, Emmanuelle (éds.) (2006). *Apprentissage du langage oral et accès à l'écrit. Travailler avec un chercheur dans l'école*. Académie d'Amiens : Scéren.

Canut, Emmanuelle (2011). Apprendre à parler pour apprendre à lire et à écrire. Pour une théorisation de la question linguistique du passage de l'oral vers l'écrit. In : FNAME (éds.) *Mémoire, Langages et apprentissage*. Paris : Retz, 89-113.

Canut, Emmanuelle (2016). Apprentissage d'une langue seconde et co-construction du sens : la démarche didactisée de la dictée à l'expert. *Orbis Linguarum* 45, 7-20.

Canut, Emmanuelle (2018a). Produire des discours narratifs et explicatifs (aux cycles 1 et 2) en dictée à l'adulte : de la théorie à la pratique. *Recherches* 68, 63-82.

Canut, Emmanuelle (2018b). Pratiquer la dictée à l'expert avec des migrants : médiation de l'enseignant dans l'apprentissage du langage oral et écrit. *Le Langage et l'Homme* 53/2, 51-73.

Canut, Emmanuelle & Del Olmo, Claire (2018a). Expérience d'accès au français oral et écrit pour des mineurs en situation irrégulière. *CIRHILLa* 44, 69-94.

Canut, Emmanuelle & Del Olmo, Claire (2018b). Accès à la littératie par l'activité de « dictée à l'adulte/à l'expert » avec des apprenants allophones : le cas de migrants en situation irrégulière en France. *Forum Lectures* 2. Article en ligne : <https://www.forumlecture.ch/sysModules/obxLeseforum/ Artikel/636/2018_2_fr_canut_del_olmo.pdf>.

Canut, Emmanuelle & Delahaie, Juliette (éds.) (2018). Migrants et apprentissage des langues. Pratiques pédagogiques et approches didactiques innovantes (France, Belgique, Québec). *Le Langage et l'Homme* 53/2.

Canut, Emmanuelle, Delahaie, Juliette & Husianycia, Magali (2020). Vous avez dit FALC ? Pour une adaptation linguistique des textes destinés aux migrants nouvellement arrivés. *Langage & Société* 171, 171-201.

Canut, Emmanuelle, Fuchs, Julia, Delahaie, Juliette, Husianycia, Magali & Torres, Olivier (2023). 'Easy Language' for migrants in France: looking for linguistic criteria. *International Journal of Applied linguistic*. Article en ligne : <https://doi.org/10.1075/itl.22002.can>.

Canut, Emmanuelle & Guillou, Mireille (2017). *Pratiquer la dictée à l'adulte. De l'oral vers l'écrit*. Paris : Retz.

Catach, Nina (1986). *L'orthographe française*. Paris : Nathan.

Chartier, Anne-Marie, Clesse, Christiane & Hébrard, Jean (1998/1991). *Lire Ecrire. Fascicule 1 « Entrer dans le monde de l'écrit ». Fascicule 2 « Produire des textes »*. Paris : Hatier.

Chassin, Catherine-Amélie, Korsakoff, Alexandra, Mauger-Vielpeau, Laurence (2020). La vulnérabilité des migrants. *Cahiers de la recherche sur les droits fondamentaux* 18, 55-63.

Chaves, Rose-Marie, Favier, Lionel & Pélissier, Soizic (2012). *L'interculturel en classe*. Grenoble : Presses Universitaires de Grenoble.

Chiss, Jean-Louis (2008). *Immigration, école et didactique du français*. Paris : Didier.

Clesse, Christiane (1977). Apprendre à lire en parlant. In : Lentin, Laurence (éd.) *Du parler au lire*. Paris : ESF, 91-151.

Cohen-Emerique, Margalit (2015). *Pour une approche interculturelle en travail social*. Paris : Presses de l'EHESP.

Conseil de l'Europe (2011). *Cadre européen commun de référence pour les langues*. Paris : Didier.

Conseil de l'Europe (2014). *L'intégration linguistique des migrants adultes : d'un pays à l'autre, d'une langue à l'autre*. Strasbourg : Conseil de l'Europe.

Coste, Daniel, Moore, Danièle & Zarate, Geneviève (1997). Compétence plurilingue et pluriculturelle. Strasbourg : Conseil de l'Europe.

Cuq, Jean-Pierre (1991). *Le français langue seconde. Origines d'une notion et implications didactiques*. Paris : Hachette.

Cuq, Jean-Pierre (dir.) (2003). *Dictionnaire de didactique du français langue étrangère et seconde*. Paris : CLE International.

Culioli, Antoine (1981). *Systèmes de représentations linguistiques et métalinguistiques*. Paris : Collection ERA 642, Numéro spécial.

Dabène, Louise (1994). *Repères sociolinguistiques pour l'enseignement des langues*. Paris : Hachette.

David, Jacques (1991). La dictée à l'adulte ou comment de jeunes enfants oralisent l'écrit. *Etudes de Linguistique Appliquée* 81, 7-19.

Dehaene, Stanislas, Cohen, Laurent, Morais, José & Kolinsky, Régine (2015). Illetrate to literate: behavioral and cerebral changes induced by reading acquisition. *Nature Reviews Neurosciences*, vol.16, 234–244.

Delefosse, Jean-Marie Odéric (1984). Maitrise du langage oral et écrit chez l'adolescent en difficulté scolaire. In Lentin, Laurence (éd.). *Recherches sur l'acquisition du langage*. Paris : PSN, 181-197.

Delefosse, Jean-Marie Odéric (1991a). La dictée à l'adulte : une pratique conduisant à la maitrise du lire/écrire. *Rééducation* Orthophonique 29(165), 69-81.

Delefosse, Jean-Marie Odéric (1991b). Passage à l'écrit et formation d'adultes. *L'Acquisition du Langage Oral et Ecrit* 26, 37-48.

Delefosse, Jean-Marie Odéric (1991c). Apprenants tardifs et/ou en difficulté : une réinsertion possible dans l'écrit. *Revue du CERFOP* 6, 177-185.

Delefosse, Jean-Marie Odéric (éd.) (1993). *Par l'écriture. Réinsertion dans l'écrit des publics hétérogènes*. Paris : Presses de la Sorbonne Nouvelle.

Delefosse, Jean-Marie Odéric (1997). Parler l'écrit pour accéder à la littératie. In : Andrieux, Francis, Besse, Jean-Marie & Falaize, Benoit (éds.) *Illettrismes : quels chemins vers l'écrit ?* Paris : Magnard, 260-270.

Dewaele, Jean-Marc, Sevinç, Yesim (2017). La double anxiété langagière des immigrants. *Babylonia Journal of Language Education* 1, 26–29.

Dixon, Carol & Nessel, Denise (1983). *Language experience approach to reading (and writing): Language-experience Reading for Second Language Learners*. San Fransisco : Alemany.

Dorr, Roberta (2006). Something old is new again: Revisiting language experience. *The Reading Teacher* 60/2, 138-146.

Échappé, Olivier (2023). Les personnes vulnérables en droit français. *L'Année canonique* LXIII, 7-21. Article en ligne : <https://www.cairn.info/revue-l-annee-canonique-2023-1-page-7.htm>.

Ecalle, Jean & Magnan, Annie (2010/2021). *L'apprentissage de la lecture et ses difficultés*. Paris : Dunod.

Escoufier, Dorothée, Marhic, Philippe & Talbot, Elodie (2013). *Ensemble. Cours de français pour migrants*. Paris : CLE International.

Favre, Catherine 2015. Comment prendre en compte la dimension émotionnelle dans la relation pédagogique ?. *Le journal de l'Alpha* 197, 60-68.

Fayol, Michel (2020) [3e édition]. *L'acquisition de l'écrit*. Paris : PUF.

Fayol, Michel (2007). La production de textes et son apprentissage. In : ONL *Les journées de l'ONL*, Paris : Observatoire National de la Lecture., 21-34.

Fayol, Michel, Grimaud, Frédérique, Jacquier, Marianne (2013). Une expérience d'enseignement explicite de l'orthographe lexicale. *Apprentissage neuropsychologique des apprentissages chez l'enfant* 123, 156-163.

Fayol, Michel & Garcia-Debanc Claudine (2002). Apports et limites des modèles du processus rédactionnel pour la didactique de la production écrite. *Pratiques* 115/116, 37-50.

Fernandez, Adrien & Giraudeau-Barthet, Hugo (2023). Journée défense et citoyenneté 2022 : plus d'un jeune Français sur dix en difficulté de lecture. *Note d'Information DEPP* 23.22, 1-4.

Fijalkow, Jacques (2003). Pourquoi et comment articuler l'apprentissage de la lecture avec celui de la production d'écrit aux différentes étapes de la scolarité primaire ? Communication présentée lors du *consensus Programme incitatif de recherche en éducation et formation [PIREF] sur l'enseignement de la lecture à l'école primaire*, Paris.

Gadet, Françoise (1996). Niveaux de langue et variation intrinsèque. *Palimpsestes* 10, 17-40.

Giasson, Jocelyne (1990). *La compréhension en lecture*. Montréal : Gaëtan Morin Éditeur.

Gobin, Pamela., Baltazart, Véronique., Somoës-Perlant, Aurélie., Stefaniak, Nicolas (2021). *Emotions et apprentissages.* Paris : Dunod.

Gombert, Jean-Émile (1996). Activités métalinguistiques et acquisition du langage. *Acquisition et interaction en langue étrangère* 8, 41-55.

Gombert, Jean-Émile & Collé, Pascale (2000). Activités métalinguistiques, lecture et illettrisme. In : Kail, Michèle & Fayol, Michel (éds.) *L'acquisition du langage*. Paris : PUF, 117-150.

Gonzales, Lisa (2021). Development of copying skills in L2 Adults English learners with emergent print literacy. *Journal of Second Language Writing* 51, <https://doi.org/10.1016/j.jslw.2021.100790>.

Grabar, Natalia, Farce, Emmanuelle & Sparrow, Laurent (2018). Étude de la lisibilité des documents de santé avec des méthodes d'oculométrie. In : *Actes de la Conférence TALN*. Rennes, 1-15.

Guernier, Marie-Cécile, Lachaud Marie-Hélène, Sautot Jean Pierre (2017). Conceptions linguistiques et méthodes pédagogiques : quelle efficience pour l'intégration des adultes migrants ?, In : Beacco, Jean-Claude, Krumm, Hans-Jürgen, Little, David, Thalgott, Philia (eds.) *L'intégration linguistique des migrants. Les enseignements de la recherche*, Berlin : De Gruyter Mouton, 403-409.

Guedat-Bittighoffer, Delphine, Dat, Marie-Ange (2018). Adolescents allophones et processus de compréhension : le rôle des émotions. In : Bardal-Massuy, Françoise *Emotissage. Les émotions dans l'apprentissage des langues*. Louvain-la-Neuve : Presses universitaires de Louvain, 17-27.

Guillou, Mireille (1988). La « dictée à l'adulte » en grande section d'école maternelle. In : Lentin, Laurence (éd.) *Recherches sur l'acquisition du langage*. Paris : Presses de la Sorbonne Nouvelle, 163-183.

Hansen-Schirra, Silvia & Maaß, Christiane (2020). *Easy Language Research: Text and Users Perspectives*. Berlin: Frank & Timme.

Hayes John R. & Flower, Linda (1980). Identifying the organization of writing processes. In : Gregg, Lee W. & Steinberg, Erwin R. (éds.) *Cognitive processes in writing*. Hillsdale NJ : Lawrence Erlbaum, 3-30.

Hazard, Marie-Claire (2009). *Consistance orthographique et construction du lexique chez l'enfant d'âge scolaire*. [Thèse de doctorat, Université Nice Sophia Antipolis]. TEL archives ouvertes (0471747).

Hilton, Heather (2022). *Profession enseignant - Enseigner les langues avec l'apport des sciences cognitives*. Paris : Hachette Education.

Huey, Edmund Burke (1908). *The psychology and pedagogy of reading*. New York: Macmillan.

Hughes, Nora & Schwab Irène (2010). *Teaching Adult Literacy. Principles and Pratice*. London: Open University Press.

Iglésis, Thomas, Verdier, Claire, Motron, Annie-Claude & Charliac, Lucile (2012). *Trait D'union. Méthode de français pour migrants*. Paris : Cle International.

Jaffre, Jean-Pierre (2004). La litéracie : histoire d'un mot, effets d'un concept. In : Barré-De Miniac, Christin, Brissaud, Catherine & Rispail, Marielle (éds.) *La Littératie. Conceptions théoriques et pratiques d'enseignement de la lecture-écriture*. Paris : L'Harmattan, 21-41.

Javourey-Drevet, Ludivine, Dufau, Stéphane, François, Thomas, Gala, Núria, Ginestié, Jacques & Ziegler, Johannes (2022). Simplification of literary and scientific texts to improve reading fluency and comprehension in beginning readers of French. *Applied Psycholinguistics* 43, 485-512.

Kolinsky, Régine, Leite, Isabel, Carvalho, Cristina, Franco, Ana & Morais, José (2017). Completely illiterate adults can learn to decode in 3 months. *Reading & Writing* 31, 649–677.

Kolinsky, Régine, Morais, Jose., Cohen, Laurent & Dehaene, Stanislas (2018). Les bases neurales de l'apprentissage de la lecture. *Langue française* 199, 17-33.

Kramsch, Claire (1998). *Language and culture*. Oxford : Oxford University Press.

Leclercq, Véronique (2014). La notion de littéracie dans le champ des formations de base pour adultes : référence explicite ou influence diffuse ? *Revue de recherches en éducation* 53, 99-109.

Leclercq, Véronique & Vicher, Anne (2012). Étude sur les usages des référentiels dans la formation linguistique de base. *Lidil* 45, 93-105.

Lentin, Laurence (1977). *Du parler au lire. Interaction entre l'adulte et l'enfant*. Paris : ESF.

Lentin, Laurence (1988). La dépendance de l'écrit par rapport à l'oral : paramètre fondamental de la première acquisition du langage. In : Catach, Nina (éd.) *Pour une théorie de la langue écrite*. Paris : CNRS, 113-121.

Lentin, Laurence (1998). *Apprendre à penser, parler, lire, écrire*. Paris : ESF.

Lindholm, Camilla & Vanhatalo, Ulla (éds.) (2021). *Handbook of Easy Languages in Europe*. Berlin : Frank & Timme.

Lochmann, Alexia, Rapoport, Hillel & Speciale, Biagio (2019). The effect of language training on immigrants' economic integration: Empirical evidence from France. *CESifo Working Paper Series*, 6460. <http://dx.doi.org/10.2139/ssrn.2978559>.

Marchadour, Matthieu (2023). Allophones de France : réflexions sur l'idée d'une altérité linguistique à sens unique. *Glottopol* 39, 46-67.

Maroun, Elie (2022). Illectronisme et illettrisme : la question des compétences minimales pour maitriser les outils numériques. *Informations sociales* 205, 33-37.

Maaß, Christiane (2020). *Easy Language, Plain Language, Easy Language Plus. Balancing Comprehensibility and Acceptability*. Berlin: Frank & Timme.

Minuz, Fernanda, Kurvers, Jeanne, Schramm, Karen, Rocca, Lorenzo, Naeb, Rola, (2022). *Literacy Second Language Learning for the Linguistic Integration of Adult Migrants*. Strasbourg : Conseil de l'Europe.

Nelson, Olga & Linek, Wayne (éds.) (1999). *Practical classroom applications of language experience: looking back, looking forward*. Boston: Allyn & Bacon.

Nessel, Denise & Jones, Margaret (1981). *The language-experience approach to reading: the handbook for teachers*. New-York: Teachers College Press.

Nessel, Denise & Dixon, Carol (2008). *Using the Language Experience Approach with English Language Learners. Strategies for Engaging Students and Developing Literacy*. California: Corwin Press.

Nootens, Pascale, Morin, Marie-France & Montesinos-Gelet, Isabelle. (2012). La différenciation pédagogique du point de vue d'enseignants québécois : quelles différences pour les pratiques d'enseignement en contexte d'entrée dans l'écrit ? *Revue Canadienne de l'éducation* 35/2, 268-284.

Ochs, Elinor (1979). Planned and Unplanned Discourse. In : Givon, Talmy (ed.) *Discourse and Syntax*. New York: Academic Press, 43-72.

Olson, David (2006). Littératie, scolarisation et cognition. Quelques implications de l'anthropologie de Jack Goody. *Pratiques* 131/132, 83-94.

Pekarek-Doehler, Simona (2000). Approches interactionnistes de l'acquisition des langues étrangères : concepts, recherches, perspectives.

Acquisition et interaction en langue étrangère 12. Article en ligne : <http://aile.revues.org/934>.

Peyton, Joy Kreeft & Young-Scholten, Martha (2020). *Teaching Adult Immigrants with Limited Formal Education: Theory, Research and Practice.* Bristol: Multilingual Matters.

Rébard, Marie-Thérèse (1987). *Un apprentissage personnalisé de la langue écrite. La dictée à l'adulte. L'énonciation écrite*. Paris : Presses de la Sorbonne Nouvelle.

Rébard, Marie-Thérèse (1984). Dictée à l'adulte et énonciation écrite au C.P. Etude linguistique. In : Lentin, Laurence (ed.) *Recherches sur l'acquisition du langage*. Paris : Presses de la Sorbonne Nouvelle, 169-180.

Riou, Jérôme (2023). Enseigner la lecture : lecture, écriture, compréhension. Paris : Retz.

Royer, James M., Abadzi, Helen & Kinda, Jules (2004). The Impact of phonological-awareness and rapid-reading training on the reading skills of adolescent and adult neoliterates. *International review of education* 50/1, 53-71.

Silvestre de Sacy, Clotilde (1960). *Bien lire et aimer lire*. Paris : ESF.

Smith, Nila Banton (1967). *American reading instruction*. Newark, Del.: International Reading Association.

Sosinski, Marcin (2020). Reading from a Psycholinguistic Perspective. In : Kreeft, Peyton Joy. & Young-scholten, Martha (éds.) *Teaching Adult Immigrants with Limited Formal Education*. Bristol : Multilingual Matters, 30-51.

Sprenger-Charolles, Liliane (2017). Une progression pédagogique construite à partir de statistiques sur l'orthographe du français (d'après Manulex-Morpho) : pour les lecteurs débutants et atypiques. *ANAE* 148, 247-256.

Sprenger-Charolles, Liliane & Colé, Pascale (2006). *Lecture et dyslexie. Approche cognitive*. Paris : Dunod.

Storup, Bérangère, Millot, Glen & Neubauer Claudia (2013). La recherche participative comme mode de production de savoirs. Un état des lieux des pratiques en France. *Rapport de la Fondation Sciences Citoyennes*. Paris : Sciences Citoyennes.

Taché, Aurélien, Fourcade, Sabine, Hesse, Catherine & Babilotte, Justin (2018). *72 propositions pour une politique ambitieuse d'intégration des étrangers arrivant en France*. Rapport remis le 19 février 2018. Document en ligne : <https://www.vie-publique.fr/rapport/37165-72-propositions-pour-une-politique-ambitieuse-dintegration-des-etrangers>.

Tarone, Elaine (2010). Second language acquisition by low-literate learners: An under-studied population. *Language Teaching* 43/1, 75–83.

Thévenaz-Christen, Thérèse (2012). La dictée à l'adulte : Une puissante machine pour entrer dans l'écrit et produire un genre textuel. *Forumlecture.ch, 2.* Article en ligne : <http://www.forumlecture.ch/thevenaz christen_2012_2.cfm>.

Tiberghien, Véronique, Bellegarde, Katell (2015). Appropriation de l'écrit par des adultes faibles lecteurs et faibles scripteurs : rôle des conceptions de la langue et de son apprentissage. In : *S'approprier le français Pour une langue conviviale*. Actes de colloque. Louvain-la-Neuve : De Boeck Supérieur, 129-144.

Torunczyk, Anne (2000). *L'apprentissage de l'écrit chez les adultes. Cheminements du savoir lire-écrire*. Paris : L'Harmattan.

Verdelhan-Bourgade, Michèle (2002). *Le français de scolarisation*. Paris : PUF.

Vicher, Anne, Adami, Hervé, Bergère, Amandin, Étienne, Sophie, Lambert, Pascal, Poirrier, Gaële & Verdier, Claire (2011). *Référentiel Français Langue d'Intégration*. Paris : Direction de l'Accueil, de l'Intégration et de la Citoyenneté.

Vigner, Gérard (1992). Le français langue de scolarisation. *Études de Linguistique Appliquée* 88, 39-53.

Vigner, Gérard (2009). *Le français Langue seconde*. Paris : Hachette Education.

Uzé, Madeleine (1984). *Un apprendre à lire-écrire tardif chez des adultes dits « handicapés mentaux »*. Paris : Presses de la Sorbonne Nouvelle.

Uzé, Madeleine (1989). *Je parle donc je lis. Vaincre l'illettrisme avec les livrets On y va !* Paris : Fleurus.

Wurr, Adrian (2002). Language experience approach revisited: The use of personal narratives in adult L2 literacy instruction. *The Reading Matrix*

Vol. 2/1. Article en ligne : <https://www.readingmatrix.com/articles/wurr/article.pdf>

Zarate, Geneviève (1986). Enseigner une culture étrangère. Paris : Hachette.

Ziegler, Johannes, Montant, Marie (2005). Le développement de la lecture dans différentes langues : un problème de taille. *Le Langage et l'homme* 40/2, 149-161.

Champs didactiques plurilingues : données pour des politiques stratégiques

La collection *Champs didactiques plurilingues* vise à promouvoir les travaux et recherches autour de l'enseignement / apprentissage des langues étrangères autour du triple ancrage sujets – objets – contextes et de leurs dynamiques propres et interagissantes. La collection se déploie sur trois volets: "La recherche en mouvement" destiné aux chercheurs, aux étudiants-chercheurs et aux praticiens-chercheurs; "Savoirs pour savoir faire" destiné plus particulièrement aux étudiants, aux praticiens et aux décideurs; "Échanges de la recherche" pour des articles écrits à partir de communications de colloques et congrès. *Champs didactiques plurilingues* publie des livres en anglais, français, espagnol ou portugais.

Directeur de collection : Patrick Chardenet

Comité scientifique

Ouvrages parus

Savoirs pour savoir faire

Vol. 1 – Laurent Puren et Bruno Maurer (dir.), *La crise de l'apprentissage en Afrique francophone subsaharienne. Regards croisés sur la didactique des langues et les pratiques enseignantes*. 2018.

Vol. 3 – Kaouthar Ben Abdallah et Mohamed Embarki, *Éducation et formation en contexte plurilingue maghrébin. Problématiques entre didactique et politique linguistique éducative*. 2020.

Vol. 4 – Maria Helena Araújo e Sá & Carla Maria Ataíde Maciel (eds.), *Interculturalidade e plurilinguismo nos discursos e práticas de educação e formação. Contextos pós-coloniais de língua portuguesa*. 2021.

Vol. 9 – Haydée Silva (dir.), *Regards sur le jeu en didactique des langues et des cultures. Penser, concevoir, évaluer, former*. 2022.

Vol. 10 – Jean-Marc Mangiante et Chantal Parpette (dir.), *État de la recherche en FOS et en FOU*. 2022.

Vol. 16 – Jonathan-Olivier Merlo, *Par monts et par mots. Pour un itinéraire sociolinguistique de la francophonie*. 2023.

Vol. 23 – Freiderikos Valetopoulos, Nicoleta Laura Popa and Rebeca Hernández (eds.), *Linguistic and intercultural landscapes in the European Higher Education*. 2025.

Vol. 25 – Emmanuelle Canut, Céline Beaugrand, Juliette Delahaie et Magali Husianycia, *(Ré)apprendre à lire et à écrire à des publics vulnérables. De la dictée au formateur à la maitrise de l'écrit*. 2026.

Vol. 27 – Christian Ollivier & Silvia Melo-Pfeifer (dir./eds.), *Encyclopédie de l'éducation plurilingue / Encyclopaedia of plurilingual education*. 2026.

Vol. 28 – Maria José Grosso, Jing Zhang, Catarina Gaspar and Madalena Teixeira. *Teaching Portuguese as Foreign Language in China*. 2026.

La recherche en mouvement

Vol. 2 – Jue Wang Szilas, *Apprendre des langues distantes en eTandem. Une étude de cas dans un dispositif universitaire sino-francophone.* 2020.

Vol. 5 – Pierre Demers, *Elements of Second and Foreign Languages Teaching to Indigenous Learners of Canada. Theories, Strategies and Practices.* 2021.

Vol. 6 – Francisco Lorenzo, Virginia de Alba Quiñones, Olga Cruz-Moya (eds.), *El español académico en L2 y LE. Perspectivas desde la educación bilingüe.* 2022.

Vol. 7 – Zehra Gabillon, *Apprentissage de langues additionnelles dans un cadre scolaire plurilingue. Langues autochtones, étrangères, régionales et patrimoniales.* 2022.

Vol. 8 – Marie-Anne Châteaureynaud, *Sociodidactique du plurilinguisme et de l'altérité inclusive. Des langues régionales aux langues des migrants.* 2022.

Vol. 11 – Rita Carol, *Enseigner une matière scolaire dans une langue étrangère. Des théories aux pratiques.* 2022.

Vol. 12 – Zehra Gabillon, *Learning additional languages in plurilingual school settings. Autochthonous, foreign, regional andheritage languages.* 2022.

Vol. 13 – Marie-Anne Chateaureynaud and Peter John (eds.), *LSP Teacher Training Summer School. The TRAILs project.* 2023.

Vol. 14 – Maria Helena Araújo e Sá, Paulo Feytor Pinto, & Susana Pinto (eds.), *Mobilidade internacional de estudantes do ensino superior na CPLP: questões de língua e cultura.* 2023.

Vol. 17 – Maria Francesca Bonadonna, *Didactique du lexique et corpus numériques pour le Français L2. Des applications pour le commerce et le marketing digital.* 2023.

Vol. 19 – Cécile Bruley & Lucile Cadet (dir.), *Enseigner le Français en contexte migratoire: ingénieries, littératie, inclusion.* 2024.

Vol. 20 – Iva Dedková, *D'une langue à l'autre. Étude comparative sur les transferts linguistiques en situation d'acquisition du français et de l'espagnol.* 2024.

Vol. 21 – Jésabel Robin, Simone Ganguillet (dir./Hrsg.), *La mobilité dans la formation des enseignant.e.s en Suisse: quelles conceptions scientifiques pour quels défis didactiques?/Mobilität in der schweizerischen Lehrer:innenbildung: Wissenschaftliches Verständnis und didaktische Herausforderungen?.* 2024.

Vol. 22 – Francisco J. Álvarez-Gil, Elena Quintana-Toledo and Margarita-Esther Sánchez-Cuervo (Eds.), *The intercultural dimension in language learning: some cases studies.* 2025.

Vol. 24 – Audrey Renson, *Enseigner le débat en classe d'anglais.* 2026.

Échanges de la recherche

Vol. 15 – Fryni Kakoyianni-Doa et Sofia Stratilaki-Klein (dir), *Discours et représentations grammaticales du Français Langue Étrangère.* 2023.

Vol. 18 – Kaouthar Ben Abdallah et Dana Di Pardo Léon-Henri (dir.), *De l'appropriation langagière en contextes plurilingues et pluriculturels. Quelles approches, quels outils et quels enjeux pour la didactique du FLE/ FLS ?.* 2024.

Vol. 26 – Laurent Gajo & Giovanni Tallarico (dir./eds.), *Le plurilinguisme au travail : méthodes, pratiques, formation / Multilingualism at work : methods, practices, teaching.* 2026.

www.peterlang.com

www.ingramcontent.com/pod-product-compliance
Ingram Content Group UK Ltd.
Pitfield, Milton Keynes, MK11 3LW, UK
UKHW021922290926
8980IPUK00016B/1407

9 783034 356404